国家社会科学基金项目"《民法典》视角下继续性合同解除制度的发展完善研究"（21BFX192）的部分成果

法|学|研|究|文|丛
——民法学——

履行障碍的救济体系研究

郝丽燕 著

知识产权出版社
全国百佳图书出版单位
—北京—

图书在版编目（CIP）数据

履行障碍的救济体系研究／郝丽燕著．—北京：知识产权出版社，2023.8
ISBN 978－7－5130－8596－0

Ⅰ.①履… Ⅱ.①郝… Ⅲ.①合同法—研究—中国 Ⅳ.①D923.64

中国国家版本馆 CIP 数据核字（2023）第 000393 号

责任编辑：彭小华　　　　　　　　责任校对：谷　洋
封面设计：智兴设计室　　　　　　责任印制：孙婷婷

履行障碍的救济体系研究
郝丽燕　著

出版发行：知识产权出版社有限责任公司		网　　址：http://www.ipph.cn	
社　　址：北京市海淀区气象路50号院		邮　　编：100081	
责编电话：010－82000860 转 8115		责编邮箱：huapxh@sina.com	
发行电话：010－82000860 转 8101/8102		发行传真：010－82000893/82005070/82000270	
印　　刷：北京中献拓方科技发展有限公司		经　　销：新华书店、各大网上书店及相关专业书店	
开　　本：880mm×1230mm　1/32		印　　张：8.875	
版　　次：2023 年 8 月第 1 版		印　　次：2023 年 8 月第 1 次印刷	
字　　数：215 千字		定　　价：68.00 元	
ISBN 978－7－5130－8596－0			

出版权专有　侵权必究
如有印装质量问题，本社负责调换。

目录
CONTENTS

绪论 ‖ 001
 一、选题原因 / 001
 二、研究内容 / 005
 三、研究方法 / 007

第一章　实际履行　‖ 009
 第一节　发生履行障碍 / 010
  一、拒绝履行 / 010
  二、迟延履行 / 011
  三、瑕疵履行 / 013
  四、迟延履行和瑕疵履行的关系 / 016
 第二节　实际履行优先于合同解除 / 016
 第三节　补救履行作为双方共同的权利 / 018
  一、补救履行作为卖方的权利 / 018
  二、补救履行作为买方的选择权 / 021

第四节 补救履行的边界 / 025

一、补救履行不具有可能性 / 025

二、补救履行不合理 / 026

三、"不合比例"作为抗辩权 / 028

第五节 特定物买卖中交付替代物的可能性 / 028

一、特定物概念说 / 030

二、可替代物理论 / 031

三、本书观点 / 032

第二章 约定损害赔偿 ‖ 036

第一节 违约金 / 036

一、概念区分 / 037

二、有效的违约金约定 / 040

三、违约金生成 / 041

四、违约金司法增减 / 045

第二节 定金 / 048

一、定金功能 / 048

二、概念区分 / 049

三、有效的定金约定 / 054

四、定金客体 / 056

五、定金限额 / 057

六、定金罚则生成 / 060

第三节 定金的增减 / 064

一、实际损失高于定金罚金时的损害赔偿 / 064

二、定金酌定降低 / 065

第四节　定金罚则与违约金的关系 / 066

一、违约金罚则与定金罚则选择适用 / 067

二、违约金与定金并行适用的约定 / 072

第五节　违约金和定金分别与其他违约责任的关系 / 073

一、违约金与其他违约责任的关系 / 073

二、定金与其他违约责任的关系 / 076

第三章　法定损害赔偿 ‖ 078

第一节　损害赔偿责任成立 / 078

一、债权人有损失 / 078

二、因果关系 / 080

三、归责原则 / 080

四、不存在责任排除事由 / 083

五、损害赔偿责任减免 / 083

第二节　损害赔偿范围 / 084

一、实际损失 / 084

二、可得利益损失 / 085

三、精神损害赔偿 / 095

四、具体损害赔偿范围 / 100

五、可预见性规则 / 103

六、损失确定考虑的其他因素 / 119

第四章　合同解除 ‖ 120

第一节　合同解除制度的概况 / 120

一、罗马法时期的合同解除制度 / 120

二、共同法时期的合同解除制度 / 122

第二节　重大违约解约 / 125

一、预期违约时的解除权 / 126

二、迟延履行致合同目的不能实现时的解除权 / 126

三、迟延履行经催告仍不履行时的解除权 / 128

四、瑕疵履行致合同目的不能实现的解除权 / 130

五、部分给付瑕疵时的解除权 / 131

第三节　宽限期设置解约 / 131

一、宽限期设置解约模式——重大违约解约模式之外的另一种选择 / 133

二、如何有效"设置"宽限期 / 138

三、宽限期不必要的情况 / 147

四、宽限期的再次设置 / 151

五、宽限期经过无果的法律后果 / 156

六、我国合同解除的"宽限期模式"分析 / 158

第四节　合同解除的法律后果 / 159

一、标的可以返还时的法律后果 / 159

二、标的不能返还"原物"时的价值赔偿 / 163

三、收益的返还 / 163

四、合同解除与违约损害赔偿的关系 / 164

第五章　债务人的救济手段 ‖ 166

第一节　不可抗力抗辩 / 166

一、不可抗力概念 / 167

二、重要的具体不可抗力事件 / 172

三、不可抗力与履行障碍之间的必然性 / 174

四、法律后果 / 174

五、债务人通知义务和提供证明义务 / 177

六、迟延履行排除不可抗力作为免责事由 / 178

第二节 债权人的减损义务 / 178

一、减损义务作为不真正义务 / 179

二、避免损失扩大的措施 / 180

三、措施的适当性 / 182

四、法律后果 / 185

第三节 债权人与有过错 / 186

一、"与有过错"的争议 / 186

二、理论基础 / 189

三、成立要件 / 190

四、法律后果 / 192

五、法律属性 / 193

第四节 债权人迟延作为债务人减轻责任的原因 / 194

一、受领迟延的前提条件 / 195

二、债务人依约提供给付 / 196

三、债权人拒绝受领或拒绝为对待给付 / 199

四、受领迟延终止 / 201

五、法律后果 / 201

第五节 第三人原因导致违约 / 204

一、基本情况 / 204

二、与相关规定的关系 / 206

三、第三人的范围 / 208

四、"原因"的意涵 / 211

五、债权人和债务人之间责任成立依据 / 211

六、第三人和债务人的关系 / 212

第六节 双方违约 / 213

第六章 履行不能的救济 ‖ 216

第一节 履行不能不可归责于债务人 / 217

第二节 履行不能可归责于债务人 / 218

第三节 解除合同与不解除合同损害赔偿的差异 / 221

第四节 金钱之债的债务人丧失支付能力 / 223

第五节 总结 / 224

第七章 情事变更时的救济 ‖ 227

第一节 重新协商作为变更或解除合同的前置机制 / 228

一、重新协商的渊源 / 228

二、重新协商的法律属性 / 231

三、违反重新协商义务的法律后果 / 237

四、重新协商的合理性 / 241

第二节 不能达成协商一致的法律后果 / 247

一、重新协商作为合同变更权和解除权产生条件的合理性 / 248

二、变更合同与解除合同的关系 / 248

三、合同变更：形成权还是请求权 / 249

四、当事人作出选择后是否可以任意变更 / 251
第三节　诉讼中的具体问题 / 253
　　一、法院的形成空间限制 / 253
　　二、变更合同时当事人的具体诉讼请求 / 254
　　三、重新协商与抗辩权 / 254

参考文献　‖ 256

绪 论

一、选题原因

"履行障碍"这一概念来自德国[1]，德语原文是"Leistungstörung（en）"，我国有的学者将其翻译为"履行障碍"，有的将其翻译为"给付障碍"，本书从前者。履行障碍理论由德国法学家海因里希·施托尔（Heinrich Stoll）提出。履行障碍是民法研究领域的重要问题之一，它以合同履行不正常为研究对象，研究范围要比我国合同法领域通常研究的"违约行为"更广泛。除了拒绝履行、迟延履行、瑕疵履行等典型的违约行为，履行障碍还包括履行不能、情事变更等重要情况。发生履行障碍后，救济手段对当事人极为关键。法律应当关注的问题是，合同当事人应当如何救济自己的权利。而不同的救济手段之间并非孤立，有的救济手段彼此排斥，有的救济手段可以并列存在。厘清各种救济手段以及它们之间的关联，是保障合同双方当事人权

---

[1] 韩世远：《履行障碍法研究》，法律出版社2006年版，第1页。

利的基石。因此，本书以发生履行障碍时当事人救济手段的体系为研究对象。

由于我国民法深受德国民法的影响，在《德国债法现代化法》生效后的一段时间内，履行障碍曾经是我国民法研究的热点主题。在体系化专著方面，韩世远教授为该领域贡献了独著《履行障碍法的体系》❶以及和日本学者下森定合编的《履行障碍法研究》❷。杜景林和卢谌共同出版了《德国新给付障碍法研究》❸和《债法总则给付障碍法的体系构建》❹。王茂其出版了《给付障碍体系比较研究》❺。焦富民等学者共同出版了《合同履行障碍及其救济制度研究》❻。部分专著虽然没有明确以"履行障碍"为标题，但研究内容以德国民法为蓝本，比较多地涉及履行障碍法，比如杜景林和卢谌❼、朱岩❽、齐晓琨❾等学者的研究成果。

这一阶段也出现了一批以履行障碍问题为研究内容的论文。卢谌和杜景林教授合作发表了《自始不能责任的学理构建》❿、《论债权总则给付障碍法的体系进路》⓫和《给付不能的基本问题

---

❶ 韩世远：《履行障碍法的体系》，法律出版社2006年版。
❷ 韩世远、[日] 下森定主编：《履行障碍法研究》，法律出版社2006年版。
❸ 杜景林、卢谌：《德国新给付障碍法研究》，对外经济贸易大学出版社2006年版。
❹ 杜景林、卢谌：《债法总则给付障碍法的体系构建》，法律出版社2007年版。
❺ 王茂棋：《给付障碍体系比较研究》，法律出版社2007年版。
❻ 焦富民、李云波、蔡养军等：《合同履行障碍及其救济制度研究》，中国法制出版社2011年版。
❼ 杜景林、卢谌编著：《德国债法改革：〈德国民法典〉最新进展》，法律出版社2003年版。
❽ 朱岩编译：《德国新债法：条文及官方解释》，法律出版社2003年版。
❾ 齐晓琨：《德国新、旧债法的比较研究：观念的转变和立法技术的提升》，法律出版社2006年版。
❿ 卢谌、杜景林：《自始不能责任的学理构建》，载《法学研究》2006年第3期，第30页。
⓫ 卢谌、杜景林：《论债权总则给付障碍法的体系进路》，载《法律科学》2006年第1期，第85页。

及体系构建》❶；王洪亮教授发表了《我国给付不能制度体系之考察》❷、《试论履行障碍风险分配规则——兼评我国〈合同法〉上的客观责任体系》❸和《物上瑕疵担保责任、履行障碍法与缔约过失责任》❹。焦富民、陆一合作了《合同履行障碍制度的路径选择》❺。也有学者专门研究德国的履行障碍法，比如杜景林和卢谌的《德国新债法给付障碍体系重构》❻、《是死亡还是二次勃兴——〈德国民法典〉新债法中的给付不能制度研究》❼。

在时间跨度上，我国理论界对履行障碍的研究特别集中，主要集中在《德国债法现代化法》生效后的10年间。2011年之后明确将履行障碍确定为主题的研究比较少，即使有个别学者选择了以履行障碍为研究主题，也会将研究内容具体化。比如，2019年大连海事大学的王智泓博士研究的是运输合同中的履行障碍❽；2021年华东政法大学的路成华博士将研究范围限制到瑕疵履行时的救济❾。

---

❶ 卢谌、杜景林：《给付不能的基本问题及体系构建》，载《现代法学》2005年第6期，第121页。
❷ 王洪亮：《我国给付不能制度体系之考察》，载《法律科学》2007年第5期，第134页。
❸ 王洪亮：《试论履行障碍风险分配规则——兼评我国〈合同法〉上的客观责任体系》，载《中国法学》2007年第5期。
❹ 王洪亮：《物上瑕疵担保责任、履行障碍法与缔约过失责任》，载《法律科学》2005年第4期。
❺ 焦富民、陆一：《合同履行障碍制度的路径选择》，载《江海学刊》2009年第3期。
❻ 杜景林、卢谌：《德国新债法给付障碍体系重构》，载《比较法研究》2004年第1期。
❼ 杜景林、卢谌：《是死亡还是二次勃兴——〈德国民法典〉新债法中的给付不能制度研究》，载《法商研究》2005年第2期。
❽ 王智泓：《货物运输合同履行障碍》，大连海事大学2019年博士论文。
❾ 路成华：《论瑕疵履行的救济》，华东政法大学2021年博士论文。

在"履行障碍"这一法律术语的起源国德国,关于履行障碍法的体系化研究成果十分丰富。1936年海因里希·施托尔出版专著《给付障碍学说》❶。该专著是他在1932年发表的论文《告别积极违约理论》❷的延续。施托尔提出,无论是从教义学方面,还是从法政策方面,都应当重新构建履行障碍法。乌尔里希·胡贝尔以《给付障碍》❸为题撰写了履行障碍法方面的皇皇巨著。按原计划,该专著应包括三卷本,在内容上涵盖债务人迟延(Schuldnerverzug)、债权人迟延(Gläubigerverzug)、给付不能、拒绝履行、积极违约、交易基础障碍。但是至今仅出版了第一卷和第二卷,对债务人迟延、债权人迟延、给付不能、拒绝履行等履行障碍从要件到法律后果进行详细阐释。以"履行障碍"为研究内容的学术性论文可以用"汗牛充栋"来形容。

无论是国内研究还是国外研究,它们的共同点是,将研究内容的重心放在履行障碍的类型化,以及各类履行障碍的构成要件和各自的法律后果方面。对于履行障碍救济手段本身,缺乏体系化研究。然而,对合同当事人而言,他们更重视的是合同不能按约定履行,他们应当如何救济自己的权利。履行障碍涵盖的范围比违约更广泛,债权人救济手段体系以解除合同和违约责任为支柱,但存在特殊的情况,比如履行不能和情事变更的救济手段有各自的特点。各救济手段之间并非完全孤立,有一定的关联性。发生履行障碍时,不仅债权人方面有救济手段,债务人也有救济手段,主要表现为主张减免责任。将救济手段体系化的目的在于,

---

❶ Heinrich Stoll, Die Lehre der Leistungsstörungen, Tübingen, 1936.
❷ Heinrich Stoll, Abschied von der Lehre von der positiven Pflichtverletzung, In: AcP 136, 257 ff.
❸ Ulrich Huber, Leistungsstörungen, Tübingen, 1999.

厘清各方当事人拥有的救济手段，并对它们进行体系上的处理，为合同当事人保障各自利益提供精准的法律支持，这是发生履行障碍时合同当事人的关键利益所在。

二、研究内容

本书通过七章厘清履行障碍时当事人的救济手段，并对其进行体系上的处理。履行障碍多由债务人的违约行为引起，在此情况中债权人的救济处于主要地位，因此前四章主要研究债权人的救济。我国有个别观点提出，在大陆法系，实际履行优先于损失赔偿。❶ 故本书在体系上将补救履行置于损失赔偿之前；在损失赔偿中，约定损失赔偿优先于法定损失赔偿；只有在违约达到严重程度时，才可以解除合同，因此解除合同置于第四章。即使履行障碍由债务人引起，债务人也应当享有救济手段，本书第五章阐述了债务人的救济。鉴于履行不能和情事变更时的救济具有一定的特殊性，故将这两部分置于其后。本书主要研究内容如下：

第一章分析补救履行。补救履行是债务人不履行或者履行有瑕疵时债权人的救济手段，具体包括继续履行和采取补救措施。本章先分析补救履行应优先于解除合同的理论基础，然后论证补救履行是为了双方当事人共同的利益，但是补救履行受比例原则的限制。最后论证了在特定物买卖中标的物有瑕疵的，交付替代物也可能是买受人的救济手段。

第二章以约定损害赔偿为研究对象。约定损害赔偿也是履行障碍的救济手段。约定损害赔偿主要有违约金和定金。本章将首先从功能和成立要件方面分析违约金和定金，然后厘清违约金和

---

❶ 李永军：《合同法》，中国人民大学出版社2021年版，第248页。

定金的关系。当事人约定了违约金或者定金的，并不意味着完全排除法定损失赔偿的适用，只是在很多情况下不必再主张法定损害赔偿。但是实际损失高于违约金或者定金时，主张法定损害赔偿与主张增加违约金或者定金并无实质差异。因此，本章还将分析约定损害赔偿和法定损害赔偿之间的关系，以及违约金和定金与其他违约责任的关系。

第三章梳理履行障碍时另一个重要的救济手段——损害赔偿。损害赔偿是最重要的、也是最常见的履行障碍救济手段。债务人拒绝履行、迟延履行或履行不符合约定的，在没有发生履行不能的情况下，债权人可以首先要求债务人继续履行或者采取补救措施。在继续履行或采取补救措施后仍有损失的，还可以主张损害赔偿。本章从损害赔偿的成立要件、损害赔偿范围、损害赔偿如何确定等具体问题展开论述。

第四章研究合同解除的模式。本章研究现代民法中合同解除的两大模式：重大违约解约模式和宽限期设置解约模式。在重大违约解约模式中，以《民法典》合同编规定的合同解除制度为基础，分析重大违约解约模式中法定解除权的成立条件。在宽限期设置解约模式中，以德国民法为基础，分析宽限期设置解约的条件。最后梳理合同被解除后的基本法律后果。

第五章梳理了债务人的救济手段。履行障碍的救济体系不仅包括债权人的救济手段，还包括债务人的救济手段。本章从不可抗力、债权人与有过错、债权人减损义务、债权人受领迟延等几个方面分析了债务人方面的救济手段。在每个具体的救济手段中，分析了各自的法律属性、成立要件、法律后果等，借此力图将债务人的救济手段体系化。

第六章分析了履行不能时的救济手段。履行不能的救济体系有自己的特点，因此单独在本章进行阐述。根据履行不能是否可归责于债务人，产生不同的救济手段。本章分析了发生履行不能时债权人和债务人的救济手段。

第七章探析情事变更时的救济手段体系。情事变更是典型的履行障碍，本章分析了情事变更时合同当事人的救济手段。发生情势变更时，合同当事人有义务为了变更合同进行积极协商。本章首先从私人自治原则和比例原则两个方面分析重新协商作为前置程序的合理性和必要性。接着分析了协商不成时变更合同和解除合同之间的关系。最后探析了当事人通过诉讼请求解决纠纷时的具体问题。

三、研究方法

本书采用以下四种研究方法。

（一）比较法学研究法

比较法学研究法是肇始于19世纪中期现代法学的主要研究方法之一。传统的比较法学研究被区分为两个领域：学理比较和立法比较。学理比较是从理论上研究外国法律制度的历史，比较和研究其现行制度和理论学说及习惯法制度；立法比较是对不同国家制定的法律制度进行比较。比较法学研究法是本书主要的研究方法之一。本书主要比较大陆法系和英美法系中履行障碍的救济手段，以此为借鉴来分析我国民法中履行障碍的救济手段。

（二）历史研究法

法律制度是社会规则的具体化、成文化、效力化的具体体现。当前展现在人们面前的法律制度体系，并不是一天之内就可以自然形成，也不是立法者凭空想象的。任何法律制度的出现、演变等均是一个历史的过程。研究一个法律制度，有必要知道它的过去，方能更好地理解其现在，并且能更合理地构建将来。历史研究法在本书的研究中扮演着至关重要的角色。无论是不同的救济手段之间的关系，还是各个救济手段的成立，都有可能涉及法律制度的历史形成。

(三) 案例研究法

案例研究法是法学领域最重要的实证研究方法。通过案例研究既可以发现具体的裁判规范，也可以通过批评裁判促进裁判的进步。本书通过分析司法裁判案例，从中探寻司法裁判对各个救济手段的适用规则。

(四) 价值分析法

法律制度的设计离不开利益的衡量。法律规则是对人们的行为进行价值判断的规则。本书运用了价值分析法，分析不同的救济手段发生竞合时的取舍。

第一章
实际履行

根据《民法典》第 577 条，当债务人不履行或者履行合同义务有瑕疵时，其应当继续履行、采取补救措施或者赔偿损失。这里的采取补救措施，是指《民法典》第 582 条规定的修理、更换、重作、退货、减少价款或者报酬等。继续履行和补救履行被统称为"实际履行"。❶ 亦言之，"实际履行"这种救济手段包含了继续履行和补救履行。本章首先梳理实际履行的前提，即发生不同形态的履行障碍，然后论证实际履行作为救济手段的优先性，即优先于合同解除；然后论证补救履行作为救济手段应属于债权人和债务人共同的权利；最后分析特定物买卖中交付替代物作为救济手段的可能性。

---

❶ 朱广新、谢鸿飞主编：《民法典评注.合同编.通则（2）》，中国法制出版社 2021 年版，第 291 页。

第一节　发生履行障碍

债权人向债务人主张实际履行的前提是，债务人方面发生履行障碍，具体包括拒绝履行、迟延履行和瑕疵履行。❶

一、拒绝履行

债务人既可以在履行期届满前，也可以在履行期届满后拒绝履行。拒绝履行以存在有效且可实现的债务为前提条件。无论是期前拒绝履行，还是期后拒绝履行，债务人必须明确无误地表达出他不准备履行的意思，而债权人基于他的这种表达不再对履行有所期待。换言之，债务人拒绝给付的表达从第三人的视角来看是债务人的最终表达，债权人没有理由再期盼债务人改变拒绝履行的决定。❷ 如果债务人对外表示的拒绝履行仅仅是暂时性的，则不能认为他拒绝履行，而是迟延履行。债务人必须"明确无歧义地"表达了拒绝履行，经解释仍不明确的履行拒绝不是法律上重要的拒绝履行的意思表示。❸ 债务人除了通过语言明确地、严肃地拒绝履行，还可以通过自己的行为推定表示不履行债务。对于推定表示的情况，也要求通过解释能够确定债务人的行为所表达的拒绝给付的意思明确无疑。

---

❶ 除了实际履行，债权人主张损失赔偿等救济手段的，也以此处的履行障碍为前提；履行不能和情事变更有自己的救济体系，故此处的前提不包括履行不能和情事变更。

❷ BGH NJW 2011, 3714.

❸ Moriz Bassler/Philipp Büchler, Die Reform des Rücktrittsrechts, in: AcP 2014, 895.

二、迟延履行

迟延履行是最常见的履行障碍之一，它以给付具有可能性为条件。金钱债务不存在履行不能的情况，非金钱债务发生给付不能的，债权人不能请求继续履行。因此，在不存在履行不能的情况下，迟延履行应当满足以下几个要件。

（一）履行义务有效存在

违约责任以存在有效的给付义务为条件。在此首先要求合同有效成立，且没有妨碍债权成立的抗辩和消灭债权的抗辩。前者比如民事行为能力缺失、形式要件不满足、没有法定许可等；[1] 后者包括已经履行、合同撤销、合同解除、抵销等。债权人虽然有撤销权或者解除权，但是在他行使撤销权和解除权之前，不对债权迟延产生影响；债务人陷入履行迟延后才行使撤销权或者解除权，迟延履行的情况消灭。[2] 债权人和债务人之间有抵销权，在抵销权行使之前同样不妨碍给付迟延。债务人事后主张抵销的，抵销有溯及力，即履行迟延被消灭；债权人事后主张抵销的，不能阻碍履行迟延。[3] 先履行抗辩权、同时履行抗辩权、不安抗辩权均阻碍履行迟延的发生。

（二）债务到期

债权人的履行请求权必须到期。在债务到期之前不具有可以实现性。债务到期时间是指债权人可以要求债务人提供履行的时

---

[1] 王洪亮：《债法总论》，北京大学出版社2016年版，第257页。
[2] Wolfgang Ernst, in: Münchener Kommentar zum BGB, Band Ⅱ, 6. Aufl., §286, Rn. 29.
[3] Wolfgang Ernst, in: Münchener Kommentar zum BGB, Band Ⅱ, 6. Aufl., §286, Rn. 29.

间点。履行时间可以由法律确定，也可以由当事人明确约定或者推定约定。法定或者约定的履行时间通常是日历日或者可以根据日历日具体确定的日期。没有约定履行时间的一般认为立即到期，但是需要经过债权人的"催告"，债务人在催告合理期间内仍不履行的，才陷入履行迟延。❶ 催告是债权人向债务人作出的单方的需受领的请求，❷ 其功能是警告债务人，❸ 内容是要求债务人履行债务，且债务人必须能识别债务的同一性，如果催告履行的债务与实际债务完全不同，则催告无效。❹ 发生预期违约，即债务人明确地最终表示不履行债务时，债权人不需要进行催告，债务人在表示拒绝履行的时间点即陷入迟延。

（三）迟延的开始与结束

在履行迟延所有要件都满足之时，迟延开始。没有规定或约定履行期，需要催告的，如果债务人在受领催告后没有立即着手实施履行，则迟延开始的时间是催告到达债务人时；如果债务人收到催告则开始实施履行，则履行迟延被阻止。迟延履行任何一个要件消灭，迟延终止，比如债务人履行。债务人有抵销权并行使抵销权，迟延终止；债务人依合同规定提供给付，但发生债权人受领迟延的，迟延终止。迟延履行期间，债务变成无效的，或者不再可以实施的，比如在迟延期间诉讼时效经过，迟延也终止。

---

❶ 王洪亮：《债法总论》，北京大学出版社2016年版，第257页。
❷ 催告是准法律行为，并不是意思表示或者单方法律行为。之所以将"催告"界定为准法律行为，原因在于催告无果时的法律后果是由法律直接规定的。尽管如此，部分关于意思表示的规则对"催告"同样适用，比如催告可以限制行为能力人，因为催告对催告人没有法律上之不利；也可以通过代理人进行催告。
❸ 王洪亮：《债法总论》，北京大学出版社2016年版，第313页。
❹ 韩世远：《合同法总论》，法律出版社2011年版，第398页。

迟延终止的效力分为溯及既往和不溯及既往。不溯及既往的终止原因包括债权人行使解除权、债务人在迟延期间发生履行不能；溯及既往的终止包括债之关系被撤销、抵销从抵销产生时终止迟延。

三、瑕疵履行

债务人提供的给付完全或者部分不符合约定的，也存在违约行为。"履行不符合约定"的意思是，债务人虽提供给付，但是给付与债务人所负之义务不一致。违约行为既可以是合同主给付义务的履行不符合约定，也可以是合同的从属给付义务的履行不符合约定。

（一）给付义务

1. 主给付义务

合同关系中的主给付义务是具体合同关系中本质的、体现合同特征的给付义务；❶ 主给付义务决定了合同可以归属于哪种具体的典型合同。比如在买卖合同中出卖人的主给付义务是转让符合约定的标的物之所有权，买受人的主给付义务是支付买卖价款；在租赁合同中出租人的主给付义务是将符合约定的租赁物交给承租人使用、收益，承租人的主给付义务是支付租金。

2. 从给付义务

从属给付义务不能体现合同的类型，而是对主给付义务履行起辅助作用的给付。合同关系中是否存在从属给付义务，以及其范围取决于具体的合同关系。从属给付义务既可以由法律规定，

---

❶ Hans Brox/Wolf–Dietrich Walker, Allgemeines Schuldrecht, 26. Aufl., 2002, §2 Rn. 6.

也可以约定，还可以由诚实信用原则中解释出从属给付义务。比如债权让与中转让人的通知义务（《民法典》第 546 条），委托合同中委托人预付费用的义务（《民法典》第 921 条）等，都是法定从属给付义务。

（二）瑕疵的内容

债务人提供的给付是否符合约定，首先应当根据合同内容来确定。当事人对给付标准有约定的，按约定确定给付标准。约定的标准既可以高于通常标准，也可以低于通常标准。虽然《民法典》中的文字表述是"履行不符合约定"，其意思并非仅指当事人对履行标准有约定的情况，因为履行质量通常并非合同核心要素。没有约定，但有法律规定的，给付要符合法律规定，比如要符合《民法典》合同编中典型合同对给付标准的具体规定，也要符合特别法中的规定。既无约定，也无法律规定时，根据具体合同类型的一般交易习惯确定履行质量。

1. 质量瑕疵

典型的给付义务瑕疵是质量瑕疵，无论给付标的是物还是服务，都可以用质量来衡量。质量所涉及的具体内容，根据合同类型确定。比如在物的买卖中，出卖人交付并转让所有权的物应当没有物之瑕疵和权利瑕疵。有约定的，标的物质量应当符合当事人保证的品质；没有约定的，标的物的品质应当可供使用人正常使用。标的物有权利瑕疵的，比如负担他人的权利，也属于质量瑕疵。

2. 部分给付

鉴于《民法典》没有区分瑕疵履行和部分履行，所以给付数量不符合约定，即存在部分给付的，也属于瑕疵履行。不过需要注意的是，部分给付的具体情况将影响债权人救济手段，即是否允许债权人不接受给付，而选择替代全部履行的损害赔偿。部分给付的前提条件是给付具有可分性，主要是金钱之债和可替代物之债，在具体情况下服务也可能具有可分性。给付不可分的，不存在部分给付的情况，比如给付是承揽给付，标的是一个承揽结果，是不可分的。只有在债权人对部分给付没有利益的情况下，他才可以要求替代全部履行的请求权，拒绝接受部分给付。比如，买方购买一桌四椅的一套餐桌椅，卖方只交付了两把椅子，且不再生产相同型号的椅子，而一桌两椅十分不协调。在此情况中可以认为债权人对部分给付没有利益，他可以请求替代全部履行的损失赔偿。当然，在买卖合同中会涉及抵销问题。

3. 其他瑕疵

履行不符合约定，除了存在质量瑕疵和数量瑕疵，还包括其他情况。比如履行地点不符合约定、包装不符合约定等。鉴于瑕疵的多样性，所以实践中应综合情况并依诚实信用原则确定履行是否符合约定。

（三）判断瑕疵的时间点

判断履行有瑕疵的时间点根据合同类型的不同有区别。买卖合同和承揽合同中确定是否存在瑕疵履行的时间点是交付时，[1] 实践中司法裁判也采取这一时间点。[2] 具体就买卖合同而言，交付标的物或者转让权利时，应当符合买卖合同关系；承揽人交付成果时应当符合承揽合同关系。给付是行为的，比如在服务合同中，判断是否有瑕疵的时间点是行为实施时。

---

[1] 金晶：《〈合同法〉第111条（质量不符合约定之违约责任）评注》，载《法学家》2018年第5期，第177页。

[2] (2015) 穗中法民二终字第283号案。

四、迟延履行和瑕疵履行的关系

债务人尽管在履行期限内提供给付,但给付有瑕疵,是否可以认为债务人因为没有全面履行而迟延履行?从传统的迟延履行定义来看,迟延履行是指从给付外观看债务人没有提供给付。只要债务人从外观上按期履行了,就不存在履行迟延。但是,如果债务人因为瑕疵给付需要重新提供给付,重新提供给付超过给付期限的,则存在履行迟延。

第二节　实际履行优先于合同解除

根据《民法典》第563条的规定,只有违约达到一定严重程度时,才产生法定解除权。从该条款的规定出发,瑕疵履行不至于导致合同目的不能实现的,就要赋予债务人补正的机会。从比较法的视角看,《美国统一商法典》第2-508条明确规定了补救权是卖方在初次履行不当时的权利。现行《德国民法典》第437条规定,出现物之瑕疵或者权利瑕疵时,买受人的权利包括补救履行请求权;结合《德国民法典》第323条和第440条可以得出,买受人第一性的权利是补救履行请求权,而非解除合同。

大陆法系的合同法通常以"契约严守原则"作为根本的出发点。根据契约严守原则,在双务合同中即使给付交换出现障碍,当事人之间的衡平利益因为债务人的不履行或瑕疵履行被打破,合同当事人在符合比例原则及合理性原则的范围内依然要履行合同。同样,在契约严守原则下,并非任何履行障碍行为均会产生解除权。通常认为,只有当债务人的履行不符合合同约定,并且导致债权人利益受损达到一定程度时,方允许债权人解除合同。在这种理念的支配下,《美国统一商法典》规定了出卖人的补救权,《德国民法典》规定了买受人的再履行请求权。

在以对待给付为前提的双务合同中,双方当事人应当遵循的一个履行的基本理念是"有条件的相互牵连",它体现了双务合同所调整的交换公正性。"有条件的互相牵连"的含义是:一方允诺的给付是为了取得另一方的对待给付,给付与对待给付相互依存,如果债务人"空手而来",那么原则上他不得期待债权人提供对待给付,这也是主观等值原则的含义。❶ 当债务人不给付或者给付出现瑕疵时,双务给付合同中的平衡关系被打破,对当事人而言也不存在主观上的等值性。为了调整双方当事人之间的对等利益,原则上应当允许债权人解除合同,因此,现代民法典设置了合同解除制度。易言之,解除合同是因为双务合同履行过程中双方给付之间的牵连关系受到威胁或者破坏而产生的救济制度。❷

发生违约时,"债权人解除合同的利益"和"契约严守原则"之间形成了一组对立的关系。解决这种对立关系既不能完全从当事人意思出发,也不能完全从归责的角度出发,而应当以公正性为基础。鉴于此,不能允许债权人在债务人出现任何违约行为时立即获得解除合同的权利。从公正性的角度出发,不给付或给付出现瑕疵对债权人利益的损害形式和损害程度至关重要,因为这是债权人摆脱契约束缚的基础。通常认为,只有当债务人不依合同给付对债权人的利益的侵害达到一定的程度时,才可能考虑允

---

❶ Claus-Wilhelm Canaris, Teleologie und Systematik der Rücktrittsrechte nach dem BGB, in: FS Krohpholler, 2008, S. 4 ff.

❷ 陆青:《合同解除效果的意思自治研究——以意大利法为背景的考察》,法律出版社2011年版,第27页。

许债权人解除合同。为了确定债权人因违约遭受到的损害程度达到解约的界限,各国立法经过长久发展,主要确立了"重大(根本)违约解约模式"和"宽限期设置解约模式"(详见本书第四章)。

第三节 补救履行作为双方共同的权利

一、补救履行作为卖方的权利

关于补救履行和减少价款、退货等其他救济手段的顺位关系,我国理论中的观点呈现分歧。一种见解认为,这几种责任方式类似于选择之债的关系,选择人是买受人,即买受人可以在这几种责任方式中任意选择。❶ 按照这种观点,标的物有瑕疵,买受人不必须给予出卖人补救履行的机会,可以直接要求退货或者减少价款。但是,这样的任选责任方式与《民法典》中重要的基本原则不能完全契合。不同见解则提出,《民法典》第 577 条、第 582 条和第 583 条的文字表述支持补救履行优先于减价、退货以及损害赔偿。❷ 从《民法典》第 582 条规定的瑕疵履行的责任方式的体系安排来看,虽然修理、更换位于退货、减少价款之前,但是在缺乏相关支持条款的情况下,不能确定补救履行必然是第一性的救济手段。

然而,我国民法承认继续履行原则和契约严守原则,在这两项基本原则下,买受人的利益在于实现自然给付。英国学者特雷

---

❶ 周友军:《论出卖人的物的瑕疵担保责任》,载《法学论坛》2014 年第 1 期,第 107 页。

❷ 王洪亮:《债法总论》,北京大学出版社 2016 年版,第 297 页。

特尔认为，继续履行原则要求债权人尽可能获得交易的实际标的物。❶ 当出卖人的给付出现瑕疵时，除了给付不能和不成比例的情况，买受人第一性的救济手段应当是请求出卖人提供无瑕疵之给付，包括修理和交付替代物（更换）；而降低价款、退货只是后顺位的，或者说是辅助性的权利。基于契约严守原则，出卖人的给付出现瑕疵，除非出现特殊情况，通常应当允许出卖人进行补救。换言之，当出卖人的瑕疵给付可以补救时，其再次给付的机会也是一种值得保护的利益，只要给付障碍的形式允许，买受人应当为出卖人提供再次履行的机会。

《民法典》除了保障继续履行原则和契约严守原则，还要平衡双方当事人的利益，尽管出卖人违约在先，但仍然不能允许买受人任意选择责任方式。无论是继续履行原则，还是契约严守原则，最终都可以保障实现"自然履行优先原则"。在该原则下，卖方的履行出现瑕疵时，买方的第一性的请求权应当是补救履行，而不是解除合同或者损失赔偿。或者应该反向表达——补救履行强化了继续履行原则和契约严守原则。

现行《德国民法典》虽然也没有直接规定"补救履行"是第一性的救济手段，但是债权法中相关的制度支持补救履行的强制优先地位，比如《德国民法典》第281条第2款、第323条第2款、第440条第1句。根据上述条款，如果买方意欲主张解除合同、损失赔偿或者降低价款等替代履行，原则上应当首先设定合理宽限期，要求买方在合理期间提供无瑕疵的履行。由此可以得出，当买卖标的物出现物之瑕疵时，买方第一性的权利是请求对方补救履行。虽然《德国民法典》第439条将补救履行表达为买

---

❶ Guenter H. Treitel, Remedies for Breach of Contract, 1988, P. 43.

方的请求权,但是这种补救履行请求权实际是指在"消除瑕疵"和"交付替代物"之间选择的权利。

如果将"补救履行"作为一个整体权利来看,那么权利人并不是作为债权人的买受人,因为买受人必须为出卖人设置合理期间,以便为出卖人提供补救履行的机会,否则其将失去减少价款、解除合同等第二性的权利,因此补救履行可以说是卖方的"第二次供货权"。但是,这种权利并不是主观权利。❶ 亦言之,为出卖人提供再次履行的机会并不是买受人的真正义务,违反该义务并不产生损害赔偿责任,而是非真正义务,违反该义务买受人失去上述第二性的权利。在德国民法中将补救履行称为卖方的"二次供货权"并不准确,确切地说,补救履行应当是卖方的第二次履行"机会"。如果买受人意欲获得上述第二性的权利,其就必须为出卖人提供补救履行的机会。

《德国民法典》将"补救履行"规定为买受人的第一性的救济手段的另一个原因是为了适应欧洲《消费品买卖指令》,但是将适用范围扩大到所有的买卖合同中。补救履行请求权看似赋予了买方权利,但是实际上买方的权益明显不如 2002 年前旧《德国民法典》中规定的那样。因为在没有例外情形发生时,买方主张减少价款或者解除合同等第二性的权利之前必须为卖方设定补救履行的延缓期,这其实是限制了买方人的权利。在日常的大宗交易中,只有在市场价格上涨或者市场上货物不足的情况下,买方经济上的利益才会是请求卖方补救履行,否则买方的利益通常是立刻解除合同,从他处购买标的物。因此,补救履行请求权实际也符合卖方的利益,即借助补救履行机会,卖方可以实现自己的买卖价款利益。

---

❶ Mario Schollmeyer/Alper Utlu, Die Nacherfüllung im Kauf, in: Jura 2009, 722.

《美国统一商法典》的规定与《德国民法典》这种间接规定不同，其中第 2-508 条明确规定了补救权是卖方在初次履行不当时的权利，或者说补救权是卖方的"权力"。这种规定的目的是避免买方借助完美给付规则滥用解除权。

综上，无论是大陆法还是英美法，在出现瑕疵履行时，出卖人都可以获得再次提供无瑕疵给付的机会或者权利。我国司法实践在很多情况下也支持补救履行相对于其他救济手段具有优先地位。❶《民法典》并没有相关条款直接或者间接支持补救履行的优先地位。《民法典》第 563 条仅在第 1 款第 3 项规定，发生迟延履行的，债权人需要为债务人预留履行宽限期。为了实现修理和更换相对于退货等救济手段的优先地位，并使继续履行原则和契约严守原则在我国《民法典》中切实得以贯彻，司法实践中可以通过裁判确定补救履行的优先地位。

二、补救履行作为买方的选择权

补救履行这个上位概念包括"消除瑕疵"（修理）和"交付替代物"（更换）两种救济方式。在这两者之间进行"选择"是出卖人的权利还是买受人的权利，各个法律体系给出了不同的示范。

《民法典》第 582 条的文字表述是"可以合理选择"，所以"修理"和"更换"之间是类似于选择之债的关系，瑕疵履行时的选择权在债权人。司法裁判中的观点有支持债权人的选择权者，❷

---

❶ 比如安徽省长丰县人民法院在（2014）长民二初字第00046号判决中认为，买受人必须先更换部件，仍然有问题再更换货物，之后才允许退货；在（2014）锡商终字第0539号民事判决书中，江苏省无锡市中级人民法院认为，可以通过修理达到合同目的，则不得解除合同（参见王洪亮：《债法总论》，北京大学出版社2016年版，第297页）。

❷ （2013）浙嘉商终字第85号判决书；（2012）奉民二（商）初字第1447号判决书。

也有支持"修理"优先于"更换"者。❶ "修理优先"这样的规定实际上并不具有合理性基础,因为履行不符合约定本来就是由出卖人引起的,已经使买受人遭受了一定的不利,而修理优先原则在很大程度上使买受人再次遭受更多的不利。即使从保护出卖人利益的视角考量,也并非在任何情况下"修理"都更符合出卖人的利益,实践中很有可能出现的情况是,修理的耗费高于交付替代物的耗费,出卖人很可能更愿意交付替代物,这种情况下要求修理优先显然不利于出卖人的利益。

在出卖人没有补救意图时,《美国统一商法典》没有赋予买受人补救的请求权;并且,是选择通过修理,还是通过交付替代物进行补救,在《美国统一商法典》中也是出卖人的权利,买受人对补救的方式同样没有选择权。《美国统一商法典》规定出卖人的补救权的出发点是修正"完美给付规则"。"完美给付规则"为买受人提供了过度的保护,因为买受人在某些情况下会以给付"不完美"为由解除合同,借此规避对自己不利的交易。基于此,《美国统一商法典》赋予出卖人补救权,使买卖双方的利益形成实质上的公平。❷ 虽然《联合国国际货物销售合同公约》也将再履行方式选择权交给出卖人,但是考虑到出卖人的利益,公约要求交付替代物以"根本违约"为前提,❸ 因为在国际商品交易中,更换可能导致出卖人承担过重的经济负担。❹

根据《德国民法典》中的相关规定,虽然补救履行作为整体

---

❶ (2014)长民二初字第00046号判决书。
❷ 李付雷:《论美国〈统一商法典〉中出卖人的补救权》,载梁慧星主编:《民商法论丛》(第60卷),法律出版社2016年版,第635页。
❸ 朱广新:《合同法总则》,中国人民大学出版社2012年版,第564页。
❹ 缪宇:《论买卖合同中的修理、更换》,载《清华法学》2016年第4期,第89-90页。

权利是卖方第二次履行的"权利"或者"机会",亦即,卖方给付的标的物出现瑕疵时,买方必须为卖方提供补救履行的机会,但是,选择通过修理消除瑕疵,还是选择交付替代物,则是买受人的权利。《德国民法典》第439条的条文表述体现的就是买方的选择权,即买方可以"依他的选择"要求消除瑕疵或者提供无瑕疵之物。《德国民法典》的这种构建曾经遭遇批评,原因是,在实践中卖方通常对补救履行方式的框架条件更为熟悉。我国也有学者持类似观点,认为将瑕疵履行的责任方式的选择权归属给买受人对出卖人非常不利,出卖人采取何种方式达到无瑕疵之给付不是也不应当是买受人的利益所在,补救履行方式的选择权应当归属于出卖人。❶ 但是从利益衡量的视角来看,需要对买卖双方利益进行平衡,卖方作为违约人不应该受到更多的保护。补救履行本身就已经是为了卖方的利益,不应当再允许卖方对补救履行的方式进行选择。

除了利益衡量,将补救履行方式的选择权赋予买受人的另一个基础是补救履行的法律本质属性。德国联邦法院的裁判认为,买方的补救履行请求权是"原始的履行请求权",而学界则将其理解为修正的合同履行请求权,❷ 因为买方已经尝试进行履行,因此原始的请求权被修正,法教义学则将其理解为非真正瑕疵担保请求权。❸ 补救履行被界定为买受人的请求权的理论基础首先是履

---

❶ 杜景林:《我国合同法买受人再履行请求权的不足与完善》,载《法律科学》2009年第4期,第155页。

❷ Peter Huber, Der Nacherfüllungsanspruch im neuen Kaufrecht, in: NJW 2002, 1005; Stephan Lorenz/Thomas Riehm, Lehrbuch zum neuen Schuldrecht, 2002, Rn. 504.

❸ Mattbias Jacobs, Die kaufrechtliche Nacherfüllung, in: Barbara Dauner – Lieb/Horst Konzen/Karsten Schmidt (Hrsg.), Das neue Schuldrecht in der Praxis, 2003, S. 373.

理论。在该理论下，买方的履行请求权延伸至无瑕疵给付，包括无权利瑕疵和无物之瑕疵，当卖方供货出现瑕疵时，为了保障买受人的无瑕疵给付利益，法律应当赋予其向出卖人提出补救履行请求权。

我国合同法领域并没有《美国统一商法典》中的完美给付规则，补救履行权的构建不必完全以保护出卖人为出发点。而且，补救履行制度本身已经为出卖人提供了充分的保障，虽然该制度也是为了保护买受人获得给付的利益。将补救履行方式的选择规定为买方的权利更公平。从目的论的视角出发，补救履行请求权有两个作用：一是买方对卖方的主观权利，使买受人能够实现自己的履行利益；二是赋予卖方第二次机会，通过提供无瑕疵的给付取得买卖价款。[1]

可以说，大陆法系的补救履行制度兼顾了买方和卖方的利益，对卖方利益的保障体现在买方必须为卖方提供继续履行的机会；对买方利益的保障主要体现在对补救履行的方式有选择权，即可以在消除瑕疵和交付替代物之间进行选择。将选择权赋予买受人的另一个理由是，买受人至少不会因为卖方选择消除瑕疵（维修）而承担使用损失的风险。虽然理论上买受人对使用损失可以主张损害赔偿，但是依据《民法典》的规定，使用损失作为可得利益损失，其赔偿以可预见性为限制条件；而且在实践中，法院更倾向于以"不确定"为由不支持原告的可得利益损失赔偿，买受人的利益实际很难得到保障。

通过利益衡量，在补救履行作为整体权利被归属给出卖人的情况下，将具体补救履行方式的选择权赋予买受人具有合理性：

---

[1] Mario Schollmeyer/Alper Utlu, Die Nacherfüllung im Kauf, in: Jura 2009, 721.

一方面为出卖人实现自己的买卖价款的利益提供机会；另一方面不会使买受人承受更多不利。

第四节　补救履行的边界

补救履行遵循利益衡量规则，在避免买受人遭受不利的同时，也要防止出卖人承受过重的负担。❶《民法典》承认比例原则对继续履行的限制。根据《民法典》第580条第1款第1项的规定，出现法律上和事实上的履行不能时，对方不能要求继续履行；根据第580条第1款第2项的规定，履行费用过高的情况下，对方不能要求继续履行非金钱债务。买方提出的履行请求权如果超出卖方承担的界限，则卖方可以拒绝履行，判断补救履行请求权是否超出界限的标准被称为比例原则。不合比例又被区分为相对不合比例和绝对不合比例。当补救履行的两种形式，即再供货和消除瑕疵的耗费不符合比例原则时，存在绝对不合比例；当买受人选择的补救履行方式与另一种补救履行方式之间的费用不成比例时，存在相对不合比例，此时出卖人也可以拒绝买受人选择的补救履行方式。根据补救履行费用和买受人利益之间不合比例的严重程度，可以区分为补救履行的不可能和补救履行的不合理，后者又区分为补救耗费绝对不合比例和相对不成比例。

一、补救履行不具有可能性

当补救履行对任何人而言都不可能时，存在客观不能的情况；

---

❶ 缪宇：《论买卖合同中的修理、更换》，载《清华法学》2016年第4期，第88页。

如果补救履行对他人而言可能，但是对出卖人自己而言不可能时，则是主观不能。出现客观不能和主观不能时，出卖人都可以拒绝补救履行。当然这里也要区分是对一种补救履行的形式"不能"，即相对不可能，还是对两种补救履行的方式都不能，即绝对不可能。出现相对不可能时，出卖人只能拒绝该种补救履行方式，转而进行另一种补救履行。

二、补救履行不合理

（一）补救履行耗费绝对不合比例

当补救履行的耗费和买受人的给付利益之间的对比"严重"不成比例时，补救履行存在法律意义上的"不可能性"，此时出卖人可以拒绝补救履行。但是如何认定"严重不合比例"是一个利益权衡的问题，在这个过程中要考虑买卖合同本身的内容、要考虑交易中的诚实信用等因素，还要考虑出卖人是否有过错——虽然补救履行请求权本身与出卖人的过错无关。如果一个理性人在同等情况下很明显不会为了得到给付利益而付出相同的耗费，则可以认为耗费和给付利益之间严重不合比例。❶ 或者，如果买受人的给付要求从经济的视角来看是滥用权利，也是严重不合比例。

很难抽象出一个普适的规则，借以判断补救履行耗费和给付利益之间的对比是否合乎比例原则，这是一个具体情况具体权衡的过程。当补救履行的耗费超过无瑕疵之物的价值时，可以认为严重不符合比例原则。也有观点提出，当补救履行的费用与买卖价格相当时，存在不合比例的情况。❷ 但是，如果只是补救履行的

---

❶ Wolfgang Ernst, in：Münchener Kommentar zum BGB, Band Ⅱ, 6. Aufl., §275, Rn. 89.

❷ OLG Braunschweig, in：JZ 2003, 864.

耗费超过了瑕疵引起的价值的减少,则不能认为严重不合比例;或者只是出卖人的耗费超过了买受人的收益,也不能认为严重不合比例。❶

德国的司法裁判和理论中一直尝试将不合比例量化,但是并没有形成统一的阈值,理论中有观点提出,当补救履行的费用超过无瑕疵之物的价值的100%时,达到阈值。❷另有观点提出一个简单的法则是,当补救履行费用超过无瑕疵之物价值的150%,或者补救履行费用超过物因瑕疵引起的减少的价值的200%时,也可以认为存在绝对不合比例。❸仅仅是出卖人的耗费超过了买受人的收益,则不能认为存在绝对不合比例。❹

(二)补救履行耗费相对不合比例

还存在一种情况是,补救履行的费用与买受人给付利益之间的比例没有达到不合比例的程度,但是两种补救履行方式——比如消除瑕疵(修理)和交付替代物(更换)——的耗费对比不合比例,此时则出现"相对不合比例"的情况,出卖人可以拒绝交付替代物,退而选择消除瑕疵作为补救履行的方式。至于相对不合比例的阈值问题,即买受人选择的补救履行方式的费用超过另一种补救履行方式的费用的比率,各方也提出了不同的建议,比如交付替代物的耗费超过修理费用的10%、20%、25%或者30%,可以认为存在相对不合比例。判断相对不合比例的因素也是多方

---

❶ Wolfgang Ernst, in: Münchener Kommentar zum BGB, Band II, 6. Aufl., §275, Rn. 90.
❷ Peter Huber, Der Nacherfüllungsanspruch im neuen Kaufrecht, in: NJW 2002, 1008.
❸ BGH ZIP 2009, 376.
❹ Wolfgang Ernst, in: Münchener Kommentar zum BGB, Band II, 6. Aufl., §275, Rn. 90.

面的,比如当事人过错、具体标的物、具体瑕疵等都可能影响相对不合比例的阈值。具体阈值应当在具体情况中进行具体判断,立法很难对此予以规定,我国未来可以通过指导性案例加以确定。

三、"不合比例"作为抗辩权

出卖人交付替代物的费用和买受人所获利益之间不成比例赋予出卖人拒绝买受人主张的交付替代物请求权。该拒绝权从本质上看是抗辩权,诉讼中法院不能依职权审查交付替代物是否符合比例原则。

第五节 特定物买卖中交付替代物的可能性

罗马法时期,买卖标的物出现物的瑕疵时,买受人仅可以选择提起解约之诉或者提起价金减少之诉。❶ 交付替代物尚未作为问题提出,究其原因,很大程度上是因为罗马时期的买卖合同以特定物买卖为中心,并且在大多数情况下买卖标的物是奴隶和牲畜。随着商品经济的发展,种类物买卖占据商品交易的中心,交付替代物逐渐成为种类物买卖中瑕疵担保责任的方式之一。❷ 2002年《德国债法现代化法》生效之前,旧《德国民法典》第480条规定了交付替代物(即补救供货)适用于种类物交易。在日本民法中,涉及种类物买卖时,标的物特定化及受领之后,承认买主有交付

---

❶ 周友军:《论出卖人的物的瑕疵担保责任》,载《法学论坛》2014年第1期,第107页。

❷ 梁慧星:《论出卖人的瑕疵担保责任》,载梁慧星:《为了中国民法》,中国社会科学出版社2013年版,第139-140页;韩世远:《合同法总论》,法律出版社2011年版,第608-609页。

替代物的请求权。[1] 这是"债务不履行说"支持瑕疵担保责任应当适用于种类物的理由之一,并不能得出交付替代物适用于买卖标的物是特定物的情况。而根据"法定责任说",瑕疵担保对买受人的保护手段只包括解除合同和损害赔偿,不包括交付替代物。由此可以认为,日本民法也否定对特定物适用交付替代物作为瑕疵担保责任方式。

　　德国民法学界对特定物买卖适用交付替代物的探讨始于《德国债法现代化法》的生效,其主要的契机是现行《德国民法典》不再区别种类物买卖和特定物买卖,这一点与我国《民法典》恰好吻合。根据《民法典》第615条要求,出卖人交付的标的物的质量应当符合约定的质量要求,无论买卖标的物是种类物还是特定物,原则上卖方交付的标的物都应当符合约定的质量。据此,当买卖标的物是特定物时,如果交付的标的物的质量不符合约定,出卖人原则上应当根据《民法典》第617条,承担第582条至第584条规定的责任。修理、减少价款、退货等无疑是合理的责任方式,存在争议的是,此时的责任方式是否可能包括交付替代物。一方面,《民法典》并没有否定在特定物买卖中出现物的瑕疵时适用交付替代物;另一方面,我国理论界的观点认为,交付替代物仅能适用于种类物的瑕疵履行,对特定物不可能适用。[2] 从比较法的视角来看,对特定物是否可以适用交付替代物,学者们的观点也有分歧。

---

[1] 梁慧星:《论出卖人的瑕疵担保责任》,载梁慧星:《为了中国民法》,中国社会科学出版社2013年版,第140页。
[2] 朱广新:《合同法总则》,中国人民大学出版社2012年版,第564页;王洪亮:《债法总论》,北京大学出版社2016年版,第298页。

一、特定物概念说

保守的观点严格从特定物买卖的定义出发,认为特定物买卖中的补救履行不应当包括交付替代物。特定物出现物之瑕疵时,交付替代物属于给付不能的情况。❶ 从特定物买卖的定义来看,特定物从一开始就已经被双方当事人予以具体化,交付替代物则指向的是另外一个物,这个"他物"并不是买卖合同的标的物。换言之,与种类物不同的是,特定物买卖中的出卖人承诺的是某个具体的物,而非"他物",即使存在与所承诺的标的物品质相同或者相似的替代物,也不是当事人之间约定的标的物,这样的"他物"不适合引起合同约定给付状态。从交付替代物的本质来看,它和消除瑕疵(修理)同属于补救履行范围,而补救履行请求权被认为是修正了的履行请求权,与原始履行请求权一样,要根据原合同中法律关系的内容确定补救履行的给付,原买卖合同中没有约定的,不能成为补救履行的标的物。❷ 依照这种观点,补救履行的内容也要受到合同内容的限制。在特定物买卖中,与所约定的特定物不同的其他物并不属于合同的内容,因此买受人不能要求提供合同中约定的特定物以外的其他物。或者简单而言,谁买了 A 物,就不能要求 B 物,因为 B 物不是合同的标的物,这与给付 B 物是否不可能无关。虽然用客观替代物也可以满足买受人的给付利益,但是交付替代性的"他物"不属于出卖人的义务范围。

---

❶ 王洪亮:《债法总论》,北京大学出版社 2016 年版,第 298 页。
❷ Thomas Ackermann, Die Nacherfüllungspflicht des Stückverkaeufers, in: JZ 2002, 379.

二、可替代物理论

对特定物的瑕疵履行适用交付替代物的观点源于德国民法，但是无论在理论中还是实践中都一直存在争议。根据《德国债法现代化法》生效之前的《德国民法典》，特定物出卖人有义务提供无权利瑕疵之物，但是其义务并不包括无物之瑕疵，无物之瑕疵义务只针对种类物的出卖人。《德国债法现代化法》不再区别对待种类物买卖和特定物买卖。换言之，无论是种类物买卖，还是特定物买卖，出卖方的瑕疵担保责任既包括无权利之瑕疵，也包括无物之瑕疵。法律条文不再对种类物买卖和特定物买卖进行区分，统一规定瑕疵担保责任方式，这为特定物买卖中交付替代物提供了可能性。

赞同对特定物适用交付替代物作为瑕疵担保责任方式的观点认为，并非所有的特定物买卖中交付替代物（交付替代物）都不可能，但是各方提出的理论基础并不一致。客观可替代物理论认为，只要合同的标的物在客观上是可替代物，买受人就可以要求再供货。❶ 该观点单纯地从可替代物的定义出发，认为只要存在交易上按数量、大小或者重量确定的替代物，就可以交付替代物。德国埃尔旺根市州法院在 2002 年的一个判决❷中也支持了客观可替代物理论，认为特定物买卖并不排除交付替代物，只要从经济上看，买卖标的物是可替代物，交付替代物就是可能的继续履行的方式。客观可替代物没有通过具体的特点特定化，可以直接进行互换。

---

❶ Sebastian Pammler, zum Ersatzlieferungsanspruch beim Stückkauf, in: NJW 2003, 1993.

❷ NJW2003, 517 ff.

另有观点提出，对于特定物买卖的补救履行是否包括交付替代物问题，既不能简单地从特定物定义出发，也不能从客观可替代物的定义出发，因为客观可替代物这个概念存在于德国民法中，很多其他立法例对这个概念是陌生的。应当从当事人的假定意思出发，考察是否存在价值和种类相当之物。❶ 当买卖的特定物在交易中能寻找到价值、种类相当的其他物时，特别是涉及批量产品时，卖方可以在市场上找到替代履行产品，这时候相当于存在种类物买卖，或者说，这种买卖是不真正的具体债务，依当事人的假定意思，买方的补救履行请求权可以指向交付替代物。从当事人假定意思的视角分析特定物买卖中是否可以给付替代物，也符合合同自由原则。如果从特定物定义出发，交付"他物"从一开始就不能被认定为履行合同，这样的做法不仅对买受人不利，对出卖人同样不利。因为对买受人而言，该观点粗暴地拒绝了其要求给付无瑕疵之物的请求权；对出卖人而言，他明明可以交付品质相当的替代物，却不允许他给付则是剥夺了其给付的可能性。如果从一个理性的当事人的视角来看，存在同等价值、同等形式的他物时，则可以认为该标的物可以被替代，交付替代物符合当事人的假定意思。判断是否具有同等价值的标准是根据物的应然本质，合同的等值关系没有受到触犯。

三、本书观点

对于特定物买卖中的瑕疵履行的救济手段是否应当包括交付替代物，不能从特定物定义上一概而论。某些情况下虽然买卖合同是特定物买卖，但是标的物可以找到替代物，换言之，虽然买

---

❶ Claus - Wilhelm Canaris, Die Nacherfüllung durch Lieferung einer mangelfreien Sache beim Stückkauf, in: JZ 2003, 831 ff.

卖标的物通过具体的特点成为特定物，但是该特定物可以被另一个同种类的、同等价值的物替换，此时如果一般性地否定买受人的交付替代物请求权，不但不符合买受人的利益，也可能不符合出卖人的利益。当事人订立合同的目的在于实现给付利益，在某些情况下出卖人可以通过给付"他物"来实现买受人的给付利益。比如，买受人在"宜家"购买椅子，他自己把挑选好的椅子拿到收银处，这时因为标的物已经被具体化，显然是特定物买卖。如果此时仅仅因为合同从定义上看属于特定物买卖就否定买受人的交付替代物请求权显然有悖于双方的利益。虽然从定义上看，该买卖合同是特定物买卖，但是如果对买受人的意思表示进行解释，买卖标的物并不是仅仅指被买受人拿到收银处的那把椅子，而是"符合这个样本的椅子种类中的一把"。❶ 因此，买受人在这种情况下的补救履行请求权的内容应当包括交付替代物。

  典型的特定物买卖是二手商品买卖。不可否认，买卖标的物是二手商品的，大多数情况下不可能交付替代物。德国联邦法院认为，在二手车买卖中，如果当事人在订立买卖合同前亲自对买卖标的物进行了查看，不能适用交付替代物。德国布伦瑞克州高等法院（OLG Braunschweig）❷ 则提出与联邦法院不同的观点，该法院认为，尽管买方已经通过查看该二手车进行了标的物的特定化，但是仍然可以在例外的情况下适用交付替代物。欧洲《消费品买卖指令》的第16次权衡理由中称：二手商品因为其自身特点通常不能被替代，在这样的商品交易中，消费者"一般情况下"没有交付替代物的请求权。从该理由可以反向得出，如果二手商

---

❶ Thomas Ackermann, Die Nacherfüllungspflicht des Stückverkaeufers, in: JZ 2002, 379.

❷ OLG Braunschweig, Beschluss v. 4. 2. 2003 – 8 W 83/02, in: JZ 2003, 863.

品"例外地"可以被替代,那么补救履行请求权应当包括交付替代物。实践中,二手商品买卖的"例外情况"并不少见,前文提到的德国布伦瑞克州高等法院的裁定就是很好的例子:当二手商品的品质与"新的一样"时,出卖方完全可以在市场上寻找到替代物,或者当存在另一个与该二手商品偏差很小的"他物"时,也不应当完全否定交付替代物。当然,出卖方取得替代物的花费受到比例原则的限制。

以"特定物"的概念为基础判断交付替代物是否可以作为特定物瑕疵履行的救济手段,不必然具有合理性。这样的"一刀切"的解决方法,一方面对买受人不利,它拒绝赋予买受人要求提供符合约定的标的物的权利;另一方面对出卖人也不利,因为它同时也剥夺了出卖人通过交付替代物取得全额价金的可能性。

在很多情况下,买受人和出卖人的利益可能恰恰是获得或者提供可替代的标的物。只要从功能和经济的视角来看,买卖合同是"准种类物"合同,替代物与原标的物属于相同的种属,价值也具有可比较性,交付替代物就具有可适用的余地。❶ 无论是买方还是卖方提出交付替代物,都说明当事人的主观意思在于继续给付。如果实际存在与标的物具有等值性、等类型的替代物,那么允许交付替代物既可以保障当事人的利益,也可以维护继续履行原则和契约严守原则。

当然,判断特定物买卖中是否可以交付替代物在具体的情况中还要考虑其他因素,比如对标的物的私人情感投入等。比如德国法兰克福州高等法院 2011 年的一个判决涉及的标的物是一匹马,买受人及其家人多次亲自看过这匹马,尝试与马建立信赖关系,

---

❶ Claus‑Wilhelm Canaris, Die Nacherfüllung durch Lieferung einer mangelfreien Sache beim Stückkauf, in: JZ 2003, 831 ff.

法院认为在这种情况下不能仅仅考虑标的物的客观价值、种类，还要考虑买受人的个人感情，因此尽管存在相同种类、相同价值的替代物，但仍然否定了交付替代物的可能性。❶《民法典》既然为交付替代物适用于特定物交易留有空间，理论也不应该全面对此予以否定。

---

❶ OLG Frankfurt Urteil vom 01.02.2011, 16 U 119/10.

CHAPTER 02 >>

第二章
约定损害赔偿

违约金和定金是最重要的约定损害赔偿。《民法典》规定了违约金与定金的关系,但没有明确规定违约金和定金与法定损害赔偿的关系。本章除了阐述违约金和定金的成立要件、违约金与定金的关系,还将分析违约金和定金的关系、违约金和定金分别与其他违约责任的关系。

第一节 违约金

传统观点认为,违约金的主要功能是预防功能与赔偿功能。违约金是约定"惩罚"的一种,当事人之间约定违约金赋予债权人施压手段,债务人为了避免支付违约金,会致力于依约履行合同,因此违约金有预防违约的功能。约定违约金还会给债权人带来的另一项利益是,在债务人有约定违约情况时,债权人主张违约金请求权时不需要对它进行证明，因此违约金也被称为简单快捷的最小损害赔偿。即使在不允许主张精神损害赔偿的情况下，当事人也可以约定违约金。因此违约金在实践中广泛应用。

一、概念区分

（一）违约金约定：赔偿性违约金抑或惩罚性违约金

约定违约金是双方当事人通过协议达成的合同惩罚，其内容是，一方当事人不履行合同或者不依约定履行合同的，向另一方当事人支付一定数额的金钱或其他给付。违约金约定是债权人和债务人之间的附生效条件的给付允诺，其条件是一方当事人违约。在这里并不是法律行为附条件，而是违约金请求权的生成附条件。条件成就时，债务人有给付违约金的义务。违约金条款既可以包含在主合同中（这是合同实践中常见的做法），也可以在合同订立后补充约定，前者是违约金条款，后者是违约金合同。违约金约定具有从属性，是非独立的私人惩罚。❶ 有效的违约金约定要求存在有效的、可实施的合同义务。

《民法典》第585条第1款规定，当事人可以约定一方违约时应当根据违约情况向对方支付一定数额的违约金。该条款明确规定了约定支付一定数量金钱的情况，这是违约金的一般情况。如果当事人约定，违约时金钱之债的利息提高，也是违约金约定。当事人还可以约定其他给付作为违约惩罚，比如不按时供货将多供货半吨，这也属于本条意义上的违约金。违约时的惩罚给付也可以是实施特定行为或不作为。

---

❶ Volker Rieble, in: Staudinger Kommentar zum BGB, §339, Rn. 290.

学理上部分观点将违约金区分为惩罚性违约金和赔偿性违约金。赔偿性违约金是对损害赔偿的预估;惩罚性违约金是当事人约定或者法律规定,对违约行为的一种制裁,又称违约罚。❶ 比如卖方允诺的"假一赔十",其功能除了保证履行、赔偿损失之外,还包括对违约行为的惩罚。对《民法典》第585条规定的违约金到底是惩罚性违约金还是赔偿性违约金,学者们存在争议。❷ 本书认为,违约金金额并不涉及对违约损失的预估,即使约定的违约金低于实际损失,债权人也可以通过司法程序申请增加违约金或者通过法定损失赔偿填补损失。第585条第2款规定,约定的违约金过分高于造成的损失的,人民法院或者仲裁机构可以根据当事人的请求予以适当减少。从该条款的规定看,《民法典》中的违约金的功能之一是赔偿损失,惩罚性违约金不受第585条的规范。《民法典》第584条将《合同法》第113条第2款删除,由此可以推断得出,《民法典》中的违约责任以损失填补为目标,❸ 对《合同法》规定的惩罚性功能持保守态度。

(二)损失赔偿计算方法:违约金还是一揽子损失赔偿

有疑问的是,约定损失赔偿计算方法是违约金约定,❹ 还是损失赔偿约定。❺ 违约金既有迫使当事人全面履行的功能,又有免除

---

❶ 韩世远:《合同法总论》,法律出版社2011年版,第658页。

❷ 学者们的意见参见谢鸿飞:《合同法学的新发展》,中国社会科学出版社2014年版,第499–501页。

❸ 李永军:《合同法》,中国人民大学出版社2021年版,第257页。

❹ 罗昆:《违约金的性质反思与类型重构——一种功能主义的视角》,载《法商研究》2015年第5期,第109页;姚明斌:《〈合同法〉第114条(约定违约金)评注》,载《法学家》2017年第5期;朱庆育主编:《合同法评注选》,北京大学出版社2019年版,第412页。

❺ 王利明:《合同法研究》(第2卷),中国人民大学出版社2015年版,第662–664页。

损失证明的功能。与违约金不同的是一揽子损失赔偿约定，它只是为了使损失赔偿的证明简单化，没有作为强制债务人履行手段的功能。区别两者的关键之处是，当事人约定的目的仅仅是使损害赔偿请求权简单化，还是除了证明简单化之外还有保证履行的功能。比如当事人之间约定，"不履行将支付价款的20%作为损失赔偿"，该约定虽然用了"损失赔偿"这一术语，但是明显有保证债务人履行的功能，因此是违约金约定。

一揽子损失赔偿适用的条件是有损失，即债权人要证明有损失，但是不必证明损失额度。债务人可以通过证明债权人没有损失而抗辩。一揽子损失赔偿额度与通常情况下的实际损失额度相当，是依据通常损失额做出预估。如果根据约定的损失赔偿计算方法得出的损失额明显高于或低于预估的损失时，倾向于认为是违约金约定。

（三）相似制度区分

1. 失权约款

失权约款规定的内容是，债务人不履行或者履行不符合规定时他将失去某项权利，比如预付款不返还、失去期限利益等。如果约定失去全部合同权利，则是约定解除。违约金约定和失权约款的区别只是形式上的，实体法上可以相同对待。在某些情况下可以认为，失权约款就是违约金约款，比如预付款不返还、❶ 履约保证金不返还等。❷《民法典》第585条对失权约款参照适用。

2. 独立的罚金承诺

罚金承诺，也被称为不真正违约金。罚金承诺是附条件的给

---

❶ Volker Rieble, in: Staudingr Kommentar zum BGB, §339, Rn. 439.
❷ 最高人民法院（2013）民提字第133号民事判决书。

付允诺,即一方当事人对另一方当事人承诺,在他实施特定行为或者不实施特定行为时,向另一方当事人作出特定给付。之所以称为独立的罚金允诺,原因是它不依赖于主义务(或称原义务),亦即,承诺人在没有作为或者不作为义务的情况下作出罚金允诺。

3. 企业罚金

企业罚金是指在劳动者违反企业内部规章制度时,对劳动者实施的罚款。企业罚款虽然有惩罚功能,但它担保的不是劳动合同义务的履行,而是员工的集体行为。违约金是私法的惩罚,不是纪律。另外,企业罚金没有赔偿功能。

二、有效的违约金约定

(一)合同债务有效存在且可实施

违约金具有从属性,它并不是独立的约定惩罚机制,在生成之前依赖于合同义务的存在,❶ 没有主合同义务则违约行为无的放矢。合同虽然有效成立,但在债务到期前因为不可抗力或者情事变更等不可归责于债务人的原因无法履行时,违约金约定也就失去可依存的基础。合同效力待定的,违约金约定没有效力。原因是,对于效力待定的合同,债权人既没有履行请求权,也没有基于不履行或履行不符合约定的其他请求权。合同被撤销或者在债务到期前解除,债务人没有履行义务,违约金约定同样失去存在的基础。违约金所担保的债权转让时,包括合同权利义务的概括转让,违约金约定也转让。

---

❶ Hans Brox/Wolf–Dietrich Walker, Allgemeines Schuldrecht, 2002, §11, Rn. 2; Volker Rieble, in: Staudinger Kommentar zum BGB, Vormerkung zu §339, Rn. 14.

违约金原则上担保合同的主履行义务，在有明确约定的情况下也可以担保从属义务，比如保密义务、竞争禁止义务等。

（二）违约金约定有效

违约金约定本身也要有效，比如不得违反强制法规定，也不得违反公序良俗。尽管合同实践中多有标题为"违约金"的条款，但是判断当事人之间关于"惩罚"的约定是否为违约金，不取决于是否在文字上使用"违约金"，而是要通过解释具体约定内容来确定。

违约金约定内容必须确定或者可以确定。其中包括以下具体内容：①违约金生成的违约形式是确定的或可确定的，该条件容易满足，"违约时支付××违约金"足矣，因为"违约"具有可确定性；②违约金额度必须是确定的违约金额度通常由当事人约定，也可以约定由第三人确定违约金额度。合同当事人一般会约定具体罚金额度，也可以约定违约金的上下限范围。

对违约金约定的形式没有特别规定，主合同形式阻碍违约金约定的效力。比如合同本身是要求书面形式，口头约定不成立合同，则违约金约定当然无效。

以格式条款或者格式合同约定的违约金，还要符合格式条款的相关规定。

三、违约金生成

违约金请求权是附条件请求权，其生成的条件是债务人违反违约金所担保的义务。自条件成就开始，违约金请求权与主合同义务分离，具有独立性。

（一）合同债权到期且可实施

违约金生成以合同义务到期且可实施为条件，不可实施的债权不引发违约金生成。比如债务人有抵销权：虽然债务人陷入迟延履行，但是如果他在债务到期之前取得抵销权，之后又主张抵销权的，因为抵销权的行使有溯及效力，那么债务在抵销权产生时消灭。抵销权的行使导致债务在到期前就已经消灭，违约被排除。债务人有同时履行抗辩权、先履行抗辩权、不安抗辩权的，债权没有可实施性，债务人违约被排除。主债权经过诉讼时效，且债务人在诉讼中主张时效抗辩权的，已经生成的违约金请求权被溯及消灭。

（二）债务人违约

违约的情况包括不履行、迟延履行和瑕疵履行，违约金生成的情况也不同，但共同之处是，特别轻微的违约不能生成违约金。违约金到底是指向哪种违约形式，由具体的约定内容决定。违约金条款抽象地表述为"违约"的，包括所有的违约类型。

1. 履行不能时是否产生违约金

债务人不履行的原因是履行不能，违约金请求权是否可能生成？按照违约金约定从属性要求，违约金约定的效力与第一性的履行义务在可能违约的时间点是否存在相关联。债务人可能违约的时间点是债务到期之时，因为从此时开始债务人才可能发生迟延履行或者瑕疵履行。存在自始履行不能，❶ 或者在合同订立后债务到期之前，因为不可归责于债务人的原因而履行不能的，第一性的履行请求权在可能违约的时间点根本不存在，不产生违约金请求权。❷ 债权人的履行请求权到期后发生履行不能的，违约金请求权从主合同义务到期时生成，并且与主合同义务彼此分离，因

---

❶ Volker Rieble, in: Staudinger Kommentar zum BGB, Vormerkung zu §339, Rn. 301, 337.

❷ Peter Gottwald, in: Münchener Kommentar zum BGB, §339, Rn. 19.

此违约金请求权不受履行不能的影响。合同成立后发生履行不能，且履行不能可以归责给债务人的，违约金请求权生成。❶

2. 迟延履行违约金

债务人不及时履行，但并不存在履行不能，则存在迟延履行。迟延履行违约金的生成原则上要求履行迟延的所有要件都成就。特别是，没有约定具体履行期限的，需经过债权人催告后仍未履行的才发生履行迟延。当事人可以约定附加的其他违约金生成条件，比如约定"迟延履行超过10天，债权人可以主张违约金"。此时，违约金生成除了要求履行迟延成立，还要求附加条件也成立。

债务是金钱之债的，通常当事人会约定迟延履行利息，这其实就是迟延履行违约金，出卖人不能在迟延违约金之外主张法定迟延利息，除非当事人之间另有约定。约定的迟延利息或者迟延违约金低于法定利息的，可以根据《民法典》第585条第2款要求增加。实践中，双方当事人在某些情况下会既约定在迟延支付价款时按日支付"违约金"，也约定支付逾期利息。两者实际所指相同，出卖人可以并行主张，但总额不能超过法定限额。约定迟延利息计算标准的，还应参照适用《最高人民法院关于审理民间借贷案件适用法律若干问题的规定》第25条，约定利息不得超过银行一年期贷款市场报价利率的4倍（包含利率本数）。

根据《民法典》第585条第3款，迟延履行违约金不排除继续履行请求权。

3. 拒绝履行违约金

当事人约定的是不履行合同或拒绝履行合同时的违约金的，

---

❶ Volker Rieble, in: Staudinger Kommentar zum BGB, Vormerkung zu §339, Rn. 301, 337.

《民法典》没有明确规定此时违约金请求权与继续履行请求权的关系。但从《民法典》第585条第3款的规定来看，在此情况下违约金请求权与继续履行不可以并存。当事人的违约金约定到底是迟延履行违约金还是拒绝履行违约金，要通过解释具体约定内容来确定。《德国民法典》第340条明确规定了在此情况中违约金请求权与继续履行请求权的关系，即债权人可以选择主张违约金还是主张继续履行，此两项权利之间是选择性竞合关系。

4. 瑕疵履行违约金

当事人之间约定的是瑕疵履行违约金的，因为瑕疵履行与迟延履行同属于履行不符合约定，所以债权人可以接受有瑕疵的给付，同时主张违约金。

（三）不要求有损失

虽然违约金被称为简单快捷的最小损害赔偿，但其功能不仅在于赔偿，还在于督促保证债务人履行，因此它只与"违约"有关，与是否存在损失无关，甚至与是否"可能产生损失"也无关。当然，基于私人自治，当事人可以在违约金条款中约定违约金生成的其他附加条件，比如有损失等。有无损失或者损失大小，可以是影响违约金增减的因素。

（四）债权人与有过错

债权人对债务人的违约行为有过错的，债务人取得减少损失赔偿的抗辩。违约金请求权是附条件的给付，可以类推适用《民法典》第158条至第160条。债权人的行为可以被涵摄为《民法典》第159条第2个分句规定的行为的，则违约金生成条件视为不成就。债权人的行为不能被涵摄为第159条规定的行为的，债务人可以用诚实信用原则抗辩。除此之外，债权人也有违约行为的，则债务人有同时履行抗辩权、先履行抗辩权或者不安抗辩权，此时债务人违约金生成被阻碍。违约金过分高于实际损失的，债权人与有过错是违约金司法酌减应当考虑的因素。

四、违约金司法增减

（一）增加违约金

当事人在约定违约金的时候很难预见到损失大小，不少情况下约定的违约金低于实际损失，债权人的利益仅靠约定违约金不能得到保障。《民法典》在第585条第2款规定了违约金司法增加程序，即可以请求法院或仲裁机构增加违约金。即使没有第2款第1半句的规定，债权人也可以直接对债务人主张法定损害赔偿，填补损失。请求法院或者仲裁机构增加违约金反而使救济程序复杂化。故此，约定的违约金低于实际损失时，请求司法增加违约金和主张法定损害损害赔偿是选择性竞合关系，由债权人选择。

（二）降低违约金

违约金不强调惩罚功能，因此违约金的额度应当符合比例原则。在此有疑问的是，约定的违约金过高，是属于因违反诚实信用原则而无效，还是直接适用违约金酌减规则。适用诚实信用原则，将导致全部违约金约定无效，这并不符合当事人的意思。因此应当直接适用酌减规则。诚实信用原则对违约金约定也适用，但是不能仅以额度畸高而认定违反诚实信用原则，还要求存在其他因素。

另外，违约金约定是私人自治的表现，原则上要尊重约定额度，不能认为只要约定违约金比实际损失高，就应当减少。违约金酌定减少的条件是"过分高"。实践中多认为，约定违约金超过实际损失 30% 的，则可以认定违约金"过分高"。❶ 至于降多少，由法官自由裁量。违约金司法酌减并不要求减低至实际损失，毕竟违约金只是"最低损失"，司法酌减的目的仅是出于保护债务人之目的，将过高的违约金调整至符合比例原则的范围。降低违约金的规定旨在保护债务人，不能在违约金生成之前通过约定排除。但是违约金生成后债务人可以放弃该项权利。

降低违约金时，法官以实际损失为基础，兼顾合同主体、交易类型、合同的履行情况、当事人的过错程度、履约背景等因素，根据公平原则和诚信原则进行衡量，并作出裁决。❷

1. 实际损失

实际损失是违约金司法增减的基础。这里的实际损失是履行利益损失，包括可得利益损失。

2. 部分履行

债务人提供部分给付的，债权人可以拒绝接受，此时债务人对全部债务违约。债务人提供部分给付，债权人也可以接受，但不得认为债权人放弃违约金。部分履行是降低违约金的因素。比较法上有明确规定的，比如《法国民法典》第 1231 条规定，主债权履行一部分的，审判员得酌减违约金。我国台湾地区所谓的"民法"第 251 条有类似规定。

3. 债务人过错程度

虽然过错是否违约责任成立的要件，在我国民法中尚有争议，但是无论债务人在违约时是故意、重大过失还是一般过失，都不

---

❶ 《最高人民法院关于适用〈中华人民共和国民法典〉合同编通则部分的解释（征求意见稿）》第 69 条第 2 款。

❷ 《最高人民法院关于适用〈中华人民共和国民法典〉合同编通则部分的解释（征求意见稿）》第 69 条第 1 款。

应当在违约责任中不扮演任何角色。实践中,法院根据债务人的过错程度减少违约金具有合理性。

4. 债权人过错

债权人对债务人的违约有"过错"的,要做不同区分。债权人只是客观地共同引起违约,则可以根据《民法典》第585条第2款降低违约金。如果债权人故意促使债务人违约,或者他自己也有严重违约行为,则可以根据诚实信用原则不允许债权人主张违约金。

(三)依当事人申请

《民法典》第585条第2款规定的违约金增减不能由债权人直接对债务人主张,它是司法增减。在司法程序中法官也不能依职权增减,必须经过当事人申请。债权人通常会在违约金之诉中同时请求增加违约金;债务人的降低违约金的请求也通常在违约金之诉中以抗辩权的方式主张。当然,也可以单独提起违约金增减诉讼或者反诉。当事人在违约金请求权的给付之诉中主张增减违约金的,是隐藏的形成之诉。违约金增减的申请只有在它生成之后才可以提出,违约金生成之前不存在申请增减的可能性。

(四)惩罚性违约金是否适用酌减规则

部分观点认为,惩罚性违约金也应当适用酌减规则,比如类推适用《中华人民共和国担保法》(以下简称《担保法》,已失效)第91条,不得超过主合同标的额的20%。❶ 本书认为,惩罚性违约金着重强调其惩罚功能,且以私人自治为基础,不违反诚实信用原则的不应当适用酌减规则。

---

❶ 韩世远:《违约金的理论问题——以合同法第114条为中心的解释论》,载《法学研究》2003年第4期,第24页。

(五）违约金请求权的履行障碍

违约金生成后债权人取得违约金请求权，该请求权适用履行障碍的相关规定。

债务人拒绝履行违约金的，债权人有继续履行请求权。违约金也可能发生履行迟延。当事人可以约定具体支付违约金的时间，比如双方约定自迟延履行 15 日内支付违约金，期间经过，则债务人陷入履行迟延，他要承担迟延履行责任。当事人没有约定违约金到期时间的，立即到期，经债权人催告后在合理期间仍不支付的，债务人履行迟延，违约金本身产生利息赔偿请求权。

第二节　定金

一、定金功能

在欧洲，定金制度起源于希腊，但是与现行法中的定金不同，它是合同成立的证明，即证约定金。现代比较民法中，也有关于定金的立法。比如《德国民法典》第 336 条以下条款规定的是成约定金，主要功能是证明合同成立，仅在金额非常高的情况下体现出违约金功能。德国学界甚至认为，第 336 条至第 338 条几乎没有实践意义。[1]《瑞士债务法》第 158 条规定的定金强调的是责任功能。

在我国的民法体系中，定金长久以来被视为债的担保方式，但是定金担保与其他典型的物的担保或人的担保的功能不完全相

---

[1] Münchener Kommentar zum BGB §336 Rn. 5.

同。在 1981 年的《中华人民共和国经济合同法》(已失效)(以下简称《经济合同法》)中,定金和保证分别规定在第 14 条和第 15 条。《中华人民共和国民法通则》(已失效)(以下简称《民法通则》)第 89 条用 3 个条款规定定金。学界也有将定金视为一种担保方式的观点,比如郭明瑞等学者明确提出,定金是合同的一种担保。❶

在《民法典》和《合同法》中,定金并没有被规定在债的担保中,而是规定在违约责任中。从体系上看,定金不仅有担保或督促债之履行的功能,还应当有赔偿功能,即定金具有双重功能。定金的第一个功能是给合同双方当事人施加压力,保证当事人履行合同;第二个功能是违约时赔偿损失。在我国实践和理论中,定金的督促债务履行的功能更明显。❷ 与违约金和其他有担保功能的制度相比,定金的功能具有"双方性",根据定金罚则,给付定金一方不履行或者履行不符合约定的,无权请求返还定金;接受定金的当事人违约的,应当双倍发还定金。当然,定金对交付定金方和接受定金方产生的压力强弱有所不同。❸

二、概念区分

定金分为成约定金、解约定金、立约定金、违约定金。各类定金在我国合同实践中发挥着重要功能,由定金引起的纠纷数以万计。《民法典》第 586 条规定的定金是各类定金中的一类,因此

---

❶ 郭明瑞、房绍坤、张平华编著:《担保法》,中国人民大学出版社 2008 年版,第 245 页。
❷ 高圣平:《担保法论》,法律出版社 2009 年版,第 606 页。
❸ 崔建远:《"担保"辨——基于担保泛化弊端严重的思考》,载《政治与法律》2015 年第 12 期。

本书首先对概念作出界定。

(一) 定金类型区分

学界早期观点认为，民法中的定金兼具成约定金和违约定金的功能。❶ 晚近学界部分观点认为，《民法典》第586条意义上的定金实际是法定违约金。❷ 部分观点提出，本条意义上的违约定金是以实际给付为额度的失权约款和违约金的组合。❸

1. 违约定金

根据《民法典》第587条的规定，给付定金一方违约的，无权要求返还定金；收受定金一方违约的，双倍返还定金。定金制度明显的功能是担保或督促债的履行。因为定金先行给付，所以它甚至比违约金产生的督促性、强迫性更直接。在性质上多将《民法典》第586条意义上的定金归为"违约定金"或"履约定金"，❹ 强调的是对当事人依约履行债务的保证。

2. 解约定金

解约定金是通过放弃预先支付的定金或者双倍返还定金的方式取得合同解除权。解约定金没有担保债的履行的功能，而是双方当事人约定，一方当事人通过支付定金或双倍返还定金而"购买"解除权。❺ 它相当于当事人"购买"解除权的对价，当事人可以通过适用定金罚则取得解除权，进而解除合同。❻《最高人民法院关于适用〈中华人民共和国民法典〉合同编通则部分的解释

---

❶ 王家福主编：《中国民法学·民法债权》，法律出版社1991年版，第125页；佟柔主编：《中国民法》，法律出版社1990年版，第331-332页。
❷ 王洪亮：《债法总论》，北京大学出版社2016年版，第444页。
❸ 朱庆育主编：《合同法评注选》，北京大学出版社2019年版，第416页。
❹ 参见（2015）浙民终字第17号判决书。
❺ Gaier, in: Münchener Kommentar zum BGB, §353, Rn. 1.
❻ （2018）闽02民终4227号判决书。

（征求意见稿）》］[以下简称《民法典合同通则司法解释（征求意见稿）》]第71条第4款规定，当事人约定定金性质为解约定金，交付定金的一方主张以丧失定金为代价解除合同，或者收受定金的一方主张以双倍返还定金为代价解除合同的，人民法院依法予以支持。

3. 成约定金

成约定金是合同成立或生效的要件，定金虽未交付，但合同已经部分或者全部履行的，合同效力瑕疵可以被治愈。❶ 成约定金本身不是一个独立的合同，而是合同成立的要件之一。比如在煤炭科学研究总院与福建永恒能源管理有限公司买卖合同纠纷上诉案❷中，当事人在合同中约定："合同签订后五日内买受人支付出卖人合同额35%款项为定金，合同生效。"该案一审法院认为，本案中存在附生效条件合同，定金交付是合同的生效要件。

4. 立约定金

立约定金相当于预约合同的违约定金，即督促当事人订立主合同。立约定金从属于预约合同，当事人不订立主合同则属于违约，交付定金一方违反预约，不得主张定金返还，收取定金方不订立主合同，双倍返还定金。立约定金的功能实际上与第586条意义上的违约定金相同，只是生成的条件是违反预约。理论和实践中认为，商品房预售（购）合同中的定金多为立约定金，❸ 但也有部分法院认为，商品房预售合同中的定金是商品房买卖合同的成

---

❶ 《最高人民法院关于适用〈中华人民共和国民法典〉合同编通则部分的解释（征求意见稿）》第71条第3款。

❷ (2017) 闽民申1192号判决书。

❸ 高圣平：《担保法论》，法律出版社2009年版，第593页；(2019) 湘民终722号判决书。

约定金。❶

5. 证约定金

证约定金是证明合同成立的标志,在日耳曼法时期经常被使用于仆役买卖、牲畜买卖。鉴于证约定金的功能,在合同成立存疑时,推定其成立,主张不成立的当事人可以通过反证证明合同并未成立。

6. 订金

在实践中需要与定金进行区别的还有"订金"。通常情况下,当事人虽有订立合同意愿,但仍处于犹豫阶段的,会向对方当事人交付"订金"。订金对双方当事人没有约束力,一般不适用罚则,只是一种订立合同的意向金;当事人决定不订立合同的,应当返还"订金"。区别"定金"与"订金",不能简单地通过当事人在约定中所使用的文字,而是看它的功能。比如,在"周某坤诉安某英买卖合同纠纷案"❷中,合同中写的是"订金"字样,法院认为,依合同中约定的"订金"性质,应为"定金"。在"吴某平诉无锡深港国际服务外包产业发展有限公司商品房预售定金返还纠纷案"❸中,收款收据注明的是"订金"字样,法院同样认为,根据认购书约定的付款内容应当认定吴某平支付的是"定金"。

7. 其他情况

其他与定金相区别的制度包括预付款、保证金、押金等。预付款是当事人的提前给付,是履行本身,预付款有证明合同成立的功能,但不是为了担保履行,也没有损失赔偿功能,当然不能

---

❶ (2018)浙01民终613号判决书;(2016)津0114民初9929号判决书。
❷ (2019)鲁1482民初2089号案民事判决书。
❸ (2012)锡民终字第0619号判决书。

适用定金罚则。《民法典》没有规定押金和保证金，但实践中经常使用。押金经常被用在租赁合同中，但只对接受方有担保功能，租赁合同中接受押金的通常是出租人，用来担保租金或者租赁物不受损，不是双向担保。保证金也是实践中常用的担保形式，《中华人民共和国政府采购法实施条例》《中华人民共和国招标投标法实施条例》等法规对保证金进行规范。与民法中的定金不同，保证金的担保也不具有双向性，仅对取得保证金的当事人有担保功能。

（二）违约定金的优先地位

在司法实践中有违约定金优先的司法裁判规则。该规则的含义是，解约定金、立约定金、成约定金的认定通常以当事人之间的明确约定为前提条件，如果当事人未对定金性质作出说明，应当认定为违约定金。❶ 法院的主要依据是，违约定金是法律承认的定金类型。比如在"惠山区洛社镇苏椿古典红木家具厂与邵某康买卖合同纠纷上诉案"❷ 中，当事人在 2012 年 10 月 21 日签订的合同中约定"买方在签订合同时支付 10 万订金"，在 2012 年 11 月 7 日的合同中约定"买方在签订合同时支付 10 万定金"。该案法院认为，双方仅约定款项的性质为定金，并无其他关于权利义务的特别约定，故本案所涉定金应认定为违约定金。甚至在某些情况下法院在解释定金性质时，往往忽视具体约定内容。比如在"康成投资有限（中国）公司诉上海九韵置业有限公司房屋租赁合同纠纷案"❸ 中，当事人之间约定："如果原告在签订本合同至开业前改变租赁意向，则被告不退还原告支付的定金，如被告在本合

---

❶ 李贝：《定金功能多样性与定金制度的立法选择》，载《法商研究》2019 年第 4 期，第 176 页。该文在分析多个司法裁判后得出了结论。

❷ （2016）苏 05 民终 6926 号民事判决书。

❸ （2018）沪一中民二（民）初字第 49 号判决书。

同签订后至原告开业前终止本合同的履行,被告应当向原告双倍返还定金。"在该案中当事人约定的定金是解约定金,但法院却对此予以否定,裁判继续履行合同。

三、有效的定金约定

违约定金具有从属性,即定金是否有效依赖于主合同债务的有效存在。有效的定金还需要当事人之间存在有效的定金合同。

（一）主合同债务有效存在

定金合同的从属性要求,主合同债务有效存在,且不存在妨碍债权可实施性的抗辩以及消灭请求权的抗辩。阻碍主合同效力的,比如民事行为能力缺失、形式要件不满足、没有法定许可等;❶阻碍主合同债权实施或消灭请求权的抗辩包括撤销合同、解除合同、抵销等。债权人虽然有撤销权或者解除权,但是在他行使撤销权和解除权之前,不对合同债务产生影响;债务人不履行合同后行使撤销权或者解除权的,产生溯及既往的效力。❷债权人和债务人之间有抵销权,在主张抵销之前同样不阻碍违约发生。债务人事后主张抵销的,抵销有溯及力,即排斥债务人违约行为。❸债务人的先履行抗辩权、同时履行抗辩权、不安抗辩权阻碍债权的可实施性。

（二）定金合同有效

1. 合意有效

违约定金需要当事人之间的约定。它既可以在主合同中以定

---

❶ Reinhard Bork, Allgemeiner Teil des Bürgerlichen Gesetzbuchs, 2016, Rn. 90;王洪亮:《债法总论》,北京大学出版社2016年版,第257页。
❷ Wolfgang Ernst, in: Münchener Kommentar zum BGB, §286, Rn. 29.
❸ Wolfgang Ernst, in: Münchener Kommentar zum BGB, §286, Rn. 29.

金条款的方式出现，即定金条款；也可以单独约定定金，即定金合同。定金条款或者定金合同无效的，违约定金不发生效力。《民法典》对定金没有特别的形式要求。采用定金条款的，主合同的形式要求将阻碍定金条款的效力；采用定金合同的，定金合同是非要式合同。

《最高人民法院关于适用〈中华人民共和国担保法〉若干问题的解释》第118条曾规定："当事人交付留置金、担保金、保证金、订约金、押金或者订金等，但没有约定定金性质的，当事人主张定金权利的，人民法院不予支持。"该司法解释虽失效，其背后的原理不变。因此，当事人交付金钱，不管使用上文哪种文字表述，只要没有约定定金性质，推定为不存在定金。确定当事人之间约定交付的金钱或者其他替代物是否定金，可以从两个方面判断。一是通过解释当事人的约定内容来确定，若当事人对交付的金钱或其他替代物的功能有约定，则不能简单地看使用的文字。二是看使用的文字，这种情况仅适用于当事人没有约定交付的金钱或替代物的功能的情况。比如在"上诉人郑州市中州铝业有限公司与被上诉人平阴同鑫铝业有限公司买卖合同纠纷案"❶中，当事人在合同中仅约定"支付定金32万"，对其功能并无约定。尽管中州铝业有限公司辩称这32万元是预付款，而不是定金，但由于合同中写明的是"定金"，故法院认为存在定金约定。

《民法典》第587条规定了违约定金的法定罚则，故当事人不必在合同中明确约定定金罚则，只要能从约定内容中得出，定金是为了担保主合同之债的履行已足。一般情况下，定金担保的是主给付义务的履行。当事人可以约定，定金只担保从属给付义务

---

❶ （2012）郑民四终字第733号民事判决书。

的履行。

2. 定金交付

定金合同是实践合同，以定金实际交付为有效成立要件，这也被称为定金合同的"要物性"。在违约定金中要物性有其积极功能：通过事实交付的"仪式"，当事人能对定金的法律后果有更直观的感受，从而防止当事人冲动缔约，确保当事人作出慎重的意思表示。❶ 定金可能在定金合同达成前交付，也可能在定金合同达成时交付，或者在定金合同达成后交付。定金在定金合同达成前交付的，定金合同有效成立的时间是合同达成时。定金在定金合同达成后交付的，没有形式瑕疵的，定金合同在定金交付时成立并生效。基于定金合同要物性的特点，当事人仅仅达成定金约定的，定金合同并没有有效成立，不能产生约束力，当事人没有交付定金之义务。

定金由主合同债务一方当事人交付给另一方当事人，不能由当事人之外的第三人交付定金。通常在双务合同中，合同中给付金钱的一方交付定金。比如在买卖合同中，通常是买受人向出卖人交付定金，承揽合同中由定作人向承揽人交付定金。在时间上，定金应当在主合同义务履行完毕之前交付给接收方。

四、定金客体

定金的客体为金钱或其他替代物。对金钱之外的替代物可否为定金客体，理论界早期观点有争议。否定者认为应当限于金钱，原因主要是其他替代物的边界难以界定，容易使定金担保与动产

---

❶ 李贝：《定金功能多样性与定金制度的立法选择》，载《法商研究》2019年第4期，第175页。

质押混淆。❶ 晚近多数观点认为其他替代物可以是定金的客体。郭明瑞教授和王利明教授直接将定金定义为"一定金钱（货币）或替代物"。❷《德国民法典》中的表达是"东西"（etwas），包括金钱和有体物。❸ 定金的功能与违约金类似，都是为了保证债务履行，在违约时赔偿损失，无论是金钱还是其他有价值的物，都可以达到担保履行和赔偿的目的，因此定金的客体包括具有价值、可替代金钱之物。❹ 但不可替代物不能作为定金客体，因为接受定金方对不可替代物无法双倍返还。❺

五、定金限额

定金数额由当事人在定金合同中具体约定。然而《民法典》第586条第2款对定金额度作出限制，这是由司法裁判发展而来的规则。《民法典》之前的几部规定定金的法律，均未对定金作出限制。这样导致的一个后果是，当事人之间任意约定过高的定金，甚至定金额度超过主合同标的额度。这不仅与定金功能偏离，还违反诚实信用原则，将定金的设立变成赌博条款，从中谋取不正当利益。

在我国立法史中，早期部分立法规定，定金数额由当事人约定，比如《加工承揽合同条例》第9条规定："根据国家有关规

---

❶ 刘保玉、吕文江主编：《债权担保制度研究》，中国民主法制出版社2000年版，第219页。

❷ 郭明瑞、房绍坤、张平华编著：《担保法》，中国人民大学出版社2008年版，第245页；王利明：《合同法研究》（第2卷），中国人民大学出版社2015年版，第637页。

❸ Volker Rieble, in: Staudinger Kommentar zum BGB, Vormerkung zu §336, Rn. 5.

❹ 高圣平：《担保法论》，法律出版社2009年版，第589页。

❺ 孙森焱：《民法债编总论》（下册），法律出版社2006年版，第591页。

定,定作方可向承揽方交付定金。定金的数额由双方协商确定。"之后越来越多立法认为,定金数额应当有其边界,比如《建设工程勘察设计合同条例》第 7 条第 2 款规定:"勘察任务的定金为勘察费的百分之三十,设计任务的定金为估算的设计费的百分之二十。"

晚近理论和实践的观点趋于一致,认为定金的额度应当符合比例原则,过高有违诚实信用原则。有疑问的是,确定定金是否符合比例原则的基础标准应该是什么。部分学者提出,定金额度参考的基础应当是当事人所实施的交易的预期利润,原因是提供担保的目的在于保障预期利润实现。❶《建设工程勘察设计合同条例》将定金的计算基础规定为勘验费和估算设计费,实际都是合同标的额。《民法典》中的规定也以合同标的额作为衡量定金标准的基础。定金是金钱以外的其他替代物的,以其市场价值衡量是否超过合同标的额的 20%。20% 界限本身就是为了限制当事人之间的约定,故不能通过约定予以排除。

(一)约定超过 20% 的后果

当事人之间约定的定金超过合同标的额的 20% 的,引起的法律后果可以有以下选择:定金约款无效或者超出部分无效。❷ 立法者的选择是,不会导致定金约定无效,而是超出部分不产生定金效力。在发生违约时,超出合同标的额的 20% 的部分不适用定金罚则。接受违约一方只能保留标的额的 20% 作为定金惩罚;交付定金方主张返还合同标的额的 40%。

另一个问题是,超过合同标的额的 20% 是属于抗辩还是抗辩权。虽然在诉讼中,当事人在绝大多数情况下会主张定金超过合

---

❶ 肖龙、赵彬:《试论定金与预付款》,载《法学研究》1986 年第 4 期。
❷ 基于违约定金合同的附属性,定金约定不应当对主合同效力产生影响。

同标的额的20%，但在理论上对此应当予以界定。约定定金超过合同标的额的20%的后果是，超出部分不发生定金效力，并不是简单地阻碍当事人主张定金罚则。故将超出20%的定金降低是抗辩，法官应当依职权降低。❶

（二）对超出法定部分的处理

实践中，已经支付的定金超过合同标的额的20%，超出部分可以作为预付款或者货款，比如在"上诉人郑州市中州铝业有限公司与被上诉人平阴同鑫铝业有限公司买卖合同纠纷案"❷中，原审法院认为超过20%的部分为预付款。在"湖州新嘉力印染有限公司与如皋市如兴纺织有限责任公司买卖合同纠纷上诉案"❸中，原审法院认为超出部分为货款。如果合同最终不履行的，比如被解除，那么超出的部分要返还。

（三）在合同标的额的20%框架内实际交付定金与约定不同的处理

实践中可能发生的情况是，约定的定金数额与当事人实际交付的数额不同，比如约定定金为5万元（在合同标的20%范围内），但是当事人一次性交付了3万元，或者约定定金3万元，但当事人一次性交付5万元。《民法典》第586条第2款规定："……实际交付的定金数额多于或者少于约定数额的，视为变更约定的定金数额。"该条规定应当严格适用，因为在20%范围内，定金额度也属于私人自治范畴，必须得到遵守。通常，交付定金少

---

❶ 在"宁波哈木真进出口有限公司诉绍兴鑫光文具有限公司买卖合同纠纷案"[（2017）浙0212民初15430号]中，虽然约定的违约金并没有超过合同标的20%，但法院在判决书中称："被告也未提出违约定金过高要求调低的意见。"
❷ （2012）郑民四终字第733号民事判决书。
❸ （2011）浙湖商终字第285号民事判决书。

于约定定金额度的,对方当事人应当接受定金,且没有对此提出异议,可以认为定金额度变更。接受方提出拒绝收取定金的,或者虽收取但表示定金不足,定金合同因为缺失要物性没有有效成立。比如"北京龙润九州市政工程技术服务有限公司买卖合同纠纷案"❶ 案情如下:"当事人之间约定定金10万元。当河北盾强公司法定代表人得知北京龙润公司要支付5万元定金后,随即提出了异议,北京龙润公司法定代表人随即表示'我本想是转10万元,这几天因有点别的事情,过几天我再拨过去'。其后,北京龙润公司仅支付了5万元定金,剩余5万元未再支付。"在该案中,接收定金方虽然接受了5万元定金,但是提出异议,且没有依据显示接受方最终同意5万元定金。故该案二审法院否定了双方对定金金额作出了新的约定。在"江苏省中岩岩土工程有限公司与江苏华云桩业有限公司买卖合同纠纷案"❷ 中,约定定金为10万元。上诉人先支付定金5 000元,接着又支付定金6万元,之后再未支付。该案终审法院认为,由于被上诉人并未提供证据证明其已就定金提出异议,故应视为双方变更了定金合同。

当事人一次性交付多于约定数额的金钱或替代物的,只有在有依据显示交付的全部为定金的情况下,才能认为当事人变更定金,否则超出约定定金额度的部分,应当理解为预付款或者预交的部分给付。

六、定金罚则生成

根据当事人的约定,违约定金区分为不履行合同定金和履行不符合约定定金,定金也可能同时担保不履行和履行不符合约定。

---

❶ (2018)冀11民终2477号民事判决书。
❷ (2018)苏09民终3038号民事判决书。

（一）履行不能

履行不能是最主要的履行障碍，仅对非金钱债务适用，故发生履行不能时债务人方面负担的不能是金钱之义务。根据履行不能是否可归责于合同当事人，合同关系所处的法律状况不同。如果履行不能不可归责于任何一方当事人，比如引起债务人履行不能的是不可抗力，其法律后果是合同关系自动解除，不需要行使解除权或者作出解除合同的意思表示，❶ 不能将当事人的履行不能界定为违约。也可以认为，不可抗力排除继续履行责任。在《美国统一商法典》中，履行不能（不可归责于任何一方当事人）的直接后果也是债务人免除给付义务，同样不存在债务人违约的情况。❷ 既然不可归责于双方当事人的履行不能不属于违约行为，那么当然不适用定金罚则，在此情况中，定金应当返还。

只有在履行不能可归责于一方当事人时，才可适用定金罚则。❸ 履行不能归责于一方当事人的，履行不能方不需要提供原始给付，同时不得向对方主张对待给付。由于履行不能可归责给一方当事人，所以应当对该方当事人适用定金罚则。

（二）拒绝履行

债务人拒绝履行的，定金罚则生成。在此情况下，债务人必须明确无误地表达出他不准备给付，债权人基于他的这种表达不

---

❶ 庄加园：《债权人原因引起的给付不能》，载《法律科学》2018 年第 5 期，第 149 页。

❷ 《美国统一商法典》第 2—615（a）条规定："如果由于发生了订立合同时作为基本前提条件而设想其不会发生的特殊情况，……致使卖方确实难以按约定方式履约，……卖方即使迟延交付，或部分地或全部未能交付，也不构成违反买卖合同义务。"

❸ （2010）顺法民一初字第 03671 号判决书；（2010）佛中法民一终字第 1761 号判决书。

再对给付有所期待；换言之，债务人拒绝给付的表达从第三人视角来看是债务人最终表达，债权人没有理由再期盼债务人改变拒绝履行的决定。❶ 如果债务人对外表示的拒绝履行仅仅是暂时性的，则不能认为他有预期违约行为。拒绝给付必须"明确无歧义地"表达，非明确的、经解释仍然不能清楚确定的履行拒绝不是法律上重大的拒绝表示。❷ 除了语言上明确地、严肃地拒绝履行，还包括债务人以自己的行为表明不履行债务的情况，对于这类情况，也要求通过解释能够确定债务人的行为所表达的拒绝给付的意思明确无疑。

（三）迟延履行致使合同目的不能实现

迟延履行是履行不符合约定的情况之一，有疑问的是，定金罚则是否对迟延履行适用。迟延履行当然属于违约，然而，履行不符合约定时只有满足合同目的不达时才可以适用定金罚则。从立法的发展来看，在《经济合同法》《民法通则》《担保法》《合同法》中，定金罚则适用于不履行的情况，其中应当包括上文所指的可归责给一方当事人的履行不能和拒绝履行。《民法典》第587条增加了履行合同不符合约定致使合同目的不能实现，故迟延履行适用定金罚则的附加前提是"致使合同目的不能实现"。在相对定期交易和绝对定期交易中，迟延履行可归责于当事人的，适用定金罚则。

根据《民法典》第563条第1款第3项的规定，当事人一方迟延履行主要债务，经催告后在合理期限内仍未履行的，债权人可以解除合同。根据《民法典》第566条的规定，合同因违约解除

---

❶ BGH NJW 2011, 3714.
❷ Moriz Bassler/Philipp Buechler, Die Reform des Rücktrittsrechts, In: AcP 2014, 895.

的，解除权人可以请求违约方承担违约责任。依此，迟延履行导致合同被解除的，可以适用定金罚则。

另一个问题是，迟延履行后，是否可能发生继续履行与违约定金并存的情况。迟延履行没有致合同目的不能实现的，债权人可以（应当）要求继续履行，但债务人在迟延履行环节已经有违约行为。如果合同当事人之间约定的是迟延履行违约金，则债权人请求继续履行后仍可以主张违约金。

（四）瑕疵履行致使合同目的不能实现

瑕疵履行是指履行不符合约定。根据《民法典》第587条的规定，定金罚则产生的前提，除了要求瑕疵履行，还要求合同目的不能实现。合同目的并不是判断是否应当适用定金罚则的标准，违约严重性才是判断定金罚则是否适用的标准。结合定金罚则的历史，履行不符合约定应当达到解除合同的严重程度，才可以适用定金罚则。

（五）部分履行的定金罚则

《民法典合同通则司法解释（征求意见稿）》第72条第2款规定，当事人一方已经部分履行合同，对方同意接受并主张按照未履行部分所占比例适用定金罚则的，人民法院依法予以支持。对方主张按照合同整体适用定金罚则的，人民法院不予支持，但是部分未履行致使不能实现全部合同目的的除外。由此可见，部分履行的，定金罚则按比例适用。

（六）法律后果

1. 定金罚则

合同当事人有重大违约的，其法律后果是，定金罚则效力生成：交付定金方违约的，不得主张返还定金；接收定金方违约的，双倍返还定金。定金罚则体现的是定金的损失赔偿功能和有限的私人惩罚功能，与主张定金罚则当事人是否有损失无关。定金罚则被认为是定金表现其担保功能的独特方式，与违约金相比，它的独特性表现在"双方性"。❶

2. 对双方违约和对方引起违约不适用

违约定金另一个特点是，它作为当事人按合同履行的担保，只有在对方当事人守约的情况下，才能主张定金罚则。一方当事人的违约行为是由对方当事人引起的，或者由双方当事人共同引起，同样不得适用定金罚则。❷ 该观点在实践中得到司法裁判的支持，法院一般认为，定金罚则适用的情况是单方违约，双方违约时无论各自过错程度，均不适用定金罚则。❸

3. 孳息的返还

双倍返还定金的，接受定金人对收取的定金实际收取利息或者应当收取利息的，利息应当作为收益返还给交付定金人。❹

第三节 定金的增减

一、实际损失高于定金罚金时的损害赔偿

当事人选择适用定金罚则的，根据《民法典》第 587 条的规

---

❶ 也有观点将这种情况称为定金的"双重性担保"（参见郭明瑞、房绍坤、张平华编：《担保法》，中国人民大学出版社 2008 年版，第 249 页）。
❷ 李贝：《定金功能多样性与定金制度的立法选择》，载《法商研究》2019 年第 4 期，第 180 页。
❸ (2003) 杭民一初字第 174 号判决书；(2013) 滦民初字第 5370 号判决书；(2013) 中一法民一初字第 2168 号判决书；(2012) 镇商终字第 0137 号判决书。
❹ 孟云：《双倍返还定金时应返还定金利息》，载《人民司法·应用》2010 年第 15 期，第 92 页。

定，非违约方为支付定金一方的，可以请求违约方双倍返还定金；非违约方为接收定金一方的，可以保留定金。在此情况中，有三种可能性：定金与实际损失持平；定金远超过实际损失；定金不足填补实际损失。发生后两种情况时，《民法典》第586条没有作出第585条第2款予以司法增减的规定。

对于实际损失低于违约定金的情况，《民法典》第586条第2款规定了超额损失的损害赔偿请求权。立法者将司法实践中的规则予以立法化：定金作为最低损害赔偿数额的预定，具有填补损害的功能。在约定的定金不足以赔偿守约方损失时，守约方可以要求适用定金并要求赔偿超出定金的实际损失，但要求的总额不能超过实际损失额。❶

相对于《民法典》第577条联合第583条而言，第586条第2款是特别规定。亦即，如果当事人选择适用定金罚则，有超额损失时，其请求权基础是《民法典》第586条第2款。但这与直接适用第583条没有本质区别，因为债权人都要证明损失及其额度。

二、定金酌定降低

有疑问的是，如果定金明显高于实际损失，债务人是否可以参照《民法典》第585条第2款要求降低定金。对此，存在观点分歧。学界部分观点支持违约定金应当酌减，❷ 部分司法裁判对此

---

❶ 山东省高级人民法院（2011）鲁商终字第197号民事判决书；河南省高级人民法院（2002）豫法民二终字第145号民事判决书。

❷ 史尚宽：《债法总论》，中国政法大学出版社2000年版，第516页；张忠野：《论私法自治下定金罚则的有限适用》，载《政治与法律》2012年第9期，第127－128页；姚明斌："论定金与违约金的适用关系——以《合同法》第116条的实务疑点为中心"，载《法学》2015年第10期，第46页。

也予以支持。❶ 但相反观点认为，违约定金的20%已经是其限额，不应当再继续减少。❷ 定金是否应当参照适用《民法典》第585条第2款酌减，应当从违约责任体系分析。定金与违约金的功能差异不大，都是为了保证合同履行，在一方违约时则是为了填补非违约方的损失。在《民法典》第585条中，立法者规定了违约金司法增加和减少的情况，但是在第588条第2款中只规定了定金增加，却没有规定定金降低。立法者对违约金和定金作了不同处理。对违约金的额度，立法者将额度限制留给司法机关。对定金额度，立法者直接在《民法典》第586条第2款作出限制，不会出现过分高的情况。很显然，立法者对同属于违约责任体系，且功能相近的两种约定惩罚作不同规定，并不存在法律漏洞。故而，定金超过实际损失的情况下，不得参照《民法典》第585条第2款酌定降低。

第四节　定金罚则与违约金的关系

约定违约金和定金都是由当事人合意产生，很可能的情况是，当事人既约定违约金又约定违约定金。根据《民法典》第588条第1款的规定，发生违约情况时，当事人可以选择适用定金还是违约金。选择适用违约金的，《民法典》第585条第2款在违约金过分高于实际损失或者低于实际损失时，当事人可以申请司法减少或者增加违约金。选择适用定金的，如果定金额度不足以填补实

---

❶ 河南省三门峡市湖滨区人民法院（2009）湖民二初字第234号民事判决书。
❷ 新疆维吾尔自治区乌鲁木齐市中级人民法院（2010）乌中民四终字第231号民事判决书。

际损失，根据《民法典》第 588 条第 2 款的规定，当事人可以要求赔偿实际损失。无论是《民法典》第 585 条第 2 款还是《民法典》第 588 条第 2 款，都体现了损害赔偿法的填补损失功能。《民法典》第 585 条第 1 款的功能也在于此，即强调定金和违约金的填补损失功能。

定金和违约金都具有双重功能：保证债务履行和赔偿损失。它们至少不强调"惩罚"，即使在《德国民法典》中违约金被称为"合同惩罚"，也不强调私人惩罚的功能。故应当认为，立法者规定定金和违约金的目的之一在于，避免对同一违约行为双重适用定金和违约金使非违约方获得过分高于实际损失的赔偿。❶ 另外，《民法典》第 588 条的措辞为"对方可以选择适用违约金或者定金条款"。"选择适用"强调的并不是"择一"适用，而是为了保障受损失方当事人可以选择对自己更有利的救济手段，❷ 更有效地保障自己的权益。

一、违约金罚则与定金罚则选择适用

当事人有权在违约金罚则与定金罚则之间作出选择的前提条件之一是两者并存。这需要满足以下几个条件。

（一）违约金约定和定金约定有效存在

违约金罚则和定金罚则生成的条件之一是违约金约定和定金合同有效成立。

违约金和定金都是为了保证合同债务的履行，通常情况下保

---

❶ 黄薇主编：《中华人民共和国民法典合同编解读》，中国法制出版社 2022 年版，第 455 页。
❷ 黄薇主编：《中华人民共和国民法典合同编解读》，中国法制出版社 2022 年版，第 455 页。

证的对象是主债务,但当事人可以约定担保从属义务的履行。《民法典》第588条意义上的违约金罚则和定金罚则并存的条件之一是,根据约定两者保证的对象具有重合性,如果一个保证的是主债务,一个保证的是从属债务,即使同时生成,也不属于该条规定的情形。

违约金罚则和定金罚则生成的条件都要求一方当事人违约。违约行为区分为可归责于一方的履行不能、拒绝履行、迟延履行和瑕疵履行,当事人可能在违约金约定或者定金约定中具体约定违约金或者定金担保的具体违约类型,只有违约金生成和定金生成的违约行为具有重合性时,才可能有违约金和定金的并存。比如,当事人在违约金条款中约定的是迟延履行违约金,在定金条款中约定的是瑕疵履行定金,即使两者都生成,也不存在《民法典》第588条规定的选择适用问题。❶

(二)一个违约行为既引起违约金又引起定金罚则

根据《民法典》第588条第1款的规定,一方有违约行为,对方即可行使选择权。需要注意,这里的违约行为是指一方当事人某个具体的违约行为既引起违约金又引起定金罚则。如果某个违约行为仅引起违约金或者仅引起定金罚则,则不存在选择适用问题。如果一个违约行为引起违约金罚则,另一个违约行为引起定金罚则,也不存在《民法典》第588条的选择适用问题。

根据《民法典》第585条和第587条的规定,违约金和定金罚则对违约的要求不同。根据《民法典》第585条的规定,在没有特别约定时,债务人违约即引起违约金罚则。根据《民法典》

---

❶ 姚明斌:《论定金与违约金的适用关系——以〈合同法〉第116条的实务疑点为中心》,载《法学》2015年第10期,第37页。

第 587 条的规定，履行不符合约定致使合同目的不能实现的，引起定金罚则。因此，违约金和定金罚则重合要求迟延履行或瑕疵履行达到"致合同目的不能实现"的程度。

定金罚则产生的前提之一是对方当事人守约。对方当事人也违约的，无论双方当事人各自过错程度如何，均不适用定金罚则。债权人和债务人各自违反违约金担保的义务的，各自承担违约金责任。故发生双方违约时，不存在违约金和定金的竞合问题。

（三）选择适用

根据《民法典》第 588 条第 1 款的规定，违约方的对方可以选择适用违约金还是定金罚则。要确定的问题是，对方当事人必须作出选择，还是对方当事人有"权利"选择，而是否行使选择权由对方当事人自己决定。

1. 择一适用的原因

对于定金和违约金的关系，理论中有一定的争议。多数观点基于原《合同法》第 116 条的规定，❶ 认为违约金和定金罚则是择一适用的关系，❷ 也有个别观点提出违约金与定金可以并存适用。❸

从立法目的来看，《民法典》第 588 条的主要目的是防止取得过高"赔偿"的违反诚实信用原则的行为，并不在于"限制"当事人的权利。换言之，立法者通过《民法典》第 588 条第 1 款的规定意欲达到的目的并不是确定违约金罚则和定金罚则彼此的排他适用，而是确定了不得通过同时适用违约金和定金主张过高赔

---

❶ 原《合同法》第 116 条的规定与《民法典》第 588 条第 1 款的规定一致。
❷ 姚明斌：《论定金与违约金的适用关系——以〈合同法〉第 116 条的实务疑点为中心》，载《法学》2015 年第 10 期，第 37 页；李贝：《定金功能多样性与定金制度的立法选择》，载《法商研究》2019 年第 4 期，第 177 页。
❸ 王红艳：《论违约金与违约定金的并存适用》，载《学术界》2008 年第 3 期，第 233－237 页。

偿的损害赔偿法的基本理念。该立法目的具有合理性，因为违约金和违约定金的功能相当，不存在本质之不同。甚至部分观点提出，违约定金相当于预付的违约金。❶ 一方当事人违约时，定金和违约金对另一方都承担赔偿功能。而当事人取得过分的赔偿既违反诚实信用原则，也违反《民法典》违约责任确立的损失填补原则。

在法律适用的实践中，《民法典》第 588 条确实引起法院在作出裁判时择一适用定金和违约金的结果。❷ 司法裁判中违约金和定金没有必要并列适用。无论是违约金还是定金，适用时主张方当事人不需要证明有损失，更不需要证明损失额度。从《民法典》第 588 条的立法目的来看，为了避免获得过分高的赔偿，如果同时适用违约金与定金，主张方当事人应当证明违约金和定金罚金总额没有过分高于实际损失。在此背景下，违约金与定金罚则就没有同时适用的必要性。只要当事人证明了实际损失，无论适用定金还是违约金都可以得到充分赔偿，超额赔偿则被禁止。

综上所述，违约金与定金的择一适用并非法律强制规定，而是法律适用时的当然结果。

2. 选择主体及变更权

在确定了定金和违约金择一适用的结果之后，还要明确的问题是，谁应当作出选择，选择之后是否可以变更。

部分学者提出，应当由非违约方作出选择，法院不能代替它进行选择。❸《民法典》第 588 条并没有表达主张定金罚则或者违

---

❶ 史尚宽：《债法总论》，中国政法大学出版社 2000 年版，第 493 页。
❷ 姚明斌：《论定金与违约金的适用关系——以〈合同法〉第 116 条的实务疑点为中心》，载《法学》2015 年第 10 期，第 36 页。该文作者考察了 50 个有关定金和违约金关系的终审判决，得出该观点。
❸ 姚明斌：《论定金与违约金的适用关系——以〈合同法〉第 116 条的实务疑点为中心》，载《法学》2015 年第 10 期，载《法学》2015 年第 10 期，第 38 页。

约金的当事人必须作出选择的立法意思。实践中当事人通常会同时主张,对此上海市高级人民法院的观点是,法院应当释明。当事人仍然不作出选择,或者即使作出选择但表示不放弃另一项主张的,法官经过审理,按照有利于守约方权利实现的诉请进行处理。❶ 上海市高级人民法院的观点与立法宗旨相符,择一适用的目的并不是限制当事人赔偿请求权的实现。实践中,具体适用违约金罚则对守约方有利,还是适用定金罚则更有利,很难判断,强制性地要求当事人作出选择,很可能违背立法目的,无法保障非违约方当事人的利益。

守约方作出选择的,选择后是否允许变更?部分观点认为,守约方一旦选择适用某个罚则,则另一个罚则消灭。❷ 违约金请求权和定金罚金请求权之间是选择性竞合关系。❸ 选择性竞合并非法定规则,而是在德国司法裁判和理论中被予以广泛承认的规则。与选择债务的相同之处是,债权人在多个可能的给付中只能要求债务人履行其中的一个;不同之处在于,权利人的选择权直至债务人实际完全给付才消灭。❹ 因此,在违约方最终有效地完成其所

---

❶ 上海市高级人民法院《关于民商事审判中涉及当事人主张违约定金与损害赔偿请求若干问题的解答》第3条第2项的规定,守约方要求违约方同时承担定金责任和违约导致的全部损害赔偿责任的,法官应当进行相应的释明,并记明笔录。守约方依法官的释明作出明确选择的,按照选定的诉请进行审理。守约方拒绝作出选择的,或者作出选择,但明确表示不放弃另一诉请的,法官经过审理,按照有利于守约方权利实现的诉请进行处理。

❷ 姚明斌:《论定金与违约金的适用关系——以〈合同法〉第116条的实务疑点为中心》,载《法学》2015年第10期,第39页。

❸ 姚明斌:《论定金与违约金的适用关系——以〈合同法〉第116条的实务疑点为中心》,载《法学》2015年第10期,第39页。

❹ 郝丽燕:《论特定物买卖瑕疵履行时的交付替代物》,载《政治与法律》2017年第9期,第95页;不同观点参见黄茂荣:《法学方法与现代民法》,法律出版社2007年版,第208页。

承担的违约责任之前,即使非违约方作出了选择,也不受选择的约束,可以变更选择。比如,非违约方首先选择适用定金罚则,违约方是支付定金方,在违约方同意定金罚则前非违约方可以将定金请求权变更为违约金请求权;违约方是接收定金方,在违约方向非违约方双倍支付定金前,非违约方可以将定金罚金请求权变更为违约金请求权。

二、违约金与定金并行适用的约定

当事人在合同中明确约定违约金和违约定金并行适用的,只要约定数额不过分高,应当允许。❶ 从立法历史来看,1995 年的《中华人民共和国合同法(试拟稿)》第 75 条规定:"当事人不得在合同中既约定违约金又约定定金。当事人既约定违约金又支付定金的,一方违约后,另一方只能选择一种承担责任的方式。"之后又在原《合同法》第 116 条和《民法典》第 588 条第 1 款中被修改为:"当事人既约定违约金,又约定定金的,一方违约时,对方可以选择适用违约金或者定金条款。"由此可见,立法者对违约金和定金之间关系的态度从一开始的"不得"同时约定,"只能选择其一",转变为"可以选择其一"。由上文分析可知,立法者的意思并不是违约金和定金应当彼此排除。

综上原因,法律不禁止当事人明确约定违约金和定金同时适用,但违约方可以主张并证明定金加违约金过分高于实际损害,要求降低赔偿责任。

---

❶ 王利明:《合同法研究》(第 2 卷),中国人民大学出版社 2011 年版,第 752 - 753 页;姚明斌:《论定金与违约金的适用关系——以〈合同法〉第 116 条的实务疑点为中心》,载《法学》2015 年第 10 期,第 40 - 41 页。

第五节　违约金和定金分别与
　　　　其他违约责任的关系

一、违约金与其他违约责任的关系

（一）违约金与法定损害赔偿的关系

当事人明确约定违约金排除法定损害赔偿的，该约定有效，违约金规则依《民法典》第585条处理。当事人明确约定违约金不排除法定损失赔偿的，违约金是惩罚性违约金，在不存在其他无效事由时，此约定有效。

当事人对违约金请求权与法定损害赔偿的关系没有约定的，两者的关系存在争议。❶ 本书认为，要从违约金功能中确定两者的关系。违约金的功能之一是简化债权人的证明责任，即债权人不需要证明有损失，只要证明债务人有违约行为。在没有特别约定时，债权人当然可以放弃举证利益，选择主张并证明法定损害赔偿。❷

《民法典》第585条意义上的违约金是赔偿性违约金，旨在填补损失，故违约金与法定损害赔偿不能一般性地并存。问题是，违约金低于实际损失时，债权人是否可以选择救济途径。违约金

---

❶ 学者们的意见参见谢鸿飞：《合同法学的新发展》，中国社会科学出版社2014年版，第503—505页。

❷ 姚明斌：《〈合同法〉第114条（约定违约金）评注》，载《法学家》2017年第5期，第177页；朱庆育主编：《合同法评注选》，北京大学出版社2019年版，第425页。

也被认为是损害赔偿额总额之预定,❶ 违约金约定过高时,法院或仲裁机构可以根据当事人申请降低违约金。违约金低于实际损失的,当事人可以请求法院或者仲裁机构予以增加。故此,《民法典》的违约金强调的是损失填补。当违约金足以填补损失时,不允许债权人主张法定损害赔偿。约定违约金低于实际损失,其未被填补部分除了可以根据《民法典》第585条第2款的规定得到足额填补,还应当允许通过法定损害赔偿责任填补。在此情况下,法定损害赔偿请求权与违约金增加请求权之间是选择竞合关系。原因是,《民法典》第585条第2款规定的违约金增加是司法增加,债权人必须向法院或者仲裁机构申请增加违约金,而法定损害赔偿则可以由债权人直接向债务人主张。因此,应当允许债权人自己选择救济途径。

(二)违约金请求权和其他违约责任的关系

违约金请求权与其他违约责任的关系要具体检视。

1. 违约金与迟延履行责任

债务人迟延履行的,债权人有继续履行请求权。根据《民法典》第585条第3款的规定,约定的是迟延履行违约金时,违约金请求权与继续履行可以并存。继续履行之外,仍有损失的,只有损失高于违约金的情况下,才产生法定损害赔偿请求权。债权人既可以选择法定损害赔偿请求权,也可以选择申请司法违约金增加。

2. 违约金与不履行责任

《民法典》第585条第3款规定,当事人约定迟延履行违约金

---

❶ 姚明斌:《〈合同法〉第114条(约定违约金)评注》,载《法学家》2017年第5期,第177页;朱庆育主编:《合同法评注选》,北京大学出版社2019年版,第424页。

的，违约方支付违约金后，还应当继续履行债务。从该规定可以认为，当事人约定拒绝履行违约金的，债权人主张违约金之后，不得再要求继续履行。违约金低于实际损失的，债权人可以选择适用法定损失赔偿，或者使用违约金并要求增加违约金。但具体适用法定损失赔偿还是违约金实际并无差别，因为债权人都要证明损失额度。

3. 违约金与瑕疵履行责任

债务人瑕疵履行，根据《民法典》第 577 条和第 582 条的规定，债权人可以请求债务人补救履行。根据当事人约定，违约金请求权不排除补正履行的，违约金与补救履行的关系要视具体补救措施而定。《民法典》第 582 条规定的修理、更换、重作属于补救履行，其功能与迟延履行时的继续履行相同，在于保证债权人的自然履行利益。故修理、更换与违约金不排斥，可以并存。退货实际是解除合同，根据《民法典》第 566 第 2 款的规定，合同因为违约被解除的，解除权人可以请求违约方承担违约责任。因为违约使违约金请求权已经生成，因此退货不排除违约金请求权。减价从本质来看是损失赔偿，因此与违约金请求权的关系取决于当事人的选择。补救履行后仍有损失的，可以选择违约金司法增加或者法定损害赔偿。

（三）违约金与约定损害赔偿

当事人既约定违约金又约定损失赔偿的，基于《民法典》第 588 条第 1 款既规定违约金又规定一揽子损失赔偿，这样的约定受第 585 条调整。如果两者累积不足以认定为过分高于实际损失，则可以同时主张；两者累积过分高于实际损失的，则应当参照适用《民法典》第 585 条第 2 款，通过司法程序降低；两者累积不足填补实际损失的，债权人可以根据《民法典》第 585 条第 2 款，通过司法程序要求增加违约金，或者可以主张法定损害赔偿。

二、定金与其他违约责任的关系

（一）定金与法定损害赔偿的关系

违约定金的定金罚则与非违约方是否有损失无关，与违约金相同，是一种"最少损失赔偿"。损害赔偿法的基本原则是损失填补，在定金无法填补损失时，债权人既可以根据《民法典》第588条第2款要求赔偿实际损失，也可以根据《民法典》第577条和第584条主张法定损害赔偿责任。债权人选择适用《民法典》第588条第2款，还是选择适用《民法典》第577条和第584条，属于私人自治范畴。但选择适用《民法典》第588条第2款，至少对定金范围内的损失，债权人不承担证明失败的风险。

在定金额度足以填补实际损失的情况下，定金罚则和法定损害赔偿之间也并不存在矛盾，当事人也可以在两者之间进行选择。两个救济途径的差异主要是证明责任。非违约方主张定金罚则的，需要证明定金约定有效成立，另一方当事人没有履行，或者履行不符合约定致合同目的不能实现，且自己没有违约行为，他不需要证明自己有损失以及损失额度。当事人主张法定损害赔偿的，则需要证明有损失以及损失额度。实践中理性的当事人会主张定金罚则。

（二）其他情况

根据《民法典》第577条的规定，违约责任还包括继续履行和采取补救措施。违约责任中的继续履行和采取补救措施原则上排除定金罚则的适用，因为迟延履行当事人继续履行的，意味着既没有发生不履行，也没有发生履行不符合约定致合同目的不能实现。瑕疵履行中债务人可以采取补救措施的，情况相同。

在当事人没有特别约定时，违约金和定金没有同时适用的必要性。然而，其他违约责任是否可以与违约金或定金并存适用呢？

1. 惩罚性违约金与定金

惩罚性违约金不受《民法典》第585条调整，其功能在于惩罚违约行为，因此不存在不允许约定违约金过高的情况。惩罚性违约金与定金的功能不同，应当允许并列适用。❶

2. 解约定金与违约金

解约定金实际是当事人通过支付定金罚金换取合同解除权，其直接目的是取得解除权并解除合同。合同被解除后，定金任务完成。当事人通过解约定金罚则而解除合同的，意味着不存在法定解除原因，否则不需要适用解约定金。部分观点认为，既然没有法定解除原因，也就不存在重大违约行为，违约金没有适用空间。故解约定金与违约金不存在同时适用的可能性。❷ 学界也有观点提出，发生重大违约时，违约方也可以主动适用解约定金解除合同，这样非违约方既可以取得解约定金罚金，又可以主张违约金。❸ 另需注意，合同法定解除要求违约具有重大性，违约行为不足以引起合同法定解除的，根据当事人约定可能产生违约金，此时当事人也可以适用解约定金解除合同，在此情况中也存在解约定金和违约金并列适用的可能性。

---

❶ 韩世远：《合同法总论》，法律出版社2011年版，第670页。
❷ 韩世远：《合同法总论》，法律出版社2011年版，第672页。
❸ 崔建远：《合同法》，北京大学出版社2013年版，第379页。

CHAPTER 03 >> 第三章

法定损害赔偿

债务人拒绝履行、迟延履行或履行不符合约定的,在没有发生履行不能的情况下,债权人可以首先要求债务人继续履行或者采取补救措施,因为补救措施是为了保障债权人的自然给付利益。在继续履行或采取补救措施后仍有损失的,可以主张损害赔偿。

第一节 损害赔偿责任成立

损害赔偿责任成立应当满足以下几个要件。

一、债权人有损失

在合同没有约定损害赔偿额,特别法也没有规定损害赔偿额的情况下,❶损害赔偿法应当遵守损害

---

❶ 特别法可以规定惩罚性损害赔偿,比如《中华人民共和国消费者权益保护法》(以下简称《消费者权益保护法》)规定了3倍的惩罚性损害赔偿,《中华人民共和国食品安全法》规定了10倍惩罚性损害赔偿。

填补原则,即有损失才有赔偿。因此,首先要求债权人要有损失。损失是指利益损害,利益既可以是财产价值,也可以是纯粹精神利益,还可以是义务的负担。损失的分类很多,最基本的分类是将损失区分为财产损失和非财产损失。也可将损失区分为所受损失和所失利益:所受损失是因违约引起的债权人现有财产的减少;所失利益是受损失方应当增加而未增加的财产。还可以将损失区分为直接损失和间接损失:直接损失是被侵害法益本身的损失,比如在标的物有瑕疵时的维修费用,包括其中贬值价值(贬值价值是指,虽然标的物的瑕疵在技术上已经被排除,但其市场价值仍然降低);间接损失是结果损失,比如可得利益损失、所失使用可能性等。

对于财产损失,弗里德里希·莫姆森(Friedrich Mommsen)将损失定义为未发生损害事件时财产状态和它的实际状态之间的差额。[1] 尽管不少学者对以差额理论定义的损失提出批评,但至今差额理论仍然是查明损失的正确方法。虽然违约时是否产生非财产损失存在争议,但在我国实践中已经得到支持。在确定是否存在可以用金钱计算的损害时,首先可以看被损害的对象是否有"市场",有市场有财产价值,受损时能用金钱赔偿。是否有物质上的使用价值并不重要,比如古董等艺术品,虽然只能观赏,但仍然有其市场价值。没有"市场"的情况下,确定其是否具有可赔偿的损失时,可以看要取得它是否需要花钱或者是否可用金钱衡量。比如在所失使用利益中,业余时间的使用可能性并没有市场,但仍可以用金钱衡量。对这种所失的使用利益,关键是从交易的视角来看,它是否属于经济权益。因为没有市场,其价值只能由法官根据诚实信用原则自由裁量。

---

[1] 韩世远:《合同法总论》,法律出版社2011年版,第616页。

二、因果关系

损害赔偿责任成立的第二个要件是,违约行为与损失之间有因果关系。损害赔偿责任中要求成立两次因果关系:一是违约行为与法益损害之间必须存在因果关系,此因果关系被称为责任成立的因果关系,是违约责任请求权成立的要件之一;二是法益的侵害与产生的损失之间必须存在因果关系,此因果关系被称为责任赔偿的因果关系,旨在确定损害赔偿的范围。❶《民法典》第583条规定的是继续履行或补救履行后的损害赔偿,要求成立两重因果关系,即违约行为与债权人的积极给付利益损害之间有因果关系,积极给付利益损害与损失之间有因果关系。根据等值理论,在没有违约行为的情况下损害不会发生,则因果关系成立。

三、归责原则

损害赔偿责任成立的第三个条件是有责任原因。责任原因在大多数情况下与违约人的主观过错(故意和过失)有关,但是两者并不等同,在某些情况下归责原因是担保或者风险。❷ 当归责原因与违约人主观相关联时,关于违约责任归责原则在我国理论中存在很大的争议。第一种观点从民法典法律条文出发,认为违约责任的归责原则是无过错责任,又称严格责任。依此观点,违约责任与违约人是否有过错无关。❸ 我国司法裁判多受严格责任理论

---

❶ 韩世远:《合同法总论》,法律出版社2011年版,第623-624页。

❷ Wolfgang Ernst, in: Münchener Kommentar zum BGB, Band Ⅱ, 6. Aufl., §280, Rn. 20.

❸ 梁慧星:《从过错责任到严格责任——关于合同法草案征求意见稿第76条第1款》,载梁慧星主编:《民商法论丛》(第8卷),法律出版社1997年版,第1-7页;马俊驹、余延满:《民法原论》,法律出版社2007年版,第618页。

影响，认为违约责任不因违约方无过错而转移或者免除。❶ 第二种观点提出，违约责任的归责原则以严格责任为原则，过错责任为例外。❷ 第三种观点认为违约责任的归责原则是以过错责任为原则，严格责任为例外。❸ 也有主张严格责任和过错责任并存的二元归责原则的观点。❹

根据《民法典》第577条的规定，违约责任包括继续履行、采取补救措施和损害赔偿等。首先要明确的是，其中继续履行和补救履行是合同约束力的要求，只要债权人请求继续履行或补救履行，且不存在债务人履行不能的，就应当继续履行或采取补救措施，不涉及归责原则问题。❺ 归责原则仅在损害赔偿时涉及。关于违约损害赔偿的归责原则，本书认为应当以过错为原则，严格责任为例外，其中过错原则宜以过错推定为原则，一般过错为例外。原因如下。

第一，从《民法典》合同编第八章关于违约责任的法律规范出发，并不能得出违约时的损害赔偿责任不以过错为要件。《民法典》的大多数责任条款并没有完整明确地规定所有的责任成立要件，比如《民法典》第1165条没有明确规定违法性为侵权责任的要件。如果过错为违约责任的当然要件，则不必对此予以规定，❻

---

❶ （2016）豫02民初63号案；（2018）辽民申3421号（两案判决书虽然出现了"违约责任不以违约方无过错而免责"的表述，但是并不属于《民法典》第583条规定的继续履行或补救履行之后的损害赔偿，而涉及继续履行、履行不能和违约金问题，实际与过错并无关系）。
❷ 王利明：《合同法研究》（第2卷），中国人民大学出版社2015年版，第437页。
❸ 李永军：《合同法》，法律出版社2004年版，第577页。
❹ 崔建远：《严格责任？过错责任？——中国合同法归责原则的立法论》，载梁慧星主编：《民商法论丛》（第11卷），法律出版社1999年版，第197页。
❺ 朱广新：《合同法总则》，中国人民大学出版社2012年版，第539-540页。
❻ 李永军：《合同法》，法律出版社2004年版，第577页。

正如违法性之于《民法典》第 1165 条。实际上，违约引起的损害赔偿采用过错归责在《民法典》中可以找到依据。《民法典》第 592 条第 2 款规定："当事人一方违约造成对方损失，对方对损失的发生有过错的，可以减少相应的损失赔偿额。"该条规定的是"与有过失原则"（也被称为"过失相抵原则"），据此，对方对损失有过错的，要相应减少损害赔偿额度，如果违约损害赔偿采用无过错原则，则根本不需要考虑对方的过错。

第二，从比较法来看，违约损害赔偿采用过错原则中的过错推定为主流。明确规定过错原则的是《德国民法典》第 280 条和第 276 条，但是使用的文字表述是"有责任"（vertreten müssen），其基础主要是主观故意或者过失，但是不限于此，还包括保证归责和风险归责等归责原因。但是债权人并不承担过错的证明责任，如果违约方主张不承担违约责任，要证明自己无过错。❶ 这种证明责任分配是《德国民法典》立法时的基础理念。❷《法国民法典》没有明确规定违约损害赔偿要求过错，也曾被认为是严格责任，但是司法裁判中发展出的观点是：债务人的过错推定存在，只有在他对此予以反驳的情况下才允许免责，即债务人要证明他已经注意了交易中必要的谨慎义务。因此，《法国民法典》第 1147 条规定的严格责任被认为适用于债务人有允诺的情况。❸ 与法国民法情况相同的是《国际商事合同通则》第 7.4.1 条，该条文虽然没有明确要求有过错，但是其评论指出，受害方仅证明不履行就足

---

❶ Wolfgang Ernst, in: Münchener Kommentar zum BGB, Band Ⅱ, 6. Aufl., §280, Rn. 28, 30a-31; Heinz Hein Kötz, Europäisches Vertragsrecht, 2. Aufl., 2015, S. 358.

❷ Wolfgang Ernst, in: Münchener Kommentar zum BGB, Band Ⅱ, 6. Aufl., §280, Rn. 31.

❸ Heinz Hein Kötz, Europäisches Vertragsrecht, 2. Aufl., 2015, S. 365.

够了,"没有必要再证明不履行是由不履行方的过错导致的"。❶ 由此可见,第7.4.1条关乎的也是债权人的证明问题,并不能认为《国际商事合同通则》中违约损害赔偿遵循的是严格责任的归责原则。英美普通法中,违约责任的归责原则是"保证原则",但不少情况中当事人只要尽到理性人的一般谨慎义务,就不成立违约。

综上所述,无论从我国《合同法》的传统,还是从《民法典》条文之间体系关联性出发,抑或是从国际合同法发展趋势来看,违约损害赔偿的归责宜以过错推定为原则,在法律有明确规定的情况下采用一般过错原则,在担保责任或风险责任中采用无过错责任原则。

四、不存在责任排除事由

损害赔偿责任成立的第四个要件是,不存在责任排除事由。违法性排除也导致违约责任不成立。换言之,违约责任成立所隐含的一个要件是,不履行、迟延履行或瑕疵履行是违法的,而违约的违法性推定成立:违约本身即违法。当存在排除违约违法性原因时,违约责任不成立。排除违法性原因包括民法上的正当防卫、紧急避险等。

五、损害赔偿责任减免❷

损失由不可抗力引起的,损害赔偿责任免除。债权人没有采取措施防止损失扩大的,违约方可以请求不对损失扩大部分承担损害赔偿责任。债权人对损失产生或扩大也有过错的,违约方损

---

❶ 张玉卿主编:《国际统一私法协会国际商事通则2010》,中国商务出版社2012年版,第579页。

❷ 详细论述见第五章。

害赔偿责任相应减少。债权人从违约人的违约行为中获得利益或者减少费用支出的,根据损益相抵规则应当将利益部分从损失中扣减。损益相抵实际关乎的是损失的计算。

第二节 损害赔偿范围

损失的分类标准繁多,《民法典》第584条将损失区别为实际损失(所受损失)和可得利益损失(所失利益)。违约人赔偿的是债权人的履行利益,或者称积极利益,❶即通过损害赔偿债权人的利益状况应当达到合同完全履行时的利益状况,特别是违约人也要赔偿债权人从交易中应当获得的盈利。

一、实际损失

实际损失是债务人违约引起的债权人现有财产减少的数额。对于财产损失确定,存在不同的方法。根据狭义差额说(或者称"假定差额说"),违约的实际损失是不违约情况下债权人财产状态(假定财产状态)和债权人实际财产状态之间的差额。差额说的优势在于,不仅查明是否存在损失,同时确定损失额度。在差额说中,关键的是查明受损失方假定财产状态,实践中可能有障碍,另外对非财产损失很难适用,故对其批评从未间断。尽管如此,假定差额说在德国至今仍然被认为是查明损失的正确方法。❷

---

❶ 韩世远:《合同法总论》,法律出版社2011年版,第621页。
❷ Hartmut Oetker, in: Münchener Kommentar zum BGB, Band Ⅱ, 6. Aufl., §249, Rn. 19.

二、可得利益损失

(一) 可得利益的意涵

违约导致的损失可以表现在两个方向：一是违约行为使现有财产减少；二是违约行为阻碍将来财产增加。后者为可得利益损失，也被称为所失利益。❶ 可得利益的损失赔偿肇始于罗马法时期，❷ 共同法时期的可得利益损害赔偿在莫姆森❸和里夏德·科恩菲尔德（Richard Cohnfeldt）❹ 的研究之后便尘埃落定。现代损害赔偿法的基本理念首先是填补损失，即填补产生的不利，在该理念下可得利益损失同样应当予以赔偿。常见的可得利益损失是利润损失。2009 年《最高人民法院关于当前形势下审理民商事合同纠纷案件若干问题的指导意见》第 9 条指出，"根据交易的性质、合同的目的等因素，可得利益损失主要分为生产利润损失、经营利润损失和转售利润损失等类型。生产设备和原材料等买卖合同违约中，因出卖人违约而造成买受人的可得利益损失通常属于生产利润损失。承包经营、租赁经营合同以及提供服务或劳务的合同中，因一方违约造成的可得利益损失通常属于经营利润损失。先后系列买卖合同中，因原合同出卖方违约而造成其后的转售合同出售方的可得利益损失通常属于转售利润损失"。在可得利益损失中，需要对以下两项具体损失进行说明。

1. 财产增值损失

在买卖合同中，如果买方购买标的物没有转卖获利的打算，

---

❶ 王洪亮：《债法总论》，北京大学出版社 2016 年版，第 409 页。
❷ Karl‑Heinz Below, Die Haftung für lucrum cessans im römischen Recht, 1964.
❸ Friedrich Mommsen, Beiträge zum Obligationenrecht (2): Zur Lehre vom Interesse, 1855.
❹ Richard, Cohnfeldt, Die Lehre vom Interesse nach römischem Recht, 1865.

那么违约行为发生后❶的财产增值是否也应当被可得利益涵盖，进而予以赔偿？

从"利益"的定义来看，要想获得利益，前期必须有所投入，这要求有财产价值的权利或法益的持有人主观上有将该财产性权利或法益投入使用或消费的意愿，且投入的目的是获得利益。从该定义来看，主观上取得利益的意愿至关重要，如果买方没有用购买的标的物获取利益的主观意图，则无从谈及"利益"。但是在可得利益中，"利益"是否要求权利或法益持有人的主观因素，不无疑问。莫姆森对可得利益的定义是"所有被妨碍的财产的增加"；❷ 弗朗茨·冯·库贝尔（Frant v. Kübel）在《德国民法典》的建议草案中明确提出，损害事件发生后价值的增加也应当作为可得利益予以赔偿❸。

本书认为，把买卖关系中的可得利益仅仅限制于转卖所获得的利益，对可得利益的理解有些狭隘。原因在于，如果卖方履行合同，买方则可以取得标的物的所有权，即使不转卖，其财产价值也有所增加。损失赔偿的目的是使受损害方的财产状态恢复到合同依约履行的状态，这就是所谓的差额假设，这也是可得利益应当得到赔偿的原因。在差额假定理念下，应当予以赔偿的不仅是财产的减少，还包括未发生的财产增加。因此，在买方无意转卖的情况下，违约行为发生后财产的增值也应当作为可得利益予以赔偿。

2. 买方违约时，卖方是否产生可得利益损失

在买方违约的情况下，买方没有接受买卖物，也没有支付价

---

❶ 违约行为发生时已经产生的财产增值则属于积极财产损失的范围，不需要在可得利益中予以赔偿。

❷ Friedrich Mommsen, Beiträge zum Obligationenrecht (2): Zur Lehre vom Interesse, 1855, S. 11.

❸ Frank Halfpap, Der entgangene Gewinn, Peter Lang 1999, S. 79.

款，这时卖方是否会产生可得利益损失？在此情况下，买方虽没有支付价款，但并没有直接引起卖方财产的减少，因为卖方此时仍然拥有该标的物，还可以继续出卖该标的物，只有当卖方再次出卖的价格低于原合同的价格时，他才产生损失，因此本书认为，卖方有可能产生间接的、指向未来的损失，属于可得利益损失。

（二）确定可得利益损失的标准：从"确定性"转向"合理性"

《民法典》和《中华人民共和国合同法》（已失效）（以下简称《合同法》）都没有规定可得利益损失的确定标准。但是据统计，早期法院在实际裁判时更倾向于援用"确定性规则"进行裁判。❶ 在大多数情况下，法院都是以原告主张的可得利益损失不具备"确定性"而不予支持原告的赔偿请求，通常会用"难以确定""不确定""无法确定""缺乏确定性"等不同表述。❷ 事实上，所谓的"确定性"并非可得利益损失赔偿在实体法上的构成要件，而是程序法中的证明标准问题。

从比较法方面来看，很多国家的司法裁判或立法在证明标准的问题上的态度都经历了从"严格"到"宽松"的过程。美国法最初也要求可得利益的损失具有"确定性"，根据"格里芬诉考威尔案"的裁判，确定性规则同样是证明规则，即要求必须有清楚并符合要求的证据证明。❸ 这种要求显然加重了受损害方证明责任

---

❶ 吴行政：《合同法上可得利益赔偿规则的反思与重构——从〈中华人民共和国合同法〉第113条适用的实证考察出发》，载《法商研究》2012年第2期，第70页。
❷ 刘承题：《违约可得利益损失的确定规则》，载《法学研究》2013年第2期，第88页。
❸ 吴行政：《合同法上可得利益赔偿规则的反思与重构——从〈中华人民共和国合同法〉第113条适用的实证考察出发》，载《法商研究》2012年第2期，第73页。

的难度，因此美国司法裁判对确定性规则的要求日趋缓和，首先提出了"合理确定性"证明标准，❶ 证明责任方只要证明可得利益损失具有合理性即可，有观点认为，这其实是放弃了对确定性规则的要求。❷ 之后美国法院对证明标准的要求进一步宽松，关于可得利益损失的可能性程度，法院裁判中经常使用的词语是"probable""reasonably""likely""on the cards"❸ 等等。

英国判例中的表述同样不一致，但其程度都低于"极大可能性"。比如在"Hadley v. Baxendale"案中法院称："损失作为违约的'可能的后果'（probable result）必须具有可预见性"，但是对于"可能"并没有形成一个统一的判断标准，事实上也很难形成固定的、确定的评价标准。

西班牙民法对可得利益的"确定性"的证明要求与美国法相似，同样经历了从严格到缓和的发展过程。西班牙最高法院（Tribunal Supremo）在判定"确定性"时非常严格：原则上应当避免让债务人承担不确定的、期待形成的利益；只有当损害行为不发生时，十分确定能够产生的利益才是可得利益，仅仅推测或者不能确定无疑地证明的利益，不属于可得利益。❹ 理论界则认为这种要求过于苛刻，因为可得利益的性质使对其证明的难度非常大，因此应该在证明的严格程度与举证困难之间寻求一种平衡。

---

❶ 刘承韪：《违约可得利益损失的确定规则》，载《法学研究》2013 年第 2 期，第 91 页；闫仁河、高亚春：《美国的违约可得利益证明规则及启示》，载《理论探索》2010 年第 4 期，第 141 页。

❷ 吴行政：《合同法上可得利益赔偿规则的反思与重构——从〈中华人民共和国合同法〉第 113 条适用的实证考察出发》，载《法商研究》2012 年第 2 期，第 73 - 74 页。

❸ 这些词是近义词，意为"可能的"。

❹ Stephanie Finke, *Die Minderung der Schadensersatzpflicht im Spanischem Recht*, 2005, S. 99.

理论中通常认为,根据具体情况中的具体因素,客观上"非常可能"产生的利益就是可得利益。❶ 西班牙最高法院在1991年的一个裁判中援用了理论中的观点,不再要求严格证明责任。❷

上述可得利益的证明标准恰好与《德国民法典》第252条第2句的规定契合,该条款的文本表述为"根据事物的一般运行或者特殊情况……非常可能产生的利益,被视为可得利益"。该条款的表达看似是判断可得利益的标准,实际上其作用仅仅是为了使举证标准简单化,是对《德国民事诉讼法》第287条的补充。❸ 根据《德国民事诉讼法》第287条第1款,在调查可得利益是否存在以及确定可得利益的额度时,法官可以在对所有因素进行评估后,依自由心证原则进行裁判。《德国民法典》第252条再次强调,对可得利益的证明不遵循严格证明要求,证明责任人只要陈述相关的因素,并在《德国民事诉讼法》第287条的界限内证明,根据"事物的一般发展规律"或"特殊情况"可得利益很有可能实现足矣,并没有更严格的证明要求,这就是所谓的"极大可能性理论"(Wahrscheinlicheittheorie)。库贝尔的《德国民法典》草案中也提出,严格证明受损失人获得利益既不可能,也不能这样要求。❹

司法裁判对"极大可能性程度"的要求差异颇大,有的裁判仅要求存在"一定的极大可能性",❺ 有的要求"显著的极大

---

❶ Mariano Yzquierdo Tolsada, La responsabilidad civil del profesional liberal, 1989, S. 190.

❷ Entscheidung des T. S. vom 03. 10. 1991, RJ 1991 Nr. 6902.

❸ Hartmut Oetker, in: Münchener Kommentar zum BGB, Band Ⅱ, 6. Aufl., §252, Rn. 30.

❹ Ulrike Bardo, Die "abstrakte" Berechnung des Schadensersatzes wegen Nichterfüllung beim Kaufvertrag, 1989, S. 125.

❺ GHZ 29, 393 (398); BGH NJW 1995, 2227.

可能性",❶ 有的则要求"压倒优势的极大可能性"。❷ "极大可能性"决定了法官对应当赔偿的可得利益损失的确信程度。问题是，如何确定"极大可能性"是否存在。当然不能用准确的百分比来判断是否存在"极有可能性"，否则法官形成内心的确信的过程就降格为纯数学计算，这种客观化的"极大可能性"预测不可能成为判断的标准，也不具有可操作性。法官形成内心的确信是一个综合考虑的过程，不存在理性怀疑的信任程度足以成就"极大可能性"，但是并不要求完全排除怀疑，因为"极大可能性"这个概念本身就包含怀疑的成分，只要法官对"怀疑"的态度是"沉默"，就可以据此判断可得利益具有"极大可能性"。

从法律条文的文本来看，"确定性"并非赔偿可得利益的构成要件，我国法院在裁判中所要求的"确定性"实际是要求承担举证责任一方承担严格的证明责任，比如在"扬州市中环高科技塑业有限公司诉苏州世纪辰光网络科技有限公司等技术服务合同纠纷案"中，法院在裁判理由中称"因该推广实现的可得利益损失举证较为困难，具有相当的不确定性，难以准确确定可得利益损失数额";❸ 在"济南蓝星医疗设备有限公司与贝克曼库尔特香港有限公司代理合同纠纷上诉案"中，一审法院认为，"……而且蓝星公司如果继续代理贝克曼公司产品，是否能卖出贝克曼公司产品及其价格等受多种因素影响都是不确定的"。❹ 这种严格的证明标准与比较法上对证明标准的"极大可能性"要求的发展趋势不

---

❶ BGH NJW‑RR 1992, 997, 998.
❷ OLG Hamm NJW‑RR 1996, 170.
❸ 吴行政：《合同法上可得利益赔偿规则的反思与重构——从〈中华人民共和国合同法〉第 113 条适用的实证考察出发》，载《法商研究》2012 年第 2 期，第 72 页。
❹ (2008) 鲁民四终字第 52 号民事判决书。

一致。另外，从裁判理由来看，"不确定"除了指向证明标准，还指向可得利益的额度无法确定，这实际涉及可得利益的计算方法问题。❶ 要求证明可得利益的"确定性"不利于受损害人，"可预见性"要件本来就是为了保护违约人，既然违约人在订立合同时已经能够预见到可得利益及其额度，如果再要求受损害人（原告）证明可得利益具有"确定性"，一方面增加了作为原告的受损害人的负担，另一方面又进一步加强了对违约人的保护，这种做法对受损害人过于不利，可以说是"矫枉过正"。因此，在证明方面应当不再要求证明其存在的"确定性"，只要原告能够证明按照事物的一般发展规律，可得利益"极大可能"发生足矣。

据统计显示，我国的个别裁判对确定性的证据要求也有所降低，采用"合理性"的标准，比如"安徽东方钙业公司、合肥水泥研究设计院与安徽国合工程咨询有限责任公司建设工程质量纠纷案"的裁判理由是，"虽然没有提供确切损失数额的依据，但事实上因工程出现质量问题导致安徽东方钙业公司长时间不能按时生产，给其造成一定的误工损失当是在常理之中"。❷ 至于如何确定"极大可能性"，在诉讼中法官应当在具体案件中视具体情况依据具体证据材料和自由心证来确定。

（三）计算方法

1. 具体计算还是抽象计算

根据《最高人民法院关于当前形势下审理民商事合同纠纷案件若干问题的指导意见》第10条的规定，可得利益损失赔偿额＝

---

❶ 关于可得利益的计算方法，见下文。
❷ 吴行政：《合同法上可得利益赔偿规则的反思与重构——从〈中华人民共和国合同法〉第113条适用的实证考察出发》，载《法商研究》2012年第2期，第71页。

可得利益损失总额－违约方不可预见的损失－非违约方不当扩大的损失－非违约方因违约获得的利益－非违约方过失造成的损失－必要的交易成本。在这个公式里，最关键的是确定"可得利益损失总额"，对此我国无论是理论还是实践中均未形成可操作的计算方法。司法实践中，可得利益得不到支持的另一个重要原因也是其计算上的缺陷。法院通常认为可得利益损失"没有计算依据""无法计算"等。❶比如在前述的"扬州市中环高科技塑业有限公司诉苏州世纪辰光网络科技有限公司等技术服务合同纠纷案"中，裁判理由中的"不确定"更多地是指可得利益损失的数额无法确定计算。在"上诉人王某因与被上诉人飞达仕空调（上海）有限公司承包合同纠纷案"中，法院认为"上诉人主张的 15 万元可得利益赔偿数额，其计算依据必须是基于今后被上诉人员工用餐份额不变，工作天数不变，经营成本不变等前提条件，而上述因素本身都具有不确定性，故上诉人主张的可得利益赔偿数额不具有客观合理性"。❷"不确定性"最终指的也是可得利益的计算。

在损失计算方面，传统私法中区分为具体计算和抽象计算。"具体计算"是以非违约方，即债权人的个人法律关系为计算基础的计算方法，债权人需要就各个具体计算基础进行陈述并证明。"抽象计算"是指，受损害人的损失赔偿与损失是否实际发生无关的计算方法，且不允许损害行为人证明实际并无损失发生或损失较小，或者证明难度很大。但是，抽象计算的目的并不是在实际没有产生财产损失的情况下也对非违约方进行"损失赔偿"。因

---

❶ 刘承韪:《违约可得利益损失的确定规则》，载《法学研究》2013 年第 2 期，第 89 页。

❷ 吴行政:《合同法上可得利益赔偿规则的反思与重构——从〈中华人民共和国合同法〉第 113 条适用的实证考察出发》，载《法商研究》2012 年第 2 期，第 72 页。

此，采用抽象计算方法时，非违约方也要证明，不发生违约时可得利益极有可能发生。抽象计算方法仅适用于商人，对个人和国库则不得适用，因为抽象计算的基础是两个假定：①假定债权人能够以市场价进行填补交易；②假定非违约方从原合同中可以获得一般性盈利。这两种假定通常在商事领域才成立。

一般情况下，原告不能或者不愿意证明更高的具体损失时，才会选择适用抽象计算方法，从而得出抽象的损失。比如，未按时收到货物的买方可以用比市场价格更低的价格从他处购买到相同商品时，用具体计算方法得出的具体损失就低于抽象计算的损失，此时买方通常会选择用抽象的方法计算可得利益损失。但是就一个整体损失而言，原则上不能部分选择具体计算，部分选择抽象计算。抽象计算的另一个前提条件是，买卖物是市场上的流通物，亦言之，要有可以确定的市场价格。这就要求在特定时间特定地点于市场上能够买到一定数量的买卖物，否则无法确定市场价格。

2. 买方转卖利益的损失计算

在商事领域，如果买方购买标的物之目的在于转卖获利，卖方不履行交货义务时，现实中可能发生的情况是，为了降低损失，履行自己与第三人的合同义务，买方会在市场上买入替代货物；换言之，买方通常会进行填补交易，再转卖。部分观点甚至认为，如果填补交易能够使损失减少，则买方必须及时进行填补交易，特别是当买卖物是市场上的畅销物时，买方很容易能够在市场上买到货物，并且能够借此避免转卖过程中的可得利益损失，此时买方不能向卖方主张赔偿可得利益的损失。也有观点认为买方没有义务进行填补交易。

在可得利益损失赔偿问题中，填补交易的价格一定高于原买卖合同价格，否则就不存在损失。买方购买货物时的实际价格通常是出厂价或批发价，它与转卖的市场价格之间存在一个商业利润；换言之，买方转卖的实际价格必然高于他买入的价格，因为有商业利润，包括了具体转卖的商业利润的可得利益损失实际是"具体损失"。如果买方要求赔偿具体的可得利益损失，他必须得证明具体的转卖及价格具有极大可能性，且卖方必须知道或者应当知道买方转卖的意图。

3. 财产增值损失计算

买方只要证明财产的增加极有可能，通常买方再购买的市场价超过合同价格，即可认为存在可得利益损失，此时两个价格的差额即为可得利益损失。

4. 买方违约时，卖方可得利益损失的计算

买方违约时，卖方是否产生可得利益损失，以及如何进行抽象计算，各方的观点仍不能达成一致。学界通说提出，可得利益额度是合同价格与卖出市场价格之间的差额。❶ 另有观点认为，抽象的可得利益额为一般购买价格或者制造费用与合同价格之间的差额。❷ 依本书前述观点，只有当卖方再次出卖的价格低时，才产生可得利益损失，那么可得利益的额度计算基础理应为前者。如果卖方主张具体的可得利益损失计算，则要在诉讼中陈述并证明具体财产的具体变化情况。

5. 其他问题

在计算可得利益损失时，确定市场价格非常重要。市场价格

---

❶ Arwed Blomeyer, Allgemeiner Schuldrecht, 1969, § 33 I 4 a (193 f.); Ulrich Huber, Leistungsstörungen II, 1999, S. 236.

❷ Hartmut Oetker, in: Münchener Kommentar zum BGB, Band II, 6. Aufl., § 252, Rn. 46.

是波动的，与时间和地点有关，因此可得利益损失的额度取决于确定市场价格的时间和地点。比较法上的通说认为，判断市场价格的时间点是违约方陷入履行迟延时，或者是非违约方应当进行假定的填补交易时，通常是宽限期间经过，或者因为其他原因履行请求权消灭时，对此非违约方有选择权。❶ 对于确定市场价格的地点，则应当根据不同的计算基础区别对待，可以以卖方给付地的价格为标准，也可以以买方的转卖地价格为标准。

在其他的交易中，比如因为被告履行迟延导致营业时间推迟，企业的可得利益损失如果"按事物的一般发展规律"计算，即按照该企业一般经营情况计算，❷ 原告不必对此提供更具体的证明。但是如果根据特殊情况，特别是根据已经采取的准备和预防措施进行具体计算，则原告就要对具体影响可得利益计算的因素进行证明，证明的标准是"极大可能性"，得以证明的因素是计算损失额的基础，一般只有根据特殊情况计算的可得利益更高时，受损害方才会选择这种计算方法。

能够得到赔偿的可得利益是"净利益"，与合同履行相关的费用一般应当从中扣除，比如应当缴纳的所得税等。另外还应当适用"损益相抵"和"与有过错"等原则。

三、精神损害赔偿

在违约损害赔偿范围中，一个极具争议的问题是，是否应当赔偿精神损失。无论是我国民法还是国外民法，都经历了从否定到肯定的过程。

---

❶ Peter Huber/Florian Faust, Schuldrechtsmodernisierung: Einführung in das neue Recht, 2002, Rn. 214.

❷ Palandt, Bürgerliches Gesetzbuch, 66. Aufl., 2007, §281 Rn. 30.

(一) 比较法上的发展

在比较法上,德国损失赔偿法对精神损害赔偿持谨慎态度,通常认为只有在侵权责任中存在精神损害赔偿。[1] 只有在特殊情况下承认违约会引起精神损害赔偿,但也是建立在因为违约侵害身体健康的情况下。比如,药品买卖合同的卖方履行迟延,病人因此经受更多痛苦,由此可能产生精神损害赔偿,即痛苦金。[2] 法国民法最初对违约时的精神损害赔偿也比较消极,晚近通过司法裁判逐渐承认违约行为中存在精神损害赔偿。[3]《法国民法典》第1382条规定,行为人应当为其行为给他人造成的损害负担相应的赔偿责任。当违约方给对方当事人带来非财产方面的损害时,受损害方便可据此提出违约精神损害赔偿。因为法国法律并未明确地将合同中的精神损害列入财产损失的范畴,所以法院在审理违约精神损害赔偿案件时认为,此类案件将涉及违约和侵权的竞合问题,允许受损害方要求精神损害赔偿且无须将违约与侵权进行严格区分。[4]

在20世纪70年代之前,英国不承认违约精神损害赔偿的合理性。在1909年的"阿迪斯诉格兰冯案"中,英国传统的合同法理论与司法实践认为,合同法所补偿的损害仅指财产损失,由违约行为造成的精神损害不应予以赔偿。通过"阿迪斯诉格兰冯案",英国确立了不承认违约精神损害赔偿制度的基本原则。经过司法实践的检验之后,学界开始意识到违约精神损害赔偿的重要意义,

---

[1] 王洪亮:《债法总论》,北京大学出版社2016年版,第414页。
[2] Wolfgang Ernst, in: Münchener Kommentar zum BGB, Band Ⅱ, 6. Aufl., §286, Rn. 28.
[3] 韩世远:《合同法总论》,法律出版社2011年版,第617页。
[4] 尹田编著:《法国现代合同法》,法律出版社1995年版,第287页。

并提出,当合同以提供安宁和快乐享受为目的,或者以解除痛苦和麻烦为目的,又或者当事人因对方违反合同给自己身体带来不便、进而造成精神上的痛苦时,应当给予违约中的精神损害财产性赔偿。

(二) 我国的发展

违约时的精神损害赔偿曾经被我国学界多数观点否定。然而,晚近越来越多的学者认为,违约时也会存在精神损害赔偿。[1]司法裁判也逐渐承认违约时的精神损害赔偿,特别是涉及精神服务行业,比如婚纱摄影服务、婚庆服务、旅游服务、观看演出、骨灰保管服务等。在"赵某新等诉李某国侵权纠纷案"[2]中,法院指出,随着技术的进步,大多数人将美好回忆等非物质性的东西以录像等物质的形式保留,因为那些美好的过程是无法再现的,当记载着特殊精神意义的物质毁损时,必然会对当事人的精神造成极大的损害,该案中被告李某国未按合同约定向原告赵某新提供具有结婚纪念意义的录像内容,其行为不仅构成违约而且对原告的精神利益也造成了严重损害,所以法院判决被告赔偿精神损失费。在"冉某等诉袁某婚庆服务合同纠纷案"[3]中,法院认为,精神损害的产生与侵权行为之间并无必然的联系,任何一种违约行为都有可能使对方精神状态产生波动,尤其在一些特殊合同中,产生的精神波动会更加强烈,该案中婚庆服务合同约定的是一种具有特殊意义的服务合同,被告袁某的违约行为给原告冉某造成了不可挽救的损失,对原告的精神健康造成了严重的损害,法院

---

[1] 韩世远:《合同法总论》,法律出版社2011年版,第620-621页;朱广新:《合同法总则》,中国人民大学出版社2012年版,第583-584页。
[2] (2007) 洞民二初字第63号判决书。
[3] (2009) 涪法民初字第470号判决书。

支持原告提出的精神抚慰金的请求。

《民法典》第996条规定，因当事人一方的违约行为，损害对方人格权并造成严重精神损害，受损害方选择请求其承担违约责任的，不影响受损害方请求精神损害赔偿。该规定从立法上接纳了违约时的精神损害赔偿责任。❶

（三）违约精神损害赔偿的类型化

并非在所有的违约并造成精神损害的情况中当事人都可以主张精神损害赔偿。在结合我国传统文化，借鉴侵权法在实践中保护精神利益的经验，考虑合同利益的前提下，本书在此仅从法学理论层面对违约精神损害赔偿的适用进行类型化划分。

1. 以精神利益为目的的合同

当一个合同成立的目的是给当事人带来精神愉悦时，当事人通过此合同获得精神享受的结果就是，他在对方当事人完全履行合同后应当获得精神利益。此类合同中的精神利益是在合同订立之时可以并且应当预见到的，当对方不履行或者不按约定履行合同时，守约方的精神利益便会遭受损失，违约方应当为其行为造成的不利后果承担精神损害赔偿责任。比如，人们十分重视婚丧嫁娶等事宜，为了使事情顺利开展，通常将相关事宜交由提供相关服务的公司开展，由此成立婚庆服务合同、殡葬服务合同等服务合同。此外，随着人们对精神境界提高的重视，也出现了一些观赏演出、旅游服务等以精神利益为目的的合同。在这些以精神

---

❶ 薛军：《〈民法典〉对精神损害赔偿制度的发展》，载《厦门大学学报（哲学社会科学版）》2021年第3期，第92页；曹险峰、程亦翔：《因违约而生精神损害赔偿的救济路径——以〈民法典〉第996条的功能分析为中心》，载《北方法学》2022年第3期，第17页；许素敏：《〈民法典〉违约精神损害赔偿条款的司法适用——基于〈民法典〉生效后202个案例的实证考察》，载《财经法学》2023年第1期，第92页。

利益为目的的合同中,违约精神损害通常可以得到法院支持,比如,"代某琴等诉延安市殡仪馆殡葬服务合同纠纷案"❶、"程某诉紫薇婚庆服务社婚庆服务不到位应退还部分服务费和赔偿精神损失案"❷等。

2. 合同的标的物具有特殊情感价值

另一类合同的显著特点是,当事人对合同的标的物具有精神上的寄托。换言之,此标的物对当事人来说具有特殊的、他物无法替代的意义。在这类合同中,当事人精神利益的损害与否皆取决于违约行为是否对该标的物造成损毁。实践中最常见的特殊标的物,比如骨灰、珍贵文物、祖传照片以及其他具有人格象征意义的特定纪念物品等。当债权人主张其精神因标的物的损毁而遭受严重损害,并提出精神损害赔偿的请求时,应当予以支持。

3. 恰当履行给当事人带来精神利益的合同

第三种情况是,合同恰当履行会为当事人带来精神享受,此时一方当事人违约使合同无法正常履行的,将导致对方当事人精神利益遭受打击。在我国以客运合同最为典型,原中国民用航空总局曾发布指导意见称:当发生航班延误较长时间的情况时,航空公司应当主动对乘客采取积极的安抚补偿措施。此处的安抚是指对乘客因运输合同无法履行而等待较长时间产生的焦虑情绪的抚慰。从法理上分析,该类合同应适用违约精神损害赔偿制度,然而在我国司法实践中往往因证据不足、法律依据不足等缘由得不到法院的支持。反观国外,加拿大曾经出现过支持此类型合同当事人请求精神损害赔偿的案例,该案中委托人因其律师未告知

---

❶ (2014) 民初字第 01841 号判决书。
❷ 程某诉紫薇婚庆服务社婚庆服务不到位应退还部分服务费和赔偿精神损失案(调解书)。

其所代理案件已完结，导致他在长达 6 年的时间里都处于焦虑的情绪中，最后法院以被告可预见原告的精神损害为由支持了原告请求精神损害赔偿的主张。❶

上述三种类型仅从理论上分析划分，其作用性还需要经过实践检验。随着社会的发展，类型化将会不断更新。

四、具体损害赔偿范围

违约行为除了不履行义务和履行义务不符合约定，还应当包括其他的履行障碍形式，即履行不能、迟延履行和狭义瑕疵履行。

（一）迟延履行的损害赔偿

迟延履行的损害赔偿包括迟延履行利息、迟延履行时间内的可得利益。迟延利息发生于金钱之债的迟延履行。因为金钱本身是一种可以带来利息收益的财产，故迟延利息是损害赔偿。参照《民法典》第 676 条的规定，当事人之间有约定的，依约定计算迟延利息；无约定的，按照国家有关规定支付逾期付款的迟延利息。目前应按照"中国人民银行规定的金融机构计收逾期贷款利息的标准"支付法定逾期利息。根据《最高人民法院关于审理买卖合同纠纷案件适用法律问题的解释》第 18 条第 4 款的规定，买卖合同没有约定逾期付款违约金或者该违约金的计算方法，出卖人以买受人违约为由主张赔偿逾期付款损失，违约行为发生在 2019 年 8 月 19 日之前的，❷ 人民法院可以中国人民银行同期同类人民币贷款基准利率为基础，参照逾期罚息利率标准计算；违约行为发生在 2019 年 8 月 20 日之后的，人民法院可以违约行为发生时中国人

---

❶ 方乐坤：《精神利益保护与民事责任体系完善研究》，厦门大学出版社 2015 年版，第 209 - 210 页。
❷ 广东省肇庆市中级人民法院（2020）粤 12 民终 597 号民事判决书。

民银行授权全国银行间同业拆借中心公布的一年期贷款市场报价利率（LPR）标准为基础，加计 30%—50% 计算逾期付款损失。❶ 即使双方约定迟延利息计算标准的，对约定的利息率并非没有限制，还应适用《最高人民法院关于审理民间借贷案件适用法律若干问题的规定》中的限制，即根据第 25 条，双方约定的利率超过合同成立时一年期贷款市场报价利率 4 倍的，法院不予支持。

实践中，双方当事人在某些情况下会既约定在迟延支付价款时按日支付"违约金"，同时也约定支付逾期利息。两者实际所指相同，出卖人可以并行主张，但总额不能超过法定限额。如果当事人在合同中约定了"迟延违约金"，出卖人不能在迟延违约金之外主张法定迟延利息，除非当事人之间另有约定。❷

（二）瑕疵履行的损害赔偿

瑕疵履行时，损害赔偿范围依债权人选择的救济途径有所差异。瑕疵履行不足以解除合同的，债权人可以要求修理，瑕疵消除后仍然有损失的，这部分损失在损害赔偿范围内，包括可得利益损失，也包括标的物价值减少损失。如果此外还有其他损失的，违约人也要赔偿。

履行瑕疵引起瑕疵结果损失（加害给付）的，比如购买的微波炉有质量瑕疵，爆炸后导致其他财产有损失，损害赔偿范围包括该部分损失。

---

❶ 四川省成都市中级人民法院在（2021）川 01 民终 553 号民事判决书中判决："从 2020 年 10 月 16 日起按全国银行间同业拆借中心公布的一年期贷款市场报价利率计算至货款付清为止"，未加计。

❷ 姚明斌：《金钱债务迟延违约金的规范互动——以实践分析为基础的解释论》，载《华东政法大学学报》2015 年第 4 期，第 89 页；关于约定违约金可参见姚明斌：《〈合同法〉第 114 条（约定违约金）评注》，载《法学家》2017 年第 5 期，第 154-174 页。

还有一种可能是，债权人保留有瑕疵的标的物，主张减价。《民法典》第582条继承了《合同法》第111条的内容，将减少价款和报酬规定为违约的救济手段之一，被称为"减价权"。然而，关于减价权的法律属性，存在争议。学界的多数观点认为，《民法典》第582条意义上的减价权是形成权；少数观点提出，减价权是变更合同的请求权。司法实践中的观点是，无论是将减价权界定为形成权还是请求权，其主张权利的程序和结果并无本质差异。形成权和请求权是民法领域两个重要的权利，两者在权利的行使方面有重要不同，不能将对减价权的法律属性分歧理解为单纯的理论争议。

减价权可以作为解除权的替代救济手段。将减价权界定为形成权的观点，主要受现行《德国民法典》的影响。通过《德国债法现代化法》，《德国民法典》第441条将减价权规定为解除权的替代救济手段，即替代解除权债权人可以主张减少价款。然而，根据《德国民法典》（2001年版）第465条的规定，减价权是请求权。由此可见，减价权并非必然是形成权。在将减价权界定为解除权的替代措施的情况下，债权人行使减价权的前提条件是，必须成立解除权。此时的减价权是形成权，不会自动产生减价的法律后果，债权人需要通过单方意思表示行使减价权。

在产生解除权的条件不满足的情况下，减价权则应当是请求权。亦即，给付有瑕疵，但是尚未构成重大违约，此时不产生解除权，债权人就不享有形成权性质的减价权。但是，给付瑕疵导致其价值与作为对待给付的价款或者报酬不符，价格或者价款必然应当减少。此时的减价权是请求权。

（三）确定精神损害赔偿考虑的因素

在确定违约精神损害赔偿范围时，应以平衡当事人利益为目的，将因果关系和微小损失不予赔偿作为最基本的确定违约精神损害赔偿范围的原则，此外还应根据精神损害产生的不同原因充分考虑可预见性原则、扩大损失减损原则、损益相抵原则以及过失相抵原则，依法认定或调整违约精神损害赔偿的范围。

五、可预见性规则

（一）"可预见性规则"的必要性

除了《民法典》第584条，要求应予以赔偿的可得利益具有"可预见性"在其他国家的立法中也屡见不鲜，比如《法国民法典》第1149条和第1150条、《意大利民法典》第1225条和《西班牙民法典》第1.107条等。在国际性法律法规中，《联合国国际货物销售合同公约》第74条、《国际商事合同通则》第7.4.2条和第7.4.4条、《欧洲合同法原则》第9：502条和第9：503条等都规定了可得利益损失赔偿以"可预见性"为其界限。

损失赔偿的"可预见性"（foreseeability）是美国习惯法中的经典规则，多次在法律中予以规定。时至今日英国的"Hadley v. Baxendale"案[1]仍然对美国的损失赔偿法影响巨大，该案被称为"英国和美国法科学生必读案例"。[2] 事实上，在该案之前，美国法院在相关的裁判中就已经要求予以赔偿的可得利益损失应当具有"可预见性"。比如在1839年的"Blanchard v. Ely"[3]案中，原告向被告主张可得利益损失赔偿，判决援用了罗伯特·波蒂尔

---

[1] 发生于1854年的"Hadley v. Baxendale"案是英国法院在可得利益损失赔偿中引入"可预见规则"的第一个判决。1949年的"Victoria Laundry. v. Newmann Industrie"案的裁判修正了"Hadley v. Baxendale"案中得出的结论，明确提出"可预见性规则"。

[2] General Electric v. Leslie Paper Co., 1993 WL 41429.

[3] Blanchard v. Ely, 21 Wendell 342, 348 ff. (N. Y. 1839).

（Robert Joseph Porthier）的学说，以损失不具有"可预见性"为由驳回了原告的诉讼请求。同年，路易斯安那州最高法院的一个判决也运用了"可预见性规则"，同样引用了波蒂尔的学说来进一步论证。❶ 西奥多·塞奇威克（Theodore Sedgwick）的教科书也以波蒂尔的学说为基础论证了"可预见性规则"。❷ 英美法中的违约责任是严格责任，"可预见性规则"当然与违约人是否有过错无关，这样一来"可预见性规则"在英美法系中的适用余地明显要比在法国等大陆法系中更广泛。

德国民法对"可预见性"没有任何要求，因为根据《德国民法典》第249条的规定，德国法上的损失赔偿秉承"完全赔偿"原则（Totalreparation），违约引起的损失赔偿范围仅借助"因果关系"判断，无须考虑"可预见性"，只要与违约有相当因果关系的损害就会得到全部赔偿。❸ 同样对可得利益的损害赔偿不要求"可预见性"要件的还有《瑞士债务法》。

现代民法对应当予以赔偿的可得利益损失的"可预见性"的规定主要区分为以下3种情形：①不要求损失的可得利益具有"可预见性"，以德国民法和《瑞士债务法》为代表；②仅在一般过失性的违约中要求可得利益预见或者应当预见，法国民法、意大利民法和西班牙民法选择此类规范；③无论故意违约（欺诈），还是过失违约，都要求可得利益的"可预见性"，即可得利益的损失赔偿与过错无关，此为《联合国国际货物销售合同公约》以及英美法选择的道路。在可得利益的损害赔偿中引入"可预见性规

---

❶ Williams *v*. Barton, 13 La. 404, 410 (1839).
❷ Theodore Sedgwick, A Treatise on the Measure of Damages, 1847, P. 64 ff. (Hadley *v*. Baxendale 案也以该教科书中的论证为基础).
❸ Palandt, Bürgerliches Gesetzbuch, 66. Aufl., 2007, Vor §249, Rn. 6.

则"符合现代损失赔偿理念的发展趋势,从多个视角看都有其存在的必要。

1. 现代私法理念下"私法自治"难以令人信服

波蒂尔认为,在违约损害赔偿中引入"可预见性规则"的法理基础是私人自治,❶ 不仅合同中约定的义务应当以私人自治为基础,不履行合同产生的法律后果也应当尊重当事人的意愿。当事人的意愿仅仅包括在缔结契约时债务人能够预见到的合同不依约履行时产生的法律后果,❷ 没有预见到的或者不能预见到的法律后果,则不能为当事人的意思所包含。

但是,私人自治在今天私法领域的意义不断降低,甚至被认为已经"走下神坛",合同的内容及相关法律后果主要不再依赖于当事人的"意思",❸ 它们往往是法律直接规定的结果。"可预见性"在可得利益损失赔偿中是否有必要存在一度受到质疑。依波蒂尔的观点,保护私人自治是"可预见性"的首要任务,当私人自治的地位式微时,"可预见性规则"对违约可得利益损失赔偿的意义必然逐渐变弱。无限制地适用"可预见性规则"会使当事人之间原本已经形成的平衡朝着更有利于债务人的方向发展。在现阶段法国的司法实践中,"可预见性规则"的意义确实已经大不如前。首先,法官在有些裁判中不再依职权审查损失的可预见性,只有当被告主张损失的"可预见性"时,法官才可以审查损失的可得利益是否已经预见或者应当预见,这样一来,"可预见性规

---

❶ Robert‑Joseph Porthier, Traite des obligations, 2011, S. 181 ff; Stephanie Finke, Die Minderung der Schadensersatzpflicht im Spanischem Recht, 2005, S. 115.

❷ Robert‑Joseph Porthier, Traite des obligations, 2011, S. 181 ff.

❸ 范在峰、张斌:《两大法系违约损害赔偿可预见性规则比较研究》,载《比较法研究》2003 年第 3 期,第 18 页。

则"就成为抗辩权,而非请求权成立的要件,但是实践中被告很少会主张可预见性。❶

波蒂尔的学说有其显著的时代背景,彼时私法领域强调当事人的"意思",因此波蒂尔的学说在当时很容易被大家接受。但是事实上并没有其他充分的理由可以证明,在出现履行障碍时只允许当事人主张当事人"意思"覆盖到的第二性的权利(损害赔偿请求权)。相反,为了实现私法自治,必须对通过私法自治取得的权利和法定权利进行同等保护,在法律后果方面,即要求对合同上的请求权的保护不能弱于对侵权请求权的保护,既然侵权请求权不受"可预见性规则"的限制,违约时的可得利益的赔偿从私法自治的角度来看,也不应该受"可预见性"的限制。认为私人自治原则下当事人的意思仅仅包括赔偿可预见的损失的观点缺乏合理性基础,债务人的意思仅仅包括对可预见的损失进行赔偿的观点过于武断。❷ 尽管波蒂尔的私法自治理论曾经对"可预见性规则"产生了深远的影响,但是时至今日,我们不再过于注重合同当事人的"意思",因此,仅从私法自治的角度论证"可预见性规则"的合理性很难令人信服。

2. 社会发展的要求

在违约损害赔偿中引入"可预见性规则"是对完全赔偿责任的限制。❸ 德国民法对可得利益之所以不要求"可预见性",主要原因在于德国的损害赔偿法要求完全赔偿,适用"全有或全无原

---

❶ Genevieve Viney, La Responsabilite: effets, 1988, Nr. 319.
❷ Florian Faust, Die Vorhersehbarkeit des Schadens gemäss Art. 74 Satz 2 UN-Kaufrecht (CISG), 1996, S. 199.
❸ 叶金强:《违约损害赔偿中的可预见性规则——英美法的理论与实践》,载《南京大学法律评论》2001 年第 1 期,第 214 页。

则"，损失赔偿的目的在于使受损害人能够恢复到如同损害行为未发生时的状态。德国民法在确定损失是否应当予以赔偿时，要求违约行为与损失的可得利益之间存在因果关系。其他要件满足时，因果关系确定存在，那么能够依据《德国民事诉讼法》第 287 条证明的损失就应当予以赔偿，不受"可预见性规则"的限制。

完全赔偿原则长久以来受到了不少批评。发生损害时，损害人的完全赔偿责任在现代社会中不再具备合理性，完全赔偿原则所保护的损失范围过于宽泛，对损害人的惩罚过重，没有考虑到他们的实际赔偿能力。❶ 特别是 18 世纪人类社会进入工业时代后，如果将损害人和受损害人的利益进行比较，完全赔偿责任的这种缺点更加明显，先进的机器设备、技术、材料等的使用隐藏了巨大的损害的潜力，频繁的交易活动同样会将一个因果链条上的损失无限扩大，看似普通的违约或侵权行为，在现代社会中将引起一系列的连锁反应，完全赔偿原则可能会使损害行为人处于一种毫无保护的境地，有时可能危及他们的生存。另外，因为在很多情况下确定过错时，采取了过错推定原则，侵权责任中又普遍引入了危险责任，这些都更加全面地保护了受害人的利益，损失赔偿法的这种对损害人不利的发展必须受到限制。因此一些国家的司法裁判或立法尝试设立考虑损害人利益的规则或原则，使他们免受无边界的损害赔偿责任的负累，比如《西班牙民法典》第 1.103 条明确规定了损失减少义务。

在可得利益损失赔偿中引入"可预见性规则"，恰恰可以限制损害赔偿的范围，倾向于保护违约方，这一点明显与"全部或无原则"相背离，德国民法无论是理论界还是实务界都回避"可预

---

❶ Stephanie Finke, Die Minderung der Schadensersatzpflicht im Spanischem Recht, 2005, S. 30.

见性规则"。但是"可预见性规则"在其他多个国家的损失赔偿法中予以规定或承认,这种现象在一定程度上说明,仅仅依靠"相当因果关系理论"和"规范的保护目的说"为判断标准,确定应当赔偿的可得利益损害范围不能适应现代社会的发展。随着技术的进步,交易形式的多样化、频繁化,仅仅根据因果关系确定的损害赔偿的额度有时候过高,违约一方承担的赔偿压力过大,因此有必要借助"可预见性规则"来进一步限定应当赔偿的可得利益损害的范围。

3. 促进合同当事人之间信息的交流

"可预见性规则"可以促进合同双方当事人在订立合同时相互交流与合同相关的信息的积极性。可得利益损失赔偿引入"可预见性规则",促进了风险分配,❶ 特别是在无过错的违约责任中,可以借助可预见性将违约产生的损失在合同当事人之间予以分配:对于可预见的风险,由违约方承担;而对于不可预见的风险,则由非违约方承担。这样,为了让对方在违约时能承担可得利益的损害赔偿责任,双方当事人会尽可能把与可得利益相关的信息告知对方,特别是可能引起损害的信息。

信息的交流在合同中的作用主要表现在两方面。❷ 一是当事人可以借助信息更准确地判断是否订立合同,以及订立合同的内容,比如在订立买卖合同时,卖方承担的风险往往影响买卖合同的价格,在最终订立的买卖合同中,价格和对待给付实际形成了一种平衡关系,卖方未预见某种风险,当然不会将它计算在价格中;

---

❶ Florian Faust, Die Vorhersehbarkeit des Schadens gemäss Art. 74 Satz 2 UN-Kaufrecht(CISG), 1996, S. 213 ff.
❷ Florian Faust, Die Vorhersehbarkeit des Schadens gemäss Art. 74 Satz 2 UN-Kaufrecht(CISG), 1996, S. 219.

发生卖方违约时,如果让卖方承担未预见到的可得利益风险,则打破了订立合同时形成的给付与对待给付的平衡关系。二是当事人可以通过信息交流提前预见可能发生的妨碍合同履行的风险,进而及时采取措施,有效地避免损失发生。此外,双方交流信息的详细程度对风险的避免也有影响。交流的信息不准确、不详细,将导致当事人错误估计风险,结果就是不能采取有效的措施。鉴于上述情况,合同法的规则应当尽量促进当事人之间详细交流信息,"可预见性规则"的功能恰好在于促进合同双方将有关于违约可能带来的损失信息告知对方,借此双方可以以最公平的价格订立合同。另外,如果非违约方不告知违约方有关可得利益的信息,他就使违约方陷入了对自己承担的风险不明了的状态,在这种情况下他如果仍然要求违约方赔偿可得利益损失,那么作为债权人的非违约方就有滥用权利的嫌疑。

法经济学的代表人物,美国学者波斯纳则把信息交流和"最低成本规则"(cheapest cost avoider)结合在一起讨论"可预见性规则"。波斯纳将"信息问题"和"谁承担风险费用最低"混在一起论证"可预见性",实际上在充分获得信息时,哪一方承担风险更符合最低成本规则与"可预见性"并无关联。"可预见性规则"只是确定双方的风险分配,波斯纳却认为,借助"可预见性规则"可以将风险分配给承担风险成本低的一方。❶ 此观点是对"可预见

---

❶ 波斯纳在《法律的经济分析》中提出,如果风险只为契约一方所知,那么契约另一方就不应对可能发生的损失承担法律责任。这一原则促使知晓风险的一方当事人采取适当的预防措施,或者在他相信另一方可能为更有效率的损失预防者或风险分散者时,可向该方当事人表明并向他支付代价,要求他承担这一损失风险。这样,就产生了以最有效率的方法分配风险的激励。参见 [美] 理查德·A. 波斯纳:《法律的经济分析》,蒋兆康译,中国大百科全书出版社1997年版,第162页。

性规则"功能的曲解，如果买方得知卖方是最低成本方，那么买方将不会有强烈的动机将可能产生的可得利益的损失告知卖方，因为这样的信息不会为买方带来任何好处，只能使他支付更高的价款。❶ 我们很难要求在商品社会中理性的交易人为了避免风险，主动支付更多的费用。因此，试图从经济效率方面寻求支持"可预见性规则"的论证角度失之偏颇。

4. 促进交易

保护合理预期被认为是合同法的基础，甚至是专有功能，❷ 只有缔约人的合理期待得到充分保护，他才有可能积极地参加交易。在违约可得利益损失赔偿中要求当事人对损失的可得利益"预见"或者"应当预见"，同样符合保护合理期待的需要。如果让合同的当事人在违约时承担不受任何限制的、不可预计的责任，当事人缔结契约的热情会被吓退，这样就阻碍交易的发生，进而阻碍经济发展的活力。可得利益本来就有不确定性，如果违约方承担不可预见的损失，那么合同当事人在订立合同时的顾虑就会更大。❸ 没有人愿意承担不可估计的风险，"可预见性规则"可以使合同当事人避免承担不可计算的责任，当事人会有安全感，至少他们可以对自己在最坏情况下应当承担的责任的范围有所预见，交易双方会更有意愿缔结契约，进而促进交易和经济的发展。

5. 小结

可得利益损失赔偿中引入"可预见性规则"符合违约损失赔

---

❶ Florian Faust, Die Vorhersehbarkeit des Schadens gemäss Art. 74 Satz 2 UN-Kaufrecht（CISG）, 1996, S. 227.

❷ ［英］P. S. 阿狄亚：《合同法导论》，赵旭东、何帅领、邓晓霞译，法律出版社2002年版，第34页以下。

❸ Marie-Eva Roujou de Boubee, Essai sur la notion de reparation, 1974, S. 303.

偿法总体发展趋势，该要件是对完全赔偿责任下损失赔偿额度的有效限制。在现代社会中，科学技术的发展、交易形式的发展等都使每个交易的背后隐藏着巨大的可得利益，一个损害行为可能引起不可估量的损失。在完全赔偿理念下，违约行为人在某些情况下将承担过分的损害赔偿责任，这样会使人们在进行法律行为时非常谨慎，其结果必然不利于经济的繁荣发展。"可预见性规则"无论是从促进当事人信息交流、促进交易，还是从保护当事人合理预期，抑或合理分配风险的视角来看，都有利于双方当事人订立合同、促进市场经济繁荣，促进社会整体经济利益的提高，这恰好符合合同法的主要功能。❶

（二）"可预见性"的内容

1. "可预见性"的对象

在可得利益的"可预见性"中，需要确定的另一个问题是"可预见性"涉及的对象是什么。《民法典》第584条规定："损失赔偿额应当相当于因违约所造成的损失……但是，不得超过违反一方订立合同时预见到或者应当预见到的因违约可能造成的损失。"从条文的规定可以认为，《民法典》要求可预见的内容是"损失额度"。

但是在有些立法中则缺乏对"可预见性"的对象的明确规定，对此问题因而存在争议。意大利和法国的理论学说和司法裁判曾经认为，"可预见性"对象所包括的范围十分宽泛，除了损失，引起损失的事件、因果链条等都应当属于"可预见性"的对象。比如意大利学者基罗尼（Chironi）就提出，"为了对损失承担责任，

---

❶ 刘承韪：《违约可得利益损失的确定规则》，载《法学研究》2013年第2期，第85页。

不履行一方必须能预见引起损失的原因"。❶ 另一位学者贝利尼（Bellini）称，"违约方如果能预见因果链，那么他必须赔偿该链条内的事件引起的损失"。❷ 这种观点显然将因果关系和"可预见性规则"相混淆，进而使"可预见性规则"与完全赔偿原则一致，这与《意大利民法典》确立的违约可得利益损害赔偿中的非完全赔偿原则相悖。

可以确定的是，当前各国都不要求对"违约"本身具有"可预见性"。这种要求也不符合逻辑，如果非违约方预见到了违约行为，他通常不会订立合同；如果违约人已经预见了"违约"，仍然订立合同，那么很可能存在欺诈行为。目前关于"可预见性规则"的范围的争议主要在于，是只要预见或者应当预见违约将引起可得利益的损失足矣（即损失的类型），还是要求预见到具体的损失额度。英国的判例对该问题的表达相对清楚：没有任何出处要求损失的额度可以预见，相反在一系列出处强调，对损失类型的可预见已足，❸ 但是也有例外的情况。美国的判例和理论对该问题的态度分歧很大：有只要求预见损失类型者，❹ 有只要求预见损失额度者，❺ 也有要求同时预见损失类型和额度者。❻

---

❶ Gian Pietro Chironi, Colpa contrattuale ed Extracontrattuale, 1987, S. 581 ff.

❷ Bellini, "L'oggetto della prevedibilità del danno aifini dell'Art. 1225 c. c". In *Riv. dir. Comm.* 1954, II, S. 369.

❸ Florian Faust, Die Vorhersehbarkeit des Schadens gemäss Art. 74 Satz 2 UN - Kaufrecht (CISG), 1996, S. 123.

❹ Restatement of the Law Second – Contracts, D. C. May 17, 1979, §351 comments a.

❺ Thomas Diamond/Howard Foss, Consequential Damages for Commercial Loss: An Alternative to *Hadley v. Baxendale*, in: Fordham L. Rev. 63 (1994), S. 665, 707 ff.

❻ Richard Danzig, Hadley vs. Baxendale: A Study in the Industrialization of the Law, In: J. Legal Stud. 4 (1975), P. 327, 364; Melvin Aron Eisenberg, The Principle of Hadley vs. Baxendale, in: Cal. L. Rev. 80 (1992), P. 563, 600.

大陆法系的观点同样不能达成一致。一种观点认为,"可预见性规则"的内容仅仅限于损失的类型或构成损害的因素,与额度无关,只要损失从类型上看已经预见或者可以预见,换言之,只要预见或应当预见违约将引起可得利益损失,就应当进行赔偿,即使实际损失的额度远远超过可预见的损失额度。❶ 但是根据 1924 年法国最高法院(Cour de casstion)的裁判,损失的额度必须具有可预见性;❷ 在对该判决的注释中,莱斯科(Lescot)认为大概的估计值已足,不要求准确数值。这个要求显然有利于损害赔偿的债务人,之后,为了不使损害赔偿权利人遭受更大的不利,法国最高法院修正了该裁判观点,现今法国民法通常认为,《法国民法典》(2004 年版)关于限制债务人责任的规定,仅涉及对构成损害之因素的预见或者可预见,而不涉及用以赔偿损失的货币的价值。❸ 第三种观点则认为,"可预见性规则"的内容同时涉及可得利益和额度,该损失才可以得到赔偿,❹ 两者中只要一个不在预见的范围内,损失就得不到赔偿。

与各国国内法相同,《联合国国际货物销售合同公约》不要求对违约本身有可预见性,但是无论是根据文本解释,还是根据历史解释,公约第 74 条第 2 款都更加明确地要求,可预见性的对象涉及损失的额度——与损失的类型无关;换言之,不需要预见损

---

❶ Fernando PantaleónvPrieto: El sistema de responsabilidad contractual, in: ADC, 1991, 1019 – 1091.

❷ Civ. 7. 7. 1924; Florian Faust, Die Vorhersehbarkeit des Schadens gemäss Art. 74 Satz 2 UN – Kaufrecht (CISG), 1996, S. 133.

❸ 《法国民法典》(下册), 罗结珍译, 法律出版社 2005 年版, 第 881 页; Florian Faust, Die Vorhersehbarkeit des Schadens gemäss Art. 74 Satz 2 UN – Kaufrecht (CISG), 1996, S. 134.

❹ Florian Faust, Die Vorhersehbarkeit des Schadens gemäss Art. 74 Satz 2 UN – Kaufrecht (CISG), 1996, S. 330.

失属于可得利益的范围，可预见的损失的额度被视为责任的界限。❶

当我们预见到某个损失时，必然会涉及其具体的额度，一般情况下不存在没有额度的、抽象的损失，违约造成的损失从本质上看是"经济损失"，必然有额度。按目前的主流学说，"损失"的定义以"差额说"为基础，在该理论下，损失应当有额度。审核是否存在损失时，不可能不涉及损失数额，否则无法确定是否存在"差额"。"可预见性规则"促进了合同当事人之间风险的分配，甚至决定了合同价格的确定，那么必须涉及违约时产生损失的额度。另外，可得利益是一种未来的利益，本身并不确定，合同当事人不可能预见到可得利益的准确额度，因此对其额度只能要求违约方在订立合同时预见到"大概"的额度即可。

前文已经论述，无限制地要求违约人赔偿所有具有因果关系的损失，与现代社会的发展不相适应，"可预见性规则"的设立目的之一恰恰是限制应当赔偿损失的范围，保护违约人，那么从逻辑上它也应该涉及损失的额度，超过预见或可预见的额度的损失不能得到赔偿。"可预见性规则"引入的目的之一是促进合同双方及时采取有效措施避免履行障碍发生，只有对损失的额度有所预见，当事人才能准确有效地判断投入多少措施可以避免损失的发生。相反，如果当事人仅仅认识到损失类型，则对决定采取什么措施并无很大意义。另外，损失的类型是否属于实际损失还是属于可得利益损失，既不影响损失的计算，也不影响风险的分配，因此可预见性的内容不应当包括损失的类型。

---

❶ Florian Faust, Die Vorhersehbarkeit des Schadens gemäss Art. 74 Satz 2 UN‐Kaufrecht（CISG），1996，S. 136.

2. 判断"可预见性"的视角

"可预见性"是事后预测，即法官要在损害发生后将视角调回到订立合同时，来判断损失的可得利益是否已经预见或者应当预见。此时我们面临的问题是，以谁的视角来判断"可预见性"——以违约方的视角，还是以契约双方当事人的视角；在此问题的基础上，另一个问题是，以具体的当事人视角（主观视角），还是以抽象的当事人视角（客观视角）为判断标准。

（1）违约方视角。判断"可预见性"是否成就时，首先要确定的是，以违约方还是以合同双方为判断视角。日本的学说提出，"违约方"视角符合债权—债务的构成理论，而"合同双方"视角则是合同构成理论的要求。❶《联合国国际货物销售合同公约》第74条的表述为"违约方"（Vertragsbrüchtiger Partei）。《法国民法典》第1150条用了一个中性的表达"on"，其本意泛指某人，但是司法裁判和文献中的通说认为，判断的关键视角是损失赔偿义务人，即违约人。❷《西班牙民法典》第1107条则规定，"（善意）债务人仅对订立契约时（已经）预见或者可以预见的损害或利益负赔偿责任"，其视角也是违约方。

英美法中的相关表述则存在分歧，有时是"违约方"，有时则是"双方当事人"。在"Hadley v. Baxendale"案中，阿德森（Alderson）男爵明确表示"当事人双方的预计"；❸ 在"Victoria Laundry v. Newman Industries"案中法官则提出可预见性的视角是

---

❶ 解亘：《我国合同拘束力理论的重构》，载《法学研究》2011年第2期，第77页。

❷ Florian Faust, Die Vorhersehbarkeit des Schadens gemäss Art. 74 Satz 2 UN-Kaufrecht（CISG），1996，S. 112.

❸ Hadley v. Baxendale, 9 Ex. 341, 354.

"双方当事人……或者之后的违约方"。❶ 美国法院大多数情况下认为可预见性的视角是"当事人"(the parties)或者"双方当事人"(both parties),❷ 但是理论界、《美国合同法第二次重述》以及《美国统一商法典》则一致认为判断可预见性的视角应当为"违约方"。❸

《民法典》第 584 条将预见或者应当预见的视角明确规定为"违反合同一方"。这种将判断可预见性的视角确立为违约方的立法及判例更符合目的论,因为可预见性规则的意义之一在于,使违约方不必承担不受限制的、不可预算的责任,并无必要要求双方当事人都对可得利益有所预见。

(2)主观视角和客观视角。在确定应当以违约方视角判断可得利益的"可预见性"后,另一个问题是,应该以具体的违约方还是以抽象的违约方的视角确定"可预见性",前者也被称为"主观视角",后者则是"客观视角"。

英国的"Hadley v. Baxendale"案和"Victoria Laundry v. Newman Industries"案认为不需要实际的预见,只要能合理推测违约将引起可得利益损失已足;"Wadsworth v. Lydall"案则更加清楚地表明判断可预见性应当是客观标准:"法院不必看具体被告的认识或考虑,而是看合理的人在相同情况下应当如何考虑。"❹《美国合同法第二次重述》和《美国统一商法典》的表述同样是客观的标准。

---

❶ Victoria Laundry v. Newman Industries,[1949] 2 K. B. 528, 539 (C. A.).

❷ Schröder v. Barth, Inc. 969 F. 2d 421, 425 (7th Cir. 1992); Cort Furniture Rental Corp. v. Cafritz, 10 F. 3d 13, 1993 WL 478958, 3 (D. C. Cir.).

❸ Florian Faust, Die Vorhersehbarkeit des Schadens gemäss Art. 74 Satz 2 UN - Kaufrecht (CISG), 1996, S. 112.

❹ Wadsworth v. Lydall,[1981] 1 W. L. R. 598, 605 (C. A).

但是在大陆法中，从《民法典》到《法国民法典》《西班牙民法典》，关于可预见性的表述是"已经预见"或者"应当预见"。❶其中的"已经预见"是采主观判断标准，其考察的是具体的违约方在缔结契约时是否已经预见，对此并无疑问。但是对于"应当预见"，考察视角是具体的违约方是否应当预见，还是客观的抽象的债务人是否应当预见，则存在争议。彼得·鲁梅尔（Peter Rummel）认为，应当以具体的当事人为判断视角，但是他没有对该观点进行进一步的论证。❷ 通说提出，❸ 判断是否存在"可预见性"不以最佳的观察人为视角，而是应当以理想的、典型的债务人为判断标准，这样的债务人不必具有所有的必要的经验和认识，即以平均债务人的视角判断可得利益是否具有"可预见性"。

对于"应当预见"的解释，可以参考《国际动产买卖统一法》（Einheitliches Gesetz ueber den internationalen Kauf beweglicher Sachen vom 17.07.1973）第 13 条来理解："如果在法律中使用'一方当事人知道或者应当知道'或者'一方当事人认识到或者应当认识到'，或者类似表述，那么其意思是，理性人在相同的情况下应当知道或者应当认识。"❹ 法官在判断"应当预见"时，要将

---

❶ 《意大利民法典》只规定"已经预见"，没有"应当预见"。这样一来，在意大利民法中，判断可预见性只能以具体的违约方为判断视角。

❷ Peter Rummel, Schadenersatz, höhere Gewalt und Fortfall der Geschäftsgrundlage, in: Hans Hoyer/Willibald Posch（Hrsg.）, Das Einheitliche Wiener Kaufrecht – Neues Recht für den internationalen Warenkauf, 1992, S. 182.

❸ Burghard Piltz, Internationales Kaufrecht, 1993, §5 Rn. 451; Edmund H. Schwenk, Gewährleistung für Rechts – und Sachmängel nach dem Uniform Commercial Code und dem Einheitlichen Gesetz ber den internationalen Kauf beweglichen Sachen, in: *RabelsZ* 35（1971）, S. 645（668）; Hans Stoll, Inhalt und Grenzen der Kaufrecht und nationales Obligationenrecht, 1987, S. 260 f.

❹ Florian Faust, Die Vorhersehbarkeit des Schadens gemäss Art. 74 Satz 2 UN – Kaufrecht（CISG）, 1996, S. 13.

时间调整回缔结契约时。在这种情况下,对于法官而言,缔约人在缔结契约时的具体情况很难准确判断,如果把判断的视角定为具体的缔约人,一方面增加了判断的难度,另一方面也会增加判断的不准确性。因此,在判断"应当预见"时,以客观的理性违约方的视角来判断更具合理性。

3. 可预见性与因果关系

因果关系是损害赔偿法的核心问题。在确定损害赔偿的过程中,涉及两次因果关系,此处因果关系指责任范围的因果关系。侵害之间必须存在因果关系,此因果关系被称为责任成立的因果关系,被称为责任范围的因果关系,旨在确定须赔偿。

确定因果关系时,目前主要的理论有相当因果关系理论和规范的保护目的说,鉴于对因果关系理论已有多篇著述进行阐释,本书不再赘述。在法律史上,因果关系和"可预见性"长久以来就容易混淆,时至今日,两者的区别仍然充满了不确定,❶ 甚至有观点提出,"可预见性"扮演着事实因果关系的角色。❷

实际上因果关系和"可预见性"大有不同。首先,"可预见性"与因果关系涉及的时间不同。对前者而言,关键的时间是订立合同时,对后者而言,关键的时间点是违约时,因为对法益的侵害和损失的形成皆因违约行为。其次,无论是违约责任还是侵权责任,都要首先满足因果关系要件,而"可预见性"规则只是违约责任中的特别要件要求,侵权责任中的可得利益的损失赔偿

---

❶ 德国有的学者在因果关系理论中用类似"可以预见"的表达,比如迪特尔·梅迪库斯称"相当因果关系理论关键在于对因果进程的可预见性"(Gottfried Schiemann, in: Staudinge Kommentar zum BGB, §249 Rn. 33)。

❷ 叶金强:《可预见性之判断标准的具体化——〈合同法〉第113条第1款但书之解释路径》,载《法律科学》2013年第3期,第140页。

不涉及"可预见性"。此外,因果关系是优先性评测标准,"可预见性"是附加评测标准,"可预见性规则"不能替代因果关系单独界定可得利益损失;换言之,在确定因果关系存在后,附加"可预见性"作为判断可得利益损失是否应该予以赔偿的标准。其作用体现在两个方面:一方面,在过错责任的立法例中可以把一般过失违约引起的可得利益损失赔偿与欺诈和重大过失违约引起的可得利益的赔偿区别对待;另一方面,可以限制或缩减应当赔偿的可得利益损失的范围,减轻违约方的负担。

六、损失确定考虑的其他因素

损失计算的结果不得使债权人获得高出填补损失的利益,在计算违约损失赔偿时,要扣除非违约方不当扩大的损失、非违约方因违约获得的利益或减少的支出。非违约方对损失也有过错的,适用"与有过失"规则按比例扣减损失。对此本书将在第五章详细阐述。

CHAPTER 04 >> **第四章**
合同解除

第一节 合同解除制度的概况

一、罗马法时期的合同解除制度

在现代民法中,合同的解除属于民法的基础问题之一,也是民法研究领域最受喜爱的研究主题之一。然而在罗马法中,合同的解除却并不是一个一般性的法律制度。❶罗马时期,合同领域最具统治地位的是契约严守原则。然而,合同的解除在罗马法中也没有一般性地被否定。合同订立后的法律后果只能通过当事人的合意解除,这种"解除约定"在法律属性上介于独立的合同和依附于主合同的条款之间。比如在择优解除简约中,买卖合同双方当事人可以约定,如果出卖人特定期间内得到一个更有利的购买标的物的要约,他就有权终止已经签订的

---

❶ 周枏:《罗马法原论》(下),商务印书馆2009年版,第713页;陆青:《合同解除论》,法律出版社2022年版,第20页。

买卖合同；而买受人有相同条件下的优先购买权。在奴隶买卖合同中，一方当事人的履行不符合合同约定的，守约方当事人有两个救济手段：第一个是提起降低买卖价格之诉；第二个是提起"退货之诉"。其中"退货之诉"是使合同关系得以清算的救济手段。罗马法中解除制度的另一个雏形是"返还诉"，它是当事人不遵守合同或者不遵守承诺的惩罚措施之一，其功能与不履行时的合同解除相近。❶

另一个与"解除制度"相关的重要制度是"解除条款"，它是罗马时期合同中典型的三个从属协议之一。❷ "解除条款"起源于古典罗马法。在当时的罗马法中，因为给付和对待给付之间没有牵连性，其后果是，即使买受人不支付价款，他也可以享有买卖标的物，风险完全由出卖人承担。这显然不能被接受，"解除条款"因此产生。在"解除条款"中，买卖合同当事人可以约定，买受人没有及时支付买卖价款的时候，为了出卖人的利益可以解除合同。它是附生效条件的解除合同，也被认为是主合同的从合同。通过"解除条款"，买卖物的风险由买受人承担，在他不及时支付价款的情况下，出卖人可以解除合同。出卖人的合同解除权不要求买受人对不支付价款有过错，但是如果买受人未及时支付价款主要是由出卖人引起的，则他不能解除买卖合同。

由上述情况可得，虽然罗马法中否定了合同的一般法定解除制度，然而特定类型的合同并不排除约定解除权。约定解除制度和损失赔偿构成罗马法中履行障碍的两大救济途径。罗马法中没有一般的合同解除制度的根本原因是，双务合同牵连性理论没有得到发展。

---

❶ Hans G. Leser, Der Rücktritt von Vertrag, 1975, S. 3.
❷ Max Kaser/Rolf Knütel, Römisches Privatrecht, 2003, §41 Ⅶ.

二、共同法时期的合同解除制度

共同法时期同样不承认一般的合同解除制度。在中世纪教会法时期，法学家胡古奇奥提出"一方不给付或者违反合同义务的，另一方也不必给付"原则。尽管从文字表述来看，该原则显示的是"给付对等性理念"，但是教会法通过该原则强调的是对不遵守契约一方当事人的惩罚。由此可以认为，教会法赋予双务合同的债权人在债务人没有履行的情况下有权解除合同。在法律技术上，"一方不给付或者违反合同义务的，另一方也不必给付"原则被作为合同的解除条件，但并非对所有的双务合同都适用，而只是适用于买卖合同和雇佣合同之外的"无名合同"。而买卖合同只能通过当事人之间的终止协议解除。之后，教会法时期的立法者以"一方不给付或者违反合同义务的，另一方也不必给付"原则为基础，结合"目的"这一概念，发展了解除权制度，即给付接受方将提供给付（将来目的）是另一方已经提供给付的最终目的。[1] 但此时的解除权仍限于对无名合同适用，买卖合同不得依法解除。自然法的法学家认为，在双务合同中一方履行自己义务的条件是另一方也履行。以此理念为基础，在一方当事人违约时，另一方当事人除了有抗辩权，还可以终止合同关系。

然而，商业和交易的发展要求合同在特定情况下应当尽快解除，为了满足商业需求，合同法领域依托罗马法的"解除条款"在合同中通常附加解除条件。很显然，合同的解除条件是从外部补充到合同中的附加规定，而合同的法定解除则是由给付和对待给付之间的相互依赖性得出的必然结论。

---

[1] Karl Otto Scherner, Rücktrittsrecht wegen Nichterfüllung, 1965, S. 14.

共同法时期不承认一般的法定合同解除制度的原因仍然是，双务合同中给付和对待给付的牵连性理论没有得到充分发展。因此，合同的解除不是建立在给付和对待给付之间相互依赖的基础上，而只能通过解除条件完成。

在德国，理性法时期的学者较早地探讨了合同的解除制度。具有代表性的学者是胡果·格劳秀斯（Hugo Grotius）和萨缪尔·普芬道夫（Samuel Pufendorf）。他们认为，合同本身包含一个默示的允许解除合同的条件，这与教会法的观点类似。然而，普芬道夫并不承认一般性的合同解除权，合同解除只能发生在履行迟延且维持合同的有效性不可承受的情况下；但买卖合同等典型合同不得解除。而认为已经履行了的合同可以清算的观点则首先由克里斯蒂安·沃尔夫（Christian Wolff）提出，但是可以清算的合同仅限于部分履行的合同，全部履行完毕的合同仍然不得清算。伯恩哈德·温德沙伊德（Bernhard Windscheid）认为，迟延给付导致给付不可使用时，债权人虽然没有解除权，但是他可以拒绝受领，并主张基于没有履行的损害赔偿。这样，债权人的权利实际上与合同解除相同。需要注意的是，与现代民法中的解除权不同，在当时，债权人的上述权利以债务人的可归责为条件。

在民法法典化的过程中，合同的解除逐渐成为一个独立的法律制度，自18世纪中期起源于欧洲大陆的民法法典化开始，成文法国家几乎都规定了合同的解除。1756年的《巴伐利亚民法典》已经承认解除权是一个独立的法律制度，它以共同法时期的原因理论为基础构建。1766年的《奥地利普通民法典第一草案》规定了合同不履行情况下的解除制度，并且不再区分"有名合同"和"无名合同"。然而，该草案中关于合同解除制度的规定在讨论过程中被删除了。

1794年的《普鲁士一般国法》中的合同解除制度体现的是理性法时期的理念。《普鲁士一般国法第一草案》中包含了一般性的合同解除制度，依据该草案，一方当事人违反合同义务，守约方当事人可以选择解除合同或者要求履行。该草案（1794年版）第268条规定，当合同一方当事人脱离合同时，可以解除合同。这里的"脱离合同"指广义违约。❶ 该草案第269条规定，解除权的产生限于违反合同中明确约定的义务；该草案第272条规定，合同标的价值超过50Taler的，解除的意思表示应当在法官面前作出。该草案的建议遭到各方激烈的反对。即使有观点提出，将一般性的合同解除限制于主要的合同义务违反，也没有得到支持。最终《普鲁士一般国法》中的合同解除制度仅对无名合同适用，对于买卖合同等重要的有名合同，只能通过诉讼由法官决定是否解除。这种规定改变了合同解除制度使合同关系尽快消解的功能。

《法国民法典》（1804年版）中，合同的解除制度与德国法领域的解除制度完全不同。在法国合同法中，给付和对待给付之间的牵连性原则在所有的双务合同中得以发展。让·多玛特（Jean Domat）和波蒂尔提出，给付和对待给付之间的相互依赖性符合合同当事人的意思，这与双务合同的牵连性理论几乎一致。17世纪末，实践中承认在买受人不支付价款的情况下，出卖人可以解除合同。然而《法国民法典》中规定的合同解除只能由法官决定。法官有自由裁量权，他既可以裁判解除合同并支付损失赔偿，也可以裁判给予违约方宽限期。

《德国一般商法典》（1861年版）仍然没有承认一般性的合同解除制度，法律仅在履行迟延的情况下承认了出卖人的合同解除

---

❶ Hans G. Leser, Der Rücktritt von Vertrag, 1975, S. 7.

权。《瑞士债务法》（1881年版）在第130条中规定了合同解除权。《德国民法典》（1900年版）在第346条至第361条中将解除规定为当事人保留的合同条件。2002年，《德国债法现代化法》在第323条规定了一时性合同的一般解除权，在第314条规定了继续性合同的一般终止权。

在契约严守原则下，并非任何违约行为均产生解除权。通常认为，只有在债务人的给付不符合合同约定，并且导致债权人利益所遭受的损害达到一定程度的情况下，才可以允许债权人解除合同。为了使债权人利益受损的严重程度具体化，德国学者卡纳里斯认为，在现代民法中，合同解除模式目前可以概括区分为"重大（根本）违约解约模式"和"宽限期设置解约模式"。❶ 通常认为"重大违约解约"源于英美法，"宽限设置期解约"源于德国法。宽限期设置解约制度为合同的解除提供了一个重大违约之外的依据，而且宽限期设置解约在很大程度上可以克服重大违约解约的缺点。"宽限期设置解约模式"与"重大违约解约模式"共同构成现代民法法定合同解除制度的双元模式。❷ 然而，无论是重大违约解除合同，还是宽限期设置解除合同，都遵循的另一个原则是"补救履行优先"。

第二节 重大违约解约

重大违约可以导致合同解除权成立。重大违约也被称为根本

---

❶ Canaris Claus – Wilhelm, Teleologie und Systematik der Rücktrittsrechte nach dem BGB, in: FS Krohpholler, 2008, S. 8.

❷ Canaris Claus – Wilhelm, Teleologie und Systematik der Rücktrittsrechte nach dem BGB, in: FS Krohpholler, 2008, S. 8.

违约,它源于英美民法上的根本不履行(fundamental non-performance)。❶ 在英国法中,解除合同一般需要一方当事人有重大违约行为。《民法典》第 563 条对法定解除的原因作出规范。从《民法典》第 563 条中,很难一目了然地判断我国《民法典》中解约制度构建的基本理念,根据第 563 条第 1 款第 1 项,发生不可抗力致合同目的不能实现时,当事人可以解除合同,指的是当事人因为不可抗力没有依约定履行合同,导致合同目的不能实现,其本质仍然是重大违约引起的合同解除。第 2 项、第 3 项、第 4 项前半段以列举的方式规定了合同解除的法定事由。我国学者大多认为,从第 4 项后半段的一般性条款的表述来看,《民法典》应当是以重大违约解约模式为主。

一、预期违约时的解除权

根据《民法典》第 563 条第 1 款第 2 项的规定,在履行期届满前,当事人一方明确表示或者以自己的行为表明不履行主债务,另一方当事人可以解除合同。在此情况下成立预期违约,即使期限届满债务人也不会履行债务,债权人没有必要等到债务到期即可解除合同。

二、迟延履行致合同目的不能实现时的解除权

迟延履行是履行不符合约定的情况之一。债务人的迟延履行导致债权人主要的履行利益客观消灭的,被认为合同目的不能实现,❷ 即合同目的不达。迟延的给付对债权人没有利益的情况主要

---

❶ 朱广新:《合同法总则》,中国人民大学出版社 2012 年版,第 513 页。
❷ 王洪亮:《债法总论》,北京大学出版社 2016 年版,第 314-315 页。

是定期交易,❶ 在此情况中债权人的履行利益与给付的及时性密切关联,如果债务人不遵守给付时间将导致债权人丧失履行利益或者失去等值利益,这样的交易被称为相对定期交易。履行时间对履行利益是否重要,可以由双方当事人在合同中约定,也可以由债权人在订立合同前或订立合同时告知债务人,或者由订立合同时的相关因素推定而知。双方当事人约定了具体的日期为给付日期,并不足以成立迟延履行使合同目的不能实现。还要求按期履行对债权人具有相当的重要性,以至于不及时履行导致债权人失去履行利益。履行利益丧失与标的物的价值无关,而是根据债权人的计划使用目的确定——债权人为了特定目的取得该给付,但是不按期给付导致债权人不能为了该目的或需求使用给付。❷ 比如,季节性产品的买受人在季节结束后不能找到下家,此时买受人失去履行利益。或者迟延履行导致给付和对待给付之间失去了等值性,此时债权人失去了等值利益。比如,季节性产品过季后价格明显降低,债权人即使能将产品再卖给他人,也不可能取得期待的价格,这与他的对待给付不能形成等值性。

与相对定期交易区别的是绝对定期交易。在绝对定期交易中,逾期给付导致给付失去了履行适宜性。在此情况中,依合同的目的和已存在的双方利益情况,遵守给付时间对债权人非常重要,迟延给付完全不能达到债权人原来的目的。这样,给付就不再具有履行的性质,而是法律上的履行不能。比如,某人为了赶火车或飞机而预订计程车,这时履行时间就非常重要,逾期履行对债务人毫无意义。

---

❶ 韩世远:《合同法总论》,法律出版社2011年版,第519页。
❷ Ulrich Huber, Leistungsstörungen, Band Ⅱ, 1999, S. 498.

三、迟延履行经催告仍不履行时的解除权

根据《民法典》第563条第1款第3项的规定,当事人一方迟延履行主要债务,经催告后在合理期间仍未履行的,债权人可以解除合同。

(一) 主债务

主债务应当包括"质"和"量"两个方面。"质"是指双务合同中处于对价关系的债务,即给付义务,比如在买卖合同中,买受人的对价给付义务是支付买卖价款,价款是主债务。"量"则取决于债务是否可分,不可分之债指全部,可分之债则要从数量上判断。[1] 对于可分之债的量,迟延履行的部分不能是很小的一部分。[2]

(二) 催告程序

债权人解除合同前须进行催告。催告是"要求债务人履行义务",[3] 其功能一方面是警告债务人,[4] 另一方面是为了避免违约方遭受突然的合同解除。催告是单方的、需受领的准法律行为,非意思表示或法律行为,但是部分关于意思表示的规则对"催告"适用,如催告人可以是限制行为能力人,因为催告对催告人不产生法律上之不利,故也可以通过代理人催告。[5]

对债权人而言,催告是其施压的手段。如果债权人的表达是"他很期待买受人能支付到期价款"等礼貌性地请求履行,或者提

---

[1] 崔建远主编:《合同法》,法律出版社2010年版,第249页;韩世远:《合同法总论》,法律出版社2011年版,第516页。
[2] 韩世远:《合同法总论》,法律出版社2011年版,第516页。
[3] Palandt, Bürgerliches Gesetzbuch, 66. Aufl., 2007, §286, Rn. 16.
[4] 王洪亮:《债法总论》,北京大学出版社2016年版,第313页。
[5] Wolfgang Ernst, in: Münchener Kommentar zum BGB, §286, Rn. 46.

示履行，或者仅仅要求买受人明示是否有履行的意愿，都不成立催告。这种表达方式不能体现出警告的作用，债务人也不能感受到来自债权人方面的压力。

另一个问题是，债权人是否必须在催告程序中具体表达"如果债务人不及时履行，将解除合同"。我国理论界对此问题没有进行讨论。德国理论界对此有分歧，一种观点认为，出卖人在催告中应当以解除合同相威胁，甚至要求债权人在催告中将不利后果具体化。❶ 另一种观点则认为不必以不利后果相威胁。❷ 催告的主要目的包括两个方面：一是给予买受人第二次机会；二是警告买受人，使其有履行合同的紧迫感。催告的内容必须让买受人能够感受到逾期不履行的不利后果，否则很难达到警告的功能。鉴于此，催告宜包含以不利后果相"威胁"，比如表示"不履行后果自负"等，但是不必在催告中将不利后果具体化。

（三）等待期间的合理性

债权人须在合理期间内仍然没有履行。债权人在催告中不必设置支付价款的期间或具体日期，若催告未包含给付期间或日期，则债务人要等待合理期间。通过催告，债务人明确知道债权人对履行的期待，如果债务人对此置之不理，那么债权人可以解除合同。合理期间是为了能使买受人有足够的时间为履行做准备。根据《最高人民法院关于审理商品房买卖合同纠纷案件适用法律若干问题的解释》第11条第1款的规定，判断期间是否具有"合理性"首先要尊重当事人的意思，买卖双方可以约定支付价款的宽限期。买受人也可以自己建议补救支付的期限或具体时间，但其

---

❶ Palandt, Bürgerliches Gesetzbuch, 66. Aufl., 2007, §286, Rn. 13.
❷ Palandt, Bürgerliches Gesetzbuch, 66. Aufl., 2007, §286, Rn. 25.

长度同样要具有合理性。当事人没有约定的,若买卖标的是商品房,根据该司法解释第 11 条的规定,买受人迟延支付购房款的,催告的合理期间是 3 个月。

既无约定,也无具体法律或者司法解释规定时,则要在具体情况中作出判断。如果买卖与商品房买卖具有可比较性,可以考虑类推适用 3 个月的宽限期。不具有可比较性的,要根据具体情况确定宽限期的合理长度。此时衡量合理期间长度时要考虑双方合同当事人的利益、需要支付的价款的额度、价款到期多久等因素。一般情况下,补救履行期间比原始履行期间短,因为在债务到期之前债务人就应当对履行有所准备。如果债权人在催告中明确要求履行的期间或具体日期,可能发生的情况是,债权人设置的宽限期间太短,此时自动延长至合理长度。

四、瑕疵履行致合同目的不能实现的解除权

瑕疵履行是指履行不符合约定。瑕疵履行必须导致合同目的不能实现才产生解除权。合同的目的也被称为交易目的,这个目的是当事人主观意思中的重要事由。目的实现问题在传统民法中一直被作为履行障碍问题处理,它与履行行为联系密切,只要履行的法律后果没有发生,合同目的就没有实现。我国民法中所称的合同目的与传统民法中的合同目的所指含义并不一致。合同目的落空的含义应当从《民法典》第 563 条第 1 款第 4 项规定的合同的法定解除事由中探寻。从立法过程的争议到诸多司法裁判来看,合同目的不能实现实际是指违约行为严重影响订立合同时的当事人的期待利益。❶

---

❶ 赵文杰:《〈合同法〉第 94 条(法定解除)评注》,载《法学家》2019 年第 4 期,第 180 页。

五、部分给付瑕疵时的解除权

债务人的给付若仅仅是部分不符合合同约定，从合同解除的视角来看，存在两个解决问题的途径：合同全部解除或者部分解除。参照《民法典》第 633 条的规定，部分给付不符合约定的，原则上债权人有解除部分合同的权利，只有在部分给付瑕疵导致合同目的全部不能实现时，才可以解除全部合同。这与《德国民法典》第 325 条第 5 款的规定基本理念一致，即只有在无瑕疵部分的给付对债权人失去利益时，才允许解除全部合同。

第三节　宽限期设置解约

"宽限期设置解约"要求债权人为债务人的补救履行"设置"合理的宽限期。"设置"宽限期是程序上的要求，即债权人在要求债务人履行或者补救履行时，形式上也必须同时设定履行期限。与之不同的是"实体宽限期解约"，该解约模式的含义是，如果给付的标的不符合合同要求，债权人只需要提出再供货或者排除瑕疵等补救履行请求权，不必同时"设置"补救履行的期间，或者说，不必有履行时间上的要求。但是在这种合同解除的模式下，虽然债权人不必在主张补救履行时设定履行期限，但是债务人补正履行并非没有时间限制，他必须在合理的时间内补救履行。换言之，债权人向债务人提出补救履行后，只需要等待合理的时间长度，如果债权人仍未提供符合约定的给付，债权人可以解除合同。这种解约模式不要求债权人在形式上设置宽限期，但是实际上债权人必须给予债务人合理的补救履行的期限，因此被称为

"实体宽限期解约模式"。

"宽限期设置解约"被誉为《德国民法典》中的一项"成功"规定。❶ 宽限期设置解约模式可以追溯至 1861 年的《德国一般商法典》中的买卖合同法，可以说是德国法的"首创的史无前例的制度"，因此该模式又被称为"德国的宽限期"。❷ 在德国共同法时期，只有当债务人基于有过错的原因给付不能时，或者当给付因为债务人迟延对债权人没有利益时，或者当债务人基于有既判力的判决仍然没有履行其义务时，债权人才可以主张因为不履行的损害赔偿。而根据《法国民法典》第 1184 条，在出现债务人迟延时，债权人有一般的解除权，并同时可以主张损害赔偿，但是合同的解除需要法官进行裁判，法官可以赋予债务人宽限期间。这两种规则不利于促进商事交易，人们开始寻找救济方法。1857 年《德国一般商法典草案》采纳了《法国民法典》第 1184 条的规定，但是没有规定"宽限期间"。这一规定在草案讨论过程中遭到了批评，特别是法官的介入，因为根据该草案，法官没有赋予债务人宽限期间的权利，这样会引起双方当事人都难以承受的待定状态。讨论过程中提出的建议是，在出现债务人迟延时，解除合同并主张损害赔偿的权利应当仅由债权人决定。1857 年 5 月 19 日的讨论会中，立法委员会的一名未记名成员建议作如下规定：出卖人或者买受人因为对方当事人迟延而意在解除合同的，只要没有危险，他必须提前通知对方当事人，并给予他补救迟延的机会。否则解除合同以及损害赔偿请求权没有效力，该建议以 11∶5 通过，最终规定于《德国一般商法典》第 356 条。

---

❶ Ulrich Huber, Leistungsstörungen, Band Ⅱ, 1999, S. 328.
❷ 关于宽限期解约的历史，参见 Ulrich Huber, Leistungsstörungen, Band Ⅱ, 1999, S. 342 ff.

在 2002 年《德国债法现代化法》生效之前，"宽限期设置"解约并没有成为债权人解除合同的一个普遍适用的基本规则，尽管旧的《德国民法典》第 326 条也规定了"宽限期设置"解约，但是因为同时存在大量的不同规定，导致法律状态的混乱，甚至出现价值矛盾的情况。❶《德国债法现代化法》第 323 条将宽限期设置规定为解除合同的一般性要件，使"宽限期设置模式"成为德国民法合同解除的主要依据，也成为"重大违约模式"之外的另一种主要的合同解除制度。

一、宽限期设置解约模式——重大违约解约模式之外的另一种选择

民事法律制度上升到立法层面，便脱离了当事人的自由意志，直接反映立法者的意志或者客观的"规范意旨"，因此探寻法律制度背后的法律基础，明确法律概念中的价值负荷，将直接影响该制度的理论构建，❷对于合同的解除制度同样如此。

（一）宽限期设置解约的功能

在实际履行和契约严守基本原则下，债权人的首要利益在于实现自然给付，当债务人不履行或者履行出现瑕疵时，除了履行不能的情况，债权人第一性的权利是补救履行请求权，解除合同只是后位的，或者说是辅助性的权利，因此法律应当保证债权人取得履行的给付。为了实现自然给付利益，只要给付障碍的形式允许，债权人就应当为债务人设定一个合理的等待的期限。这种

---

❶ 转引自 Claus – Wilhelm Canaris, Teleologie und Systematik der Rücktrittsrechte nach dem BGB, In: FS Krohpholler 2008, S. 10.

❷ 陆青：《合同解除效果的意思自治研究——以意大利法为背景的考察》，法律出版社 2011 年版，第 20 页。

模式保障了，或者说加强了大陆法系的"自然履行优先原则"以及契约严守原则。❶

宽限期设置的另一个功能是警告债务人。通过设置宽限期，债务人可以明确知道债权人对给付的期待，如果债务人对此置之不理，则债权人可以解除合同。因为在契约严守原则下，仅仅违约并不足以导致合同解除，还要求其他附加条件，比如违约的"重大性"等。合理宽限期经过，债务人仍不履行就是使合同可以解除的附加条件，从这方面来看，宽限期设置使债权人解除合同成为可能——如果债务人在合理的宽限期内仍然"空手而立"，那么原则上他不能期待债权人遵守契约。❷ 另外，宽限期设置解约也有保护债务人的功能。一方面，法律规定债权人在一般情况下必须设置宽限期，可以避免债权人把履行瑕疵当成解除合同的借口，这种情况主要发生在给付条件不利于债权人或者市场条件发生了不利于债权人的变化的时候。另一方面，要求债权人必须先设定补救履行的宽限期，是为债务人提供了第二次履行的机会，或者称第二次供货，使债务人可以取得对待给付。❸

综上所述，"宽限期设置解约"具有同时保护债权人解除合同的利益和债务人维持合同的利益的双重功能，❹ 立法者用一种相对

---

❶ Claus – Wilhelm Canaris, Teleologie und Systematik der Rücktrittsrechte nach dem BGB, in: FS Krohpholler 2008, S. 3 ff.
❷ Claus – Wilhelm Canaris, Teleologie und Systematik der Rücktrittsrechte nach dem BGB, in: FS Krohpholler 2008, S. 5.
❸ Stephan Lorenz, Nacherfüllungsanspruch und Obliegenheiten des Käufers: Zur Reichweite des "Rechts zur zweiten Andienung", in: NJW 2006, 1175.
❹ Moriz Bassler/Philipp Büchler, Die Reform des Rücktrittsrechts, in: AcP 2014, 893.

简单的程序规定实现双方利益的平衡。❶ 正因为如此，相较重大违约解约模式，宽限期设置解约模式能够使债权人和债务人之间的利益达到一个更为合理的平衡，被认为是《德国民法典》中的一个成功的规定。❷ 在宽限期设置解约模式下，设置合理的宽限期是债权人的不真正义务，如果不设置宽限期，债权人在一般情况下将失去解除权以及损害赔偿请求权。

合同的解除制度赋予了债权人单方面摆脱合同束缚的权利，这与私人自治原则违背，因为订立合同由双方当事人共同决定，但是解除合同对合同的另一方（被解除方）而言是"他人决定"。在法律历史和比较法中出现过不同的解决该问题的制度，比如认为在合同中包含了一个生效条件——合同的给付以对待给付为条件，当一方得不到满足时，则可解除合同，该理论又被称为"默示解除条件说"，❸ 或者规定合同的解除以债务人对履行障碍有过错为条件，抑或者规定由法院裁判解除合同，从而缓解"他人决定"为被解除方带来的不公。但是这些方案并没有实际解决合同解除制度中的私人自治问题，第一种解决方法因为解除权的形式多样，仅仅依据私人自治不足以解决问题；第二种解决方法的基础理念是自己责任；第三种解决方法恰恰也违反私人自治。宽限期设置解约模式更好地考虑到合同双方当事人的私人自治。当债权人为债务人设置宽限期时，他其实是为债务人提供履行或者补救履行的机会，此时合同是否能被解除由债务人决定，如果他在宽限内提供完全的、符合约定的给付，则合同不得被解除。债务

---

❶ Elena Dubovitskaya, Fristsetzung im Schuldrecht: Neue Obliegenheit für den säumigen Schuldner?, in: JZ 2012, 328.

❷ Ulrich Huber, Leistungsstörungen, Band Ⅱ, 1999, S. 328 ff.

❸ 比如《法国民法典》第1184条第1款规定："双务契约中，凡是当事人一方不履行其义务的情形，均不言而喻地存在解除条件。"

人的私人自治在宽限期设置解约模式中得到充分保障。宽限期经过无果后，是否解除合同则由债权人决定。

（二）宽限期设置解约与重大违约解约的关联

合同解除的这两种主要的模式（"宽限期设置解约"和"重大违约解约"）并非彼此严格区分或者对立，而是在很多方面具有统一性。共同之处在于，这两种模式都是从要件上将债权人利益所受的危险具体化，借以确认债权人利益的受损程度达到解除合同的界限，同时也限制债权人解除合同的权利，保护债务人的利益。不同之处在于，重大违约解约模式为实体方面的要求，宽限期设置解约模式属于形式上的手段。根据重大违约解约模式，当债务人没有给付或者给付不符合约定导致债权人的利益因此受到重大损害时，债权人才可以解除合同。但是这种实体上的违约的"重大性"定义很模糊，需要予以具体化，而将这样一个抽象的概念具体化并非易事，宽限期设置解约模式则可以在一定程度上避免这个缺点。宽限期设置解约模式的构建理念是，如果债务到期债务人未给付或者给付有瑕疵，而债权人设置恰当的履行或补救履行宽限期的情况下仍未及时得到完全的、符合合同约定的给付时，则债权人有理由怀疑，债务人要么不想给付，要么不能给付，在此情况下，可以高度合理地认为，债权人给付利益遭受的危险程度超出了他应当承受的界限，单方面解除合同的权利边界因此得以突破，在这种情况下债权人解除合同具有合理性。

德国民法所确立的"宽限期解约模式"又被称为"宽限期设置解约模式"，或者"形式"宽限期模式，因为该模式要求债权人为债务人的履行或者补救履行"设置"合理的宽限期。"设置"宽限期是程序上的要求，即债权人在要求债务人履行或者补救履行时，形式上也必须同时设定履行期限。与之对应的是"实体宽限期模式",这种解除合同的模式为《欧洲消费品买卖指令》所采取,其含义是,如果给付的消费品不符合合同要求,债权人只需要提出再供货或者排除瑕疵这样的补救履行请求权,不必同时"设置"补救履行的期间,或者说,不必有时间上的要求。在这种合同解除的模式下,虽然债权人不必在主张补救履行时同时设定履行期限,但是债务人补救履行并非没有时间限制,他必须在合理的时间内提供补救履行。换言之,债权人向债务人提出补救履行后,只需要等待合理的时间长度,如果债务人仍未提供符合约定的给付,债权人可以解除合同。这种解约模式不要求债权人在形式上设置宽限期,但是实际上债权人必须给予债务人合理的补救履行的期限,因此被称为实体宽限期解约模式。

尽管"宽限期设置解约模式"和"重大违约解约模式"被认为一个是形式上的设置,一个是实体方面的要求,但是现代合同解除制度并没有将"形式"和"实体"全然区分开,比如设置宽限期时还要求宽限期的长短是"合理的",这属于实体方面的要求;再如《德国民法典》在第 323 条第 5 款中规定了部分给付解除合同时要求债权人对该部分给付没有利益,瑕疵给付解除时要求瑕疵不能不显著,瑕疵是否显著主要从瑕疵引起的价值减少方面予以判断等,都是实体方面的规定。反之,在以"重大违约"为解除合同的标准的立法例中,也会规定通过设置合理宽限期来解除合同,比如《联合国国际货物销售合同公约》第 49 条第 1 款第 2 项、第 64 条第 1 款第 2 项等,但是这里的宽限期只是"重大违约"的一个替代,只有不供货时才适用,供货不符合约定的情况不能适用,❶ 从体系上看,第 49 条第 1 款第 1 项和第 64 条第 1

---

❶ Claus - Wilhelm Canaris, Teleologie und Systematik der Rücktrittsrechte nach dem BGB, in: FS Krohpholler 2008, S. 10.

款第 1 项规定了合同解除的基本理念是存在"重大违约",其中各自的第 2 项则是第 1 项的补充选择,其目的仍然在于确定违约具有重大性,因为根据第 2 项,债务人在宽限期内不履行,原本不具有重大性的违约升格为重大违约。❶

二、如何有效"设置"宽限期

根据宽限期设置解约模式解除合同,要求债权人有效地设置宽限期。《德国债法现代化法》生效之前,旧的德国民法典要求债权人设置宽限期时同时以拒绝相威胁。根据该规定,债权人在设置宽限期的时候应当同时声明,宽限期过后他将拒绝接受债务人的给付,但是有效的宽限期设置不要求结束的时间具有确定性,比如债权人可以要求债务人"及时提供给付,否则将不接受"。《德国债法现代化法》将"以拒绝相威胁"这一要求取消,这情况下,面临的一个问题是,债权人怎样设置宽限期才有效。

(一)"最后通牒式"的对外表达

设置宽限期是为了给债务人以压力,促使他依约履行。根据德国科隆高级法院的要求,债权人必须向债务人明确表达"这是债务人最后一次依合同履行的机会",❷ 因此他要用一个最后通牒式的词语表达这种意思。但是理论中的观点认为,债权人的表述要求明确且具有强调性,目的是强调给付请求的警告性,对债权人而言,设置宽限期是他施压的手段,是使债务人感觉到时间的紧迫性,这样可以保证宽限期设置的效率。但是并不要求宽限期具有最后通牒的性质,否则当宽限期经过无果后,债权人就没有

---

❶ [韩] 成升铉:《联合国国际货物销售合同公约解除制度模式的比较法史研究》,崔吉子译,载《清华法学》2011 年第 5 期,第 131 页。

❷ OLG Köln, in: ZGS 2003, 392, 393.

机会主张给付，不能要求严守契约，这与宽限期设置解约模式的目的不相符。实际上，宽限期经过后，债权人还可以设置新的宽限期，继续要求债务人履行，或者债权人也可以延长宽限期。❶ 从功能、定义以及德国债法体系上看，设置宽限期包含的内容是"要求债务人在设置的期间内履行或者补救履行"，❷ 重要的是它的催告功能。❸ 宽限期设置的目的不是给债务人"最后一次"机会，而是给他"第二次"机会，债权人在设置宽限期时内心允许保留：即使债务人在宽限期经过后仍然不提供给付，他仍然不准备解除合同，继续要求债务人履行。如果债权人以最后通牒式的表达设置宽限期，那么宽限期无果后原则上他不能再接受债务人的给付。

2002年前的《德国民法典》第326条第1款关于宽限期设置要求债权人明确表明，不及时履行将拒绝接受给付，这种表述说明债务人的履行机会是最后一次，这样的意思表示具有形成效果，即违约方如果不及时完全履行则合同自动解除。在《德国债法现代化法》中，立法者有意取消了"拒绝接受威胁"这一要件要求。这意味着宽限期设置不再具有形成效力，宽限期内违约方不及时提供符合约定的履行不必然引起合同解除，合同是否解除取决于非违约方解除的意思表示。这样的话，在设置宽限期的时候就不再要求必须是最后通牒式的表达。从定义上看，宽限期设置要求在设置的期限内完成补救履行，并不包括最后通牒的意义。

尽管不需要"最后通牒式"的表达，但是提示给付义务，或者有礼貌的请求给付不能构成设置宽限期的要求，因为这种表达

---

❶ Peter Mankowski, Wie setzt man eine Nachfrist richtig?, in: ZGS 2003, 452.
❷ Peter Mankowski, Wie setzt man eine Nachfrist richtig?, in: ZGS 2003, 453.
❸ Daniel Zimmer, Das neue Recht der Leistungsstörungen, in: NJW 2002, 1, 5.

方式不能体现出警告的作用，债务人也不能感受到来自债权人方面的时间上的压力。实践中，为了督促债务人履行或者补救履行，通常建议债权人在设置宽限期时选择比较尖锐的表达方式，甚至可以附加过期拒绝接受给付的威胁，但这并不影响接受宽限期过后提供的给付，或者再设置新的更长的宽限期。

（二）是否要求具体的结束日或确定的期间

尽管德国民法中的宽限期模式被称为"形式宽限期"，但是因为要求设置的宽限期具有"合理性"，因此该模式也有"实体"性质。从纯理论上看，立法者可以选择一种绝对形式化的宽限期设置解约模式，不对宽限期的合理性作出要求，这种模式的优点是法律的确定性，但是缺点是很容易产生债权人专断的风险，比如债权人为了尽快解除合同将宽限期设置得很短，这样就导致实际上宽限期设置形同虚设，债务人根本不能获得再次履行的机会，[1]也不能在债权人利益和债务人利益之间形成一种平衡。因此，宽限期设置解约模式的本质决定了宽限期不可能没有实体上的因素。[2] 在这方面必须要考虑的问题是债权人如何"设置"宽限期，才能满足实体方面的"合理性"要求。

理论界的一种观点认为，债权人应当设置一个清楚确定的宽限期间，[3] 这样不至于使债务人对解除合同和主张损害赔偿感到惊讶。简单地从定义上看，宽限期设置的意思是明确了结束日期或

---

[1] Elena Dubovitskaya, Fristsetzung im Schuldrecht: Neue Obliegenheit für den säumigen Schuldner?, in: JZ 2012, 329.

[2] Claus - Wilhelm Canaris, Teleologie und Systematik der Rücktrittsrechte nach dem BGB, in: FS Krohpholler 2008, S. 9.

[3] Elena Dubovitskaya, Fristsetzung im Schuldrecht: Neue Obliegenheit für den säumigen Schuldner?, in: JZ 2012, 328; Raphael Koch, Die Fristsetzung zur Leistung oder Nacherfüllung, in: NJW 2010, 1639.

者特定的期限长度的催告。❶ 另外,一个不明确的宽限期会给当事人,特别是债务人带来法律上的不确定性,因此至少要求宽限期的结束时间点具有可计算性。债务人应当从债权人的警告中知道,他必须在什么时间内提供给付。

另一种观点认为,设置的宽限期不需要具体确定,只要求根据具体情况具有可确定性,❷ 该观点得到了德国联邦普通法院的支持。德国联邦普通法院从两个方面将理论中对宽限期设置的严格要求弱化:过短的宽限期通常延长至合理长度;❸ 债权人可以要求"立即、及时、立刻给付",❹ 或者类似的表达,只要他的表达要能够清楚表明,债务人要在有限的时间内履行。设置宽限期的目的是让债务人感受到时间上的紧迫性,他必须在有限的期间内完成给付的补救,否则将承受合同被解除的后果,这个目的通过"在合理期间""及时""立刻"等表述足以实现,不需要进一步确定具体的宽限期。这种表述可以降低德国宽限期设置模式在实体要求方面的不足,债权人在设置宽限期的时候不需要确定地给出结束日期或确定期间,借此可以避免设置的期间过长给债权人带来的不利,把期间降至最低限度。

要求宽限期具体确定,不符合现实情况。宽限期的合理性是为了能使债务人能够完成已经给付的准备,但是它是由债权人设置,然而债权人并不能了解到债务人对给付的准备情况,通常情

---

❶ Ulrich Huber, Leistungsstörungen, Band Ⅱ, 1999, S. 362.
❷ Othmar Jauernig/Christian Berger, *Das Bürgerliche Gesetzbuch*, 2009, §281, Rn. 6; Heinz Georg Bamberger/Herbert Roth, Kommentar zum BGB, 2007, §281, Rn. 16; Volker Emmerich, Das Recht der Leistungsstörungen, 2005, §18, Rn. 31.
❸ BGH NJW 1985, 2640.
❹ BGH, NJW 2009, 3153.

况下债权人不能准确地判断债务人需要多长时间才能完成给付，所以债权人设置的宽限期的长短是否"合理"，他自己不能提前准确地得知，而只能根据具体的客观情况设置一个他认为合理的期间。如果债权人设置的宽限期是具体的一个时间段，那么可能出现三种情况：第一种情况是债权人设置的期间比实际需要的时间短，这时通说和司法裁判都认为宽限期自动延长为合理的长度；❶第二种情况是设置的期间比债务人实际需要的时间长，债权人此时受制于自己设定的期间，如果债务人不提前给付，债权人必须等到设置的期间结束时；第三种情况是债权人设置的期间恰好合适。无论债权人设置的期间是否合理，过短还是过长，对他而言都充满了不确定性，他在设置宽限期的时候并不能准确地判断期间的长度实际上对债务人而言是否"合理"的长度。出现第一种情况时，理论和实践都认为宽限期自动延长至合理长度，❷但是债权人并不能知悉什么时候期间终止；出现第二种情况时，债权人必须等到他设置的较长的期间结束，宽限期设置的目的是平衡债权人和债务人之间的利益，等待的时间过长是对债权人利益的一种侵犯，对债权人而言是一种不公平；即使在第三种情况中，债权人也不能确定，设置的时间长度是否合适，只能被动地等待。鉴于此，要求设置具体确定的宽限期对债权人而言并不符合实际情况。

前文已述，当设置的宽限期过短时，允许该期间延长至"合理的"期限。这里的"合理的"期限并不是一个确定的日期，只要求是一个根据具体情况可以确定的日期。既然如此，那么就应

---

❶ BGH NJW1985, 2640；NJW 2009, 3153.
❷ BGH NJW 1982, 1279；NJW 1985, 2640；Elena Dubovitskaya, Fristsetzung im Schuldrecht: Neue Obliegenheit für den säumigen Schuldner?, in: JZ 2012, 329.

当允许债权人直接设置一个具有可确定性的日期。设置宽限期的目的是使债务人感受到时间上的压力，督促债务人尽早给付，只要债务人能够在债权人的表述中认识到，他只有及时行动才能避免合同的解除即可。[1] 这种不确定的表述带来的另一个问题是，它是否符合"期间设置"这个定义。"期间设置"在德语中的意思非常广泛，可以是"限定时间""限制时间""确定日期"，德国联邦普通法院要求债权人的表述应当使债务人明白，留给他的给付时间是有限的，"立即给付""马上给付"这样的表述足以使债务人感受到时间上的受限性，这种表达符合"期间设置"的要求。

允许债权人以"立即""及时"等类似表述设置宽限期可以强化债权人的权利。尽管通常认为，宽限期设置解约模式可以更公平合理地平衡债权人的解约利益和债务人的严守契约利益。但是，因为对宽限期的"合理性"的要求，债权人在设置宽限期的时候，很难判断多长的宽限期更合理，他通常都会设置一个较长的宽限期，超过"合理的"长度，这样债权人解除合同的权利在一定程度上受到了不公正的限制，他必须等待的时间超过了应该等待的时间，相反对债务人的利益保护更强。另外，与重大违约解约模式相比，宽限期设置解约模式更容易具体化、可操作性更强。但是判断多长时间的宽限期是"合理的"对债权人而言并非易事，宽限期的所谓的具体可操作性的功能也降低。允许债权人设置不确定的宽限期可以降低宽限期设置解约模式实体上的缺点，至少当债务人方面愿意给付或者再给付时，他可以尽快实施履行行为，不必浪费不必要的时间。总体而言，以"立即""及时"等表达设置宽限期可以使宽限期设置解约更加公正。

---

[1] Winfried Klein, Anmerkung zu BGH: Versäumnisurteil von 12.08.2009, in: NJW 2009, 3154 ff.

另一个问题是，如果允许债务人设置一个不具体确定的宽限期，宽限期设置解约模式是否会向实体宽限期解约模式逃逸。在《欧洲消费品买卖指令》规定的所谓的"实体宽限期解约模式"中，债权人只需要求债务人履行或者补救履行，不必要求履行或补救履行的期间，债务人方面体会不到时间上的紧迫性，经过合理期间债务人不履行后，债权人可以解除合同。在"设置"宽限期时，即使债权人的表述只是"立刻""及时"等，债务人仍然能够感受到时间方面的压力，这与实体宽限期解约模式具有本质的差异。如果说宽限期设置相当于在解除合同和损害赔偿之前设置了一个"障碍"，那么这个"障碍"并不能因为设置宽限期时这种日期不确定的表述而消失。一言以蔽之，债权人在设置宽限期时使用"立即""及时"等类似表述已足。

（三）债务人的反应义务

宽限期设置解约模式中不可能没有实体因素，债权人设置的宽限期从时间长短上看必须是"合理的"，但是这种实体上的要求却隐藏了法律上的不确定性。无论债权人是设置了一个具体确定的宽限期，还是仅仅设置了一个具有可确定性的宽限期，比如要求"立即"给付，债权人的处境几乎都没有改善，他同样无法准确地判断债务人到底经过多长时间能提供给付，无法判断他设置的宽限期的长度是否合理。从宽限期设置解约模式的功能来看，该制度的目的是更合理地平衡债权人和债务人之间的利益，实际上，在该制度中，债务人所处的地位更为有利，因为对债务人而言，他至少可以明确知道，宽限期的长度对他而言是否合理，特别是宽限期过长时，他可以充分利用这个过长的宽限期。对债权人而言，如果他设置的宽限期过短，则自动延续为合理长度，但是多长是合理的，他不能确定。实践中，因为这种法律的不确定性，债务人通常会设置一个较长的宽限期。

为了解决这个问题，可以为债务人设定反应义务——他应当及时表示，债权人设置的宽限期是否合理。原因显而易见，债务人自己通常了解他对履行或补救履行的准备情况。这种要求在实践中主要对宽限期过短的情况有意义，因为如果宽限期太长对债务人有利，他一般不会向债权人主张缩短宽限期。如果债务人在合理时间内不告知债权人宽限期过短，则不允许过后提出宽限期过短，否则可以认为其违反诚实信用原则。债务人在主张宽限期过短的同时必须说明主要的理由，并建议合适的期间。❶ 另外，当债权人设置宽限期时用的表达是"立即""马上""在合理时间内"等词语时，债务人的反应义务体现在他应当告知债权人他履行或补救履行所需要的时间。承认债务人有反应义务，至少可以规制那些在经济上处于强势地位的债务人，因为处于弱势的债务人通常对债权人有经济上的依赖性，当宽限期过短时，他们会积极对债权人设置的宽限期作出反应，请求推迟履行。债务人的反应至少可以让债权人间接观察到债务人的情况。虽然债权人不能确定债务人的主张是否符合真实情况，但是至少可以对未来的风险有一定的判断。债务人的反应义务是一种不真正义务，不及时反映，则受其约束。

债务人的反应义务对宽限期设置解约模式的整体构建有利。宽限期设置解约制度的优点之一是可以避免重大违约解约模式中违约的"重大性"难以确定这一缺点，但是该优点因为该模式要求宽限期的长度具有"合理性"而被削弱。因此，允许债权人在设置宽限期时可以使用"立刻""在合理时间内"等可确定的表

---

❶ Elena Dubovitskaya, Fristsetzung im Schuldrecht: Neue Obliegenheit für den säumigen Schuldner?, in: JZ 2012, 332.

达，这样可以改善债权人所处的不利地位，但这又带来了法律上另外的不确定性。债务人的反应义务恰恰可以避免宽限期设置解约模式的上述缺点，债权人不必再小心谨慎地设置较长的宽限期，而是根据自己的判断设定一个具体的宽限期，或者设置一个"可确定"的宽限期，静待债务人的反应即可。债务人的反应义务使宽限期设置后的法律状态更快地变得明确，债权人不必长时间面对一种不确定性。除此之外，宽限期设置是债权人的不真正义务，如果再对债务人设定相对应的不真正义务，可以促进双方的信息交流与合作，有利于提高合同实现的效率。宽限期设置解约模式的功能之一是保障契约严守原则，债权人和债务人之间的合作对此亦有促进功能。

（四）设置的宽限期对债权人的约束力

2002 年《德国债法现代化法》生效前，旧《德国民法典》第 326 条中的宽限期设置被通说认为是具有形成效果的意思表示，❶ 因为债权人在设置宽限期的时候同时附加拒绝接受的威胁，这意味着债权人同时表示了宽限期无果后解除合同的意思。❷ 现行《德国民法典》第 323 条中的宽限期设置不再具有形成效果，但是设置的合理宽限期无果后，解除权的产生不依赖于债权人的意思，因此现在的宽限期设置不是意思表示，而是需受领的准法律行为。❸ 这种争议并无实际意义，因为适用于意思表示的法律条款类推适用于准法律行为中。❹

宽限期设置后，并不产生绝对约束的法律效力，债权人可以

---

❶ BGHZ 114, 366.
❷ Wolfgang Ernst, in: Münchener Kommentar zum BGB, §323, Rn. 50.
❸ Dieter Medicus/Stephan Lorenz, Schuldrecht I AT, 20. Aufl., 2012, Rn. 480.
❹ Wolfgang Ernst, in: Münchener Kommentar zum BGB, §323, Rn. 50.

变更宽限期，但是这种变更只限于对债务人有利的变更，比如债权人可以撤回原宽限期，继而设置新的宽限期，但是新设置的宽限期不能比原来的宽限期短，否则将不利于债务人；债权人还可以单方面延长宽限期，这种宽限期的延长可以被认为是第二次的、时间上连续设置的期限，不需要先将原来的宽限期撤回。

如果债权人设置了宽限期，那么他不能主张设置宽限期之前就已经存在宽限期不必要的情况，也不能主张宽限期设置后，突然发生了新的事件导致债权人对履行失去利益，宽限期因此不必要。但是，如果发生的新情况使履行变得不具有合理性，为了保障债权人的利益，此时债权人可以主张交易基础障碍。[1] 宽限期经过无果后，其法律后果虽然是产生了债权人的解除权，但是这只是一种待定的法律状态，债权人既可以主张解除合同，也可以继续要求债务人履行合同。[2]

三、宽限期不必要的情况

宽限期设置解约模式通过为履行契约提供第二次机会，在债权人利益和债务人利益之间形成一种合理的平衡。当无法借助宽限期达到这种利益平衡时，则没有必要设置履行宽限期，债权人可以直接主张解除合同，比如违约的方式或者严重程度导致遵守合同对债权人不具有合理性，或者债务人因为不值得保护而不必为他提供履行或补救履行的机会。

（一）设置宽限期不具有合理性的情况

当债务人的迟延给付导致债权人主要的履行利益客观消灭时，

---

[1] Ulrich Huber, Leistungsstörungen, Band Ⅱ, 1999, S. 502.
[2] Wolfgang Ernst, in: Münchener Kommentar zum BGB, §323, Rn. 45.

债权人可以不设置宽限期直接主张解除合同，此类情况也被称为合同目的不能实现。❶ 迟延的给付对债权人而言失去利益，适用的情况主要是定期交易，❷ 包括绝对定期交易和相对定期交易。设置宽限期的功能之一是实现债权人的自然给付利益，当债权人对给付失去利益时，宽限期设置的功能必定落空，因此没有设置宽限期的必要性，如果在这种情况下仍然坚持要求债权人严守契约，就是置债权人的利益于不顾。

另一种可能出现的情况是，本来因为存在定期交易，债权人不必设置宽限期就有解除合同的权利，但是债权人向债务人提出履行的请求，这时债权人使自己处于一种与其订立合同时的行为矛盾的状态，因为订立合同时债权人的行为表达的意思是，其履行利益与时间联系在一起。随着债权人要求债务人履行，债权人的履行利益不再与时间有密切关联。比如，债权人意欲将给付用作他用，此前的宽限期设置不必要的情况消灭，债权人立即解除权也消灭，否则有违诚实信用原则。❸ 债权人的法律状态回归至通常状态。如果债务人没有及时履行或者履行不符合约定，债权人通常情况下必须设置宽限期。宽限期经过无果，债权人才可以解除合同。

（二）债务人不值得保护的情况

当债务人拒绝履行时，该情况如果发生于履行期届满前，则存在预期违约的情况，但并不限于履行期届满前的拒绝履行，履行期满后，债务人也可以拒绝履行。在此类情况中，债务人通常

---

❶ 王洪亮：《债法总论》，北京大学出版社 2016 年版，第 314-315 页。
❷ 韩世远：《合同法总论》，法律出版社 2011 年版，第 519 页。
❸ Moriz Bassler/Philipp Büchler, Die Reform des Rücktrittsrechts, in: AcP 2014, 902.

没有受法律保护的必要，预期违约时不能期待债权人等待履行期届满才从合同中解脱出来，❶ 他可以在履行期届满前解除合同，更不必再要求债权人设置宽限期，因为再设置宽限期无异于浪费时间。

需要明确的问题是，债务人如何对外表达拒绝给付，才能够满足不需要设置宽限期的情况。如果债务人对外表示的拒绝履行仅仅是暂时性的，那债权人仍然要设置宽限期。一般认为，债务人必须明确无误地表达出他不准备给付，债权人基于他的这种表达不再对给付有所期待；换言之，债务人拒绝给付的表达从第三人的视角来看是债务人的最终表达，债权人没有理由再期盼债务人改变拒绝履行的决定。❷《欧洲消费品买卖指令》要求，拒绝给付必须"明确地"表达，原因在于，非明确的、经解释仍然不能清楚确定的履行拒绝不是法律上重大的拒绝表示。除了语言上明确地、严肃地拒绝履行，还包括债务人以自己的行为表明不履行债务的情况，对于这类情况，也要求通过解释能够确定债务人的行为所表达的拒绝给付的意思明确无疑。

当债务人明确拒绝履行时，不必要设置宽限期的另一个主要原因是，在此情况下也不存在债权人利益和债务人利益之间的矛盾——解除合同和严守契约之间的矛盾，因为债务人明确拒绝履行时，说明他没有契约严守的要求，而这正是阻碍合同解除制度的主要原因。当这个主要原因不存在了，当然没有必要设置宽限期。

（三）违反诚实信用原则的情况

如果债务人的行为违反诚实信用原则，则不能要求债权人设

---

❶ 王洪亮：《债法总论》，北京大学出版社2016年版，第312页。
❷ BGH NJW 2011, 3714.

置履行或者补救履行的宽限期。❶ 比如，债务人进行了欺骗行为，此时要求债权人再给予债务人第二次履行的机会不具有合理性。类似的情况还包括债务人前期的行为使债权人失去了对他的履行能力和履行意愿的信赖；或者已经有充分的证据显示债务人不可能履行或者补救履行；或者债务人的行为矛盾，如一方面他自己主动承诺履行，另一方面却想方设法阻碍债权人设置宽限期。❷ 在以上这些情况中，设置宽限期没有必要，债权人有理由相信设置宽限期不过是空的形式，无异于浪费自己的时间，他可以立即解除合同。

（四）中间结论

当出现上述宽限期设置不必要的情况时，根据重大违约解约模式，债权人同样可以解除合同，因为当违约导致债权人的期待从本质上不能实现时，违约具有重大性。❸ 无论迟延给付导致债权人失去给付利益，还是导致履行不能，最后的结果都是债权人不能实现他的期待利益。债务人明确拒绝履行的结果同样是债权人无法实现订立合同时期待的利益。

《德国民法典》第 323 条第 2 款规定了上述宽限期不必要的情况，可理解为这里是以列举的方式规定了重大违约解除合同的事由。❹ 这样看来，《德国民法典》中的解约制度是一种混合模式。与之相似的是《联合国国际货物销售合同公约》，其第 49 条第 1

---

❶ BGH NJW 2010, 2503; NJW 2009, 2532.

❷ Thomas Riehm, Irrungen und Wirrungen zur Fristsetzung und ihrer Entbehrlichkeit, in: NJW 2014, 2069.

❸ Ulrich Huber, Leistungsstörungen, Band Ⅱ, 1999, S. 496 – 497.

❹ 卡纳里斯认为，《德国民法典》第 323 条第 2 款并非重大违约解约模式，参见 Claus - Wilhelm Canaris, Teleologie und Systematik der Rücktrittsrechte nach dem BGB, in: FS Krohpholle, 2008, S. 14.

款第 1 项确定了该公约中买受人解除合同的基本模式为重大违约解约模式，第 2 项则规定了例外的情况下的宽限期设置解约制度；另有第 64 条第 1 款第 1 项和第 2 项分别规定了卖方重大违约和宽限期经过解除权。在这两个条款中，宽限期设置解约模式只是重大违约解约的一个替代选择；亦言之，一般情况下适用重大违约解约规则，当出现其他违约情形时，才能适用宽限期设置解约模式，❶并且宽限期解约只适用于不供货的情况。以上情况说明，合同解除的这两种通常的模式一般没有严格区分，两者之间并非彼此对立，更多的是一种互为补充的关系。

四、宽限期的再次设置

如果债权人设置了宽限期，但是在宽限期内债务人仍然"没有或者没有依约定履行"，比如具体的情况包括不履行，仅仅提供了部分给付，或者宽限期内的给付仍然不符合合同约定（瑕疵给付），那么债权人是否还必须再次设置宽限期，要求债务人全部履行或者消除瑕疵？这种情况的具体表现形式多样，总体上区别为原始缺陷未彻底消除和多重障碍，前者包括不给付之后仅部分给付、瑕疵给付后的再给付仍有瑕疵等，后者主要表现为不给付之后的瑕疵给付，嗣后又浮现新的瑕疵等情况。

对于这个问题，卡纳里斯提出了"一体原则"，对此持否定态度，认为无论是债务人提供了部分给付还是瑕疵给付，只要债务人没有充分利用宽限期进行完整的、符合合同约定的履行，就存在"宽限期经过无果"的情况，债权人不必再设置新的宽限期，可以直接解除合同。当然，如果债权人愿意，可以再次设置宽限

---

❶ [韩] 成升铉：《联合国国际货物销售合同公约解除制度模式的比较法史研究》，崔吉子译，载《清华法学》2011 年第 5 期，第 116 页。

期。与之对应的是"单独考虑原则",根据该原则,每个不符合合同约定的给付应当根据自己的法律意义单独判断是否有必要再设置宽限期。❶"单独考虑原则"要求区别对待原始瑕疵未彻底消除和多重障碍的情况。

(一)原始缺陷未彻底消除

债务人没有及时履行,或者宽限期内仅仅提供了部分履行(量的瑕疵给付)(这种情况被称为"不履行后又提供部分履行"),通常认为债权人这时可以拒绝接受,待宽限期经过后,直接解除合同,不必再次设置宽限期。这是"宽限期经过无果"的一般情况,债权人在设置宽限期的时候期待的是完全的给付,债务人也有机会提供完全的给付。如果债权人接受了部分给付,那么他一般情况下只能部分解除合同,只有当他对部分给付没有利益时,才可以解除全部合同,同样不必再设置宽限期。如果部分给付之后,债权人设置的宽限期没有经过,债务人仍然可以继续利用剩余时间,提供完全给付。

瑕疵给付后在宽限期内未彻底消除原始瑕疵,比如修理不成功,或者替代给付的标的物有同样的瑕疵。通说认为,债权人不必再设置宽限期,即使他因为没有注意到瑕疵的存在而接受了给付,发现瑕疵后仍然可以直接解除合同,并主张替代给付的损害赔偿。当然,瑕疵不能无关紧要。原因简单明了,债权人在设置宽限期的时候,就是要求债务人消除这个具体所指的缺陷,如果债务人没有有效利用这次机会,债权人可以将接受的给付退还,解除合同。如果发现瑕疵时,原来设置的宽限期没有经过,债权人应当通知债务人,债务人可以利用余下的时间消除瑕疵。如果

---

❶ Wolfgang Ernst, in: Münchener Kommentar zum BGB, §275, Rn. 15 ff.

债权人没有及时向债务人指出瑕疵，使债务人失去修正的机会，债权人也不会因此失去解除权，但是损害赔偿请求权会受到影响，因为债务人无过错。❶

(二) 多重障碍

与上述情况不同的是所谓的"多重障碍"。

1. 不给付后宽限期内提供瑕疵给付

对于此类情况的解决途径，理论界颇有争议。部分学者提出，要根据债权人是否接受给付区别对待，只有当债权人拒绝接受瑕疵给付时，才允许不再设置新的宽限期，直接解除合同。❷ 部分学者则认为，即使债权人接受了债务人提供的瑕疵给付，也可以直接主张解除合同，不必再设置宽限期。❸ 债务人的义务是在宽限期内提供完全的、无瑕疵的给付，该义务他在宽限期中也没有履行。❹ 另有观点正相反，认为此时债权人必须再设置宽限期，再次设置的宽限期针对的是瑕疵给付，是为了让债务人可以再次提供无瑕疵的给付或者排除瑕疵。❺ 从体系上看原始履行和补救履行并不相同，不给付后的宽限期是为了给债务人提供履行的机会，瑕疵履行后的宽限期是为了给他提供补救履行（包括再给付和排除

---

❶ Barbara Dauner-Lieb, Zur Reichweite des Vorrangs der (Nach-) Erfüllung beim Kauf, in: Festschrift für Canaris 2007, S. 151-152.

❷ Palandt, Bürgerliches Gesetzbuch, 66. Aufl., 2007, §281, Rn. 12; Wolfgang Ernst, in: Münchener Kommentar zum BGB, §323, Rn. 88.

❸ Braun, in: ZGS 2004, 423, 424; Schwab, in: JR 2003, 133; Wiotkewitsch, in: MDR 2004, 862, 863.

❹ Dietrich Reinicke/Klaus Tiedtke, Kaufrecht, 2004, Rn. 472.

❺ Palandt, Bürgerliches Gesetzbuch, 66. Aufl., 2007, §323, Rn. 19; Stephan Lorenz, Einmal Vertretenmüssen - immer Vertretenmüssen? - Zum Verhältnis von Fristablauf und Vertretenmüssen beim Schadensersatz statt der Leistung, in: Festschrift für Ulrich Huber, 2006, S. 423, 429.

瑕疵)的机会。

债务人不履行时债权人设置的宽限期的目的之一是督促债务人提供无瑕疵履行。当债权人要求债务人在一定期限内履行时,其内容既包含了对给付的数量上的要求,也包含了对给付的质量上的要求。对此,一个理性的债务人应当知情,并且当债权人设置履行的宽限期时,债务人完全知道他的履行义务的范畴,换言之,他能具体确定完全履行的内容,要求债务人在宽限期内提供完全给付具有合理性。宽限期过后,债务人提供的给付有瑕疵,这意味着,债权人向债务人要求的内容至少没有得到完整的满足,这时可以认为宽限期经过无果。[1] 另外,如果债务人在不履行的宽限期内提供了瑕疵履行,说明他没有充分利用债权人提供的"第二次机会",应当承担产生的不利后果。要求债权人再次设置宽限期是对债权人利益的损害,有违宽限期设置的功能——平衡债务人利益和债权人利益。因此,在"不履行后的瑕疵履行"的情况中,不应当要求债权人再次设置宽限期。

2. 原始瑕疵排除后又出现新瑕疵

另外一种情况是,宽限期内债务人有效地排除了原始的瑕疵,但是嗣后又浮现出其他瑕疵——该瑕疵在风险转移时已经存在,只是没有被发现。根据"一体原则",债权人可以立刻解除合同,不必再次设置宽限期,该原则不区分对待不同情况,过于简单草率。"单独考虑原则"认为,应当为之后浮现的瑕疵再设置独立的宽限期,因为该瑕疵与之前设置的宽限期没有任何关联,新浮现的履行障碍应当基于其自身的法律意义以及之前的宽限期的具体

---

[1] Barbara Dauner‐Lieb, Zur Reichweite des Vorrangs der (Nach‐) Erfüllung beim Kauf, in: Festschrift für Canaris, 2007, S. 154.

目的来判断,是否需要再次设置宽限期。宽限期的设置要求具有"合理性",这个适当性要根据不同的给付请求来具体判断,债权人在设置宽限期的长度时,其目的是针对已经知道的瑕疵,并没有考虑其他未浮现的瑕疵。

债权人是否需要再次设置宽限期,还要从宽限期有效发挥功能的前提条件分析。宽限期设置在法律上有意义的前提是,债权人所要求的在宽限期内进行的给付已经确定,宽限期针对的是引起这个具体给付的债务人的行为。❶ 设置宽限期的目的是让债务人有机会避免合同的解除,只有债务人知道他具体应该做什么,才能有效地利用这次机会按合同进行给付。只有给付请求的内容是排除特定的瑕疵,而该瑕疵在宽限期内未被有效排除,才成立"宽限期经过无果"。债权人为某个具体的给付瑕疵设置了宽限期,债务人及时有效地排除了该瑕疵,这说明宽限期取得了预期的效果。如果之后又出现了另外一个瑕疵,债权人此前设置的宽限期与该瑕疵并无直接关系,债务人对此也不知情,自然就不知道具体应该做些什么,来排除这个瑕疵,因此对新浮现的瑕疵而言,不存在"宽限期经过无果"的情况。债权人对新出现的瑕疵不能不设置宽限期,而直接解除合同,新出现的瑕疵不属于之前设置的宽限期内要求给付的行为的范畴中。❷

宽限期设置一方面保障了债务人有机会通过再次提供给付获得对待给付,另一方面在债务人不履行时可以保障债权人的履行请求权,在债务人瑕疵履行时保障债权人的补救履行请求权。但是这种排除瑕疵的机会必须有其界限,债权人不能陷入不断设置

---

❶ Barbara Dauner – Lieb, Zur Reichweite des Vorrangs der (Nach –) Erfüllung beim Kauf, in: Festschrift für Canaris, 2007, S. 156.

❷ Wolfgang Ernst, in: Münchener Kommentar zum BGB, §323, Rn. 88.

宽限期的循环中，如果浮现的瑕疵过多，便意味着给付不能达到合同目的，可以依重大违约解除合同，不必再设置宽限期。再次设置宽限期的频率以一次为宜。

（三）中间结论

宽限期内债务人不给付，或者给付出现本节所述的瑕疵时，不能适用"一体原则"全面否定再次设置宽限期。宽限期并不是为了给债务人最后一次履行的机会，而是第二次机会。依据"单独考虑原则"，结合再次出现的瑕疵给付的特点判断，只有在原始瑕疵排除后又出现新瑕疵的情况中，债权人才需要再次设置宽限期，其他情况中不能要求债权人再次设置宽限期，否则债权人的利益将受到不能承受的不利。

五、宽限期经过无果的法律后果

如前文所述，宽限期设置不是一个具有形成效力的意思表示。如果违约方在合理宽限期内没有提供符合合同约定的给付，并不能立即导致合同自动解除。对于非违约方当事人而言，合理的宽限期经过无果后，产生解除权，该解除权的产生不依赖于债权人的意思。解除权本身是形成权，债权人可以解除合同，并同时主张替代给付的损害赔偿请求权。但是在不出现给付不能以及不合比例的情况下，他也可以继续要求违约方进行补救履行。正因为宽限期设置不具有形成效力，通说认为它可以附条件，也可以撤回。不过撤回宽限期没有任何实践意义，因为撤回后为了保护债务人不允许设置更短的宽限期。债权人允许通过单方意思表示延长宽限期，因为这对债务人有利。

宽限期设置解约模式作为重大违约解约制度之外的另一种合同解除制度，其优势主要在于更容易具体化、更容易操作。重大违约解约制度要求的违约的"重大性"或"根本性"过于抽象，实践中难于具体化。尽管宽限期设置解约模式中也要求宽限期具有"合理性"，但是债权人在设置宽限期时可以谨慎地设置一个较长的期间，或者可以借助债务人的反应义务使"合理性"具体化过程更简单、更容易操作。宽限期设置解约模式能更公平地平衡债权人和债务人之间的利益，平衡解除合同和严守契约之间的关系。在设置宽限期后，债务人掌握了主动权，他可以充分利用第二次履行的机会实现自己的合同义务，通过这种方式还可以保障债权人的自然给付的利益；宽限期经过无果，则债权人可以解除合同，他的解除利益也得到充分的保障。另外，在重大违约解约制度中，是否构成重大违约最终由法院进行裁判，这将导致债权人处于一种法律上的不安定状态。若法院最后判定债务人的违约行为不具有法律上的重大性，行使了解除权的债权人要承担损害赔偿责任，这对债权人明显不利。宽限期设置解约模式在很大程度上可以避免债权人承担这样的风险。❶

宽限期设置解约和重大违约解约之间并非彼此对立，而是互为补充，从《德国民法典》和《联合国国际货物销售合同公约》中的解约制度的构建来看，均属于混合模式，但是都有一个主要的解约模式，前者以宽限期设置为主，重大违约为辅，后者恰好相反。当然，无论是重大违约解约模式，还是宽限期设置解约模式，其目的都是避免非违约方在出现不履行或者履行不符合约定时立即解除合同，这样就可以平衡合同双方发生违约时对立的利益关系。立法最终采取宽限期设置解约模式，还是采取重大违约解约模式，主要是基于法律政策方面的考量。不管怎样，德国民

---

❶ [韩] 成升铉：《联合国国际货物销售合同公约解除制度模式的比较法史研究》，崔吉子译，载《清华法学》2011年第5期，第132页。

法中的"宽限期设置解约模式"都为我们提供了一个可以借鉴的典范。从比较法的视角来看，宽限期设置解约也被多个立法例采纳，足见其存在的合理性。

六、我国合同解除的"宽限期模式"分析

我国合同类的法律对宽限期解约模式并不陌生。根据《民法典》第 563 条第 1 款第 3 项的规定，一方迟延履行主要债务，经"催告后"在合理宽限期内仍未履行，可以解除合同。对于催告，通常的理解是"要求债务人履行义务"，❶ 其功能是警告债务人，其目的是给债务人第二次机会，❷ 但是"催告"本身只要求债权人要求履行的意思明确，并不必然包含履行的期限、后果威胁等内容，❸ 当然，债权人可以在进行催告时设定具体给付的期限，即有日期的催告。《民法典》第 563 条第 1 款第 3 项中使用了"经催告后在合理期限内"这样的表达，说明我国合同解除的这一制度不具有"设置"宽限期的性质，只要债权人明确要求债务人给付已足。该条款与《欧洲消费品买卖指令》中的规定如出一辙，属于实体宽限期解约模式，即债权人向债务人提出履行要求时不必同时设置履行期限，但是需要等待合理的期间经过。宽限期经过无果后债权人才能解除合同。

《民法典》第 563 条中的宽限期解约为"实体宽限期解约"，其优越性弱于"宽限期设置解约"制度。实体宽限期解约不需要

---

❶ 韩世远：《合同法总论》，法律出版社 2011 年版，第 395、398 页；Palandt, Bürgerliches Gesetzbuch, 66. Aufl., 2007, §286, Rn. 16.

❷ 王洪亮：《债法总论》，北京大学出版社 2016 年版，第 313 页。

❸ Wolfgang Ernst, in: Münchener Kommentar zum BGB, Band Ⅱ, 6. Aufl., §286, Rn. 48; Palandt, Bürgerliches Gesetzbuch, 66. Aufl., 2007, §286, Rn. 17；韩世远：《合同法总论》，法律出版社 2011 年版，第 398 页。

同时设定履行期间,不能对债务人形成时间上的压力,不利于合同实现的效率。在实体宽限期中,双方对时间的限制没有明确的信息,债权人单方面等待"合理的"期间经过,债务人也只能被动地接受,这样徒增法律上的不确定性。与宽限期设置解约模式相比,实体宽限期模式只要求债权人向债务人提出履行的要求,即催告,在催告的同时不对履行的时间作出限制,这种催告方式不会使债务人感受到时间上的紧迫性,不利于督促债务人及时履行合同债务或者提供补救履行。

第四节 合同解除的法律后果

解除权人行使解除权后,其后果取决于当事人在此时是否已经给付。如果双方当事人没有给付,则免除给付义务;如果已经有给付发生,则产生清算法律关系,即已经给付的部分返还给相对人,给付消灭的,赔偿其客观价值,有收益的,同时返还收益。

一、标的可以返还时的法律后果

在标的物可以返还的情况下,除了返还标的物,还产生以下几种法律后果。

(一)折旧费补偿

合同解除后,接受标的物一方除了返还标的物,还要向对方支付标的物的折旧费。折旧费是对使用利益的补偿。❶ 所谓使用利

---

❶ 在(2017)苏02民终1859号案中,一审法院认为,违约条款中约定的使用费是承担违约责任的一种方式,该观点需要商榷。

益，是指买受人利用标的物而获得的利益。标的物的使用利益一般由物的本质决定，比如使用住宅提供了居住利益，使用机动车提供的是出行方便利益等。需要注意的是，"折旧费"并不是在任何情况下都以实际使用标的物为条件，补偿折旧费的理念也可能建立在买受人随时可以使用标的物的基础之上，因为时间的经过也可能引起标的物价值减少；❶ 但是标的物因为存在质量问题无法使用的，时间的经过不引起使用费补偿。❷

在确定折旧费用额度时，遵循以下几个规则。

1. 约定优先

实践中当事人在很多情况下会约定折旧费的计算方法，法院一般尊重当事人之间的约定。❸ 所用术语不限于"使用费"，可能是"折旧费"等其他术语。❹ 经常发生的情况是，约定的折旧费超过标的物本身的市场价格，❺ 或者约定的使用费与标的物剩余价值之和超过标的物实际价格。对此法院意见有分歧，部分法院认为这种约定显失公平，❻ 部分法院认为基于意思自治约定有效。❼ 本书认为，使用费是对使用利益的补偿，虽然基于私人自治约定的使用费可以超过实际"折旧费"，但是约定的使用费过高，比如

---

❶ Jan Schürnbrand, in: Münchener Kommentar zum BGB, §508, Rn. 28.
❷ （2015）一中民（商）终字第 4858 号判决书。
❸ （2017）桂 01 民终 7676 号判决书；（2017）辽 01 民终 5010 号判决书；（2016）冀 01 民再第 30 号判决书；（2016）陕 0525 民初 634 号判决书。
❹ 2018（吉）01 民终 706 号判决书。
❺ 在（2017）黔 01 民终 2937 号判决书中，当事人约定的计算标准为"……自提货日起至出卖人收回之日止按 3 000 元/天支付使用费"，现原告自行调整为 800 元/天，按此标准及被告实际使用挖掘机 908 天计算为 726 400 元，超过标的物单价；在（2018）苏 02 民终 742 号判决书中，当事人之间约定的使用费是 1 008 000 元，而标的物的价格是 90 万，使用费超过标的物价格。
❻ （2017）黔 01 民终 2937 号判决书。
❼ （2018）苏 02 民终 742 号判决书。

使用费超过标的价格的,有违诚实信用原则,法院应当予以调整。

2. 一般租金标准

根据一般租金确定使用费的前提条件是,标的物有出租市场,否则无法确定一般租金标准。实践中的情况是,不动产一般根据同地段的不动产租金确定使用费,[1] 动产一般由法院或评估机构根据当地市场租金确定使用费。[2]

在德国,晚近司法裁判认为,根据一般租金确定使用费的情况对动产不适用。动产的使用费应当依据时间比例产生的价值减少来确定,亦即,以客观价格为基础,根据实际使用时间和可能使用的总时间的比例关系确定使用费。[3] 原因是,购买动产和租赁动产在经济上一般不具有价格相当性,[4] 购买动产的价格一般会低于租赁动产的价格,因为出租人要在购买价格之外赚取租金。按一般租金计算使用费对不动产适用,因为不动产一般不会因为时间的经过价值减少,无法按照实际价值减少来确定使用费。

解除的法律后果是合同关系转化成清算关系,并不是转化成租赁关系。清算的后果是法律关系恢复原状,对动产而言,根据租金计算的使用费要比按市场价值计算的使用费高,出卖人实际从中获得利益。因此根据使用时间和客观市场价值确定动产使用费具有合理性基础。

3. 通常价值折旧

对于那些不可出租或者没有租赁市场的标的物,应按其通常

---

[1] (2017)内25民终1360号判决书;(2017)苏13民终2310号判决书。
[2] (2017)苏02民终1859号判决书;(2017)苏02民终1860号判决书;(2013)云商初字第1468号判决书。
[3] Reinhard Gaier, in: Münchener Kommentar zum BGB, §346, Rn. 27.
[4] Stresemann, in: Münchener Kommentar zum BGB, §100, Rn. 10.

价值估定折旧价值。❶ 在这种情况下，计算使用费的出发点是，物的价值由其可使用的时间长短决定，在计算使用费时一般是考虑实际使用时间和该物的总使用时间的比例关系。❷ 计算具体使用费的基准是标的物的客观价值，一般与买卖价格一致。我国实践中常见的机动车使用利益的计算是以行驶里程和可行驶的总里程之间的比例关系为基础。❸ 也有法院根据车辆使用时间、行业状况和车辆价值综合衡量使用费。❹ 当然，对机动车而言，如果该车型有租赁市场的，也可以根据当地通常租金计算使用费。在德国民法中，没有租赁市场的标的物的使用费按照"拟制租金"计算，即综合考量所有的因素计算。❺

（二）损害赔偿

1. 标的物本身的损害赔偿

标的物虽然返还，但是受到正常使用损耗之外的损坏，债权人可以主张损害赔偿，❻ 这里的损害赔偿是指对标的物非正常使用引起的损毁的赔偿，不是对正常损耗的赔偿，正常损耗引起的价值减少由使用费进行补偿。❼ 如果在计算使用费时已经将损坏赔偿计算在内，则不得重复计算。

---

❶ 史尚宽：《债法总论》，中国政法大学出版社2000年版，第96页。
❷ Reinhard Gaier, in: Münchener Kommentar zum BGB, §346, Rn. 27.
❸ 比如德国民法中关于计算机动车使用费的公式为：使用利益＝市场含税价格×使用期间行驶里程/总行驶里程（参见 Münchener Kommentar zum BGB, §346 Rn. 27.）。
❹ 湖南省长沙市中级人民法院（2017）湘01民终2537号判决书。
❺ Jan Schürnbrand, in: Münchener Kommentar zum BGB, §508, Rn. 30.
❻ 宁红丽：《分期付款买卖法律条款的消费者保护建构》，载《华东政法大学学报》2013年第2期，第89页。
❼ 在（2017）辽01民终5010号判决书中，辽宁省沈阳市中级人民法院和一审法院的观点相反，支持出卖人同时主张挖掘机占有期间减少的价值赔偿和使用费。

2. 迟延利息

金钱之债迟延履行的,应支付迟延利息(计算标准见本书第58页)。

二、标的不能返还"原物"时的价值赔偿

在标的不可能按原物返还的情况下,比如已经转手,或者完全损毁等,应当赔偿标的物的价值。标的物的价值是指标的物给付时的客观价值。❶ 确定客观价值的主要依据是合同中约定的对待给付,在买卖合同中主要是现金价格。特殊情况下约定的对待给付可能不是金钱,而是其他给付,这时标的物的客观价值是交付时的市场价格。❷ 如果分期付款合同涉及的是服务或者承揽给付等其他不能返还"原物"的,也要按上述规则赔偿其价值。

三、收益的返还

合同被解除后,买受人还要将已经收取的孳息返还给出卖人;孳息不能以自然状态返还的,比如被买受人使用或者因为其他原因消灭,买受人要赔偿其价值。对于未收取的"孳息",只有在买受人本可以收取,但是却违反一般经营规则没有收取的情况下才需要赔偿。❸

---

❶ Reinhard Gaier, in: Münchener Kommentar zum BGB, §346, Rn. 21.
❷ 在陕西省榆林市中级人民法院(2017)陕08民终261号案中,当事人约定的买卖合同的对价是700万元及一套140平方米的住宅房、一个车位的价格,价格是所有的对待给付价值的总和。
❸ 《德国民法典》第347条第1款规定:债务人本可以收取用益,却违反适当经营规则不收取的,有义务向债权人补偿价值。

四、合同解除与违约损害赔偿的关系

合同解除与违约损害赔偿可以并存。合同被解除后,非违约方是否只能主张信赖利益(消极利益)损害赔偿,还是可以主张履行利益(积极利益)损害赔偿,存在争议。认为合同解除后的损害赔偿责任限于信赖利益的依据是,解除引起合同关系的清算,当事人之间法律状态应当恢复至合同根本没有订立时,❶ 履行利益损失赔偿则是将法律状态恢复至合同完全履行时,因此解除合同与履行利益损害赔偿是矛盾的。❷ 该观点的核心基础是,合同解除导致合同关系归于消灭。相反观点承认解除合同与履行利益损害赔偿可以并列。❸ 该观点建立的基础是,合同解除并未使合同关系溯及既往的根本消灭,而是使合同关系发生改变。❹ 合同解除消灭的是原始给付义务,双方当事人的法律状态不应当恢复到未订立合同时,而应当恢复至合同履行时。

在立法方面,《德国债法现代化法》前后的立法完全相反。《德国债法现代化法》在生效前,德国民法中合同解除时的损害赔偿以信赖利益为边界,原因在于,债权人解除合同引起的法律关系的清算是为了将法律状态恢复到合同订立之前,而履行利益是将债权人的利益填补到合同全面履行状态,这两者之间存在矛盾。但《德国债法现代化法》的立法者纠正了该观点,现行《德国民法典》第325条实际是承认即使合同被解除,也可以主张积极利

---

❶ 王利明:《合同法研究》(第2卷),中国人民大学出版社2011年版,第326页。
❷ 蔡立东:《论合同解除制度的重构》,载《法制与社会发展》2001年第5期,第48页;Heinrich Jakobs/Werner Schubert, Beratung, SchuldR. I, 1978, S. 278.
❸ 朱广新:《合同法总则》,中国人民大学出版社2012年版,第530页。
❹ Ernst Wolf, Rücktritt, Vertretenmüssen und Verschulden, in: AcP 1954, 97, 102 ff.

益损害赔偿。❶ 合同解除后虽然双方都不需要履行合同原始给付义务，但是合同关系并不是没有发生，因此合同解除不发生溯及效力，不存在合理事由强制债权人不能主张履行利益损害赔偿。

《民法典》第566条虽然规定合同解除的后果包括损害赔偿，即合同解除和损害赔偿可以并存，但是法律没有明确损害赔偿的范围。多数学者的观点认为，该损害赔偿是对未履行合同引起的损失的赔偿，构建基础是合同解除并没有使合同管辖溯及既往的根本消灭，而是形成新的返还债务关系。❷ 据此，合同解除后违约方的损害赔偿应当是对履行利益的赔偿。司法裁判承认解除合同和损害赔偿并存，但是并没有强调该损害赔偿以履行利益为边界，这样的话，在实践中合同解除可能产生导致债权人获得的赔偿额度不足的风险。

---

❶ Beate Gsell, Das Verhältnis von Rücktritt und Schadensersatz, in：JZ 2004, 643 ff.
❷ 朱广新：《合同法总则》，中国人民大学出版社2012年版，第530页；张金海：《论合同解除与违约损害赔偿的关系》，载《华东政法大学学报》2012年第4期，第29页。

CHAPTER 05 >>
第五章
债务人的救济手段

第一节 不可抗力抗辩

在违约责任成立的构成要件中,不可抗力通常被认为是免责事由。在理论中,不可抗力到底是排除因果关系还是排除主观过错,存在争议。客观说认为,不可抗力免责的原因是,它导致违约行为与损失之间的因果关系不成立;主观说认为,不可抗力免责的依据是行为人的过错要件缺失。❶ 从比较法来看,《法国民法典》❷《德国民法典》❸ 和《瑞士债务法》❹ 的违约责任成立的要件之一是违约行为的可

---

❶ 转引自韩世远:《合同法总论》,法律出版社2011年版,第371页。
❷ 《法国民法典》(1999年罗结珍译本)第1147条规定:"凡债务人不能证明其不履行债务系由于不应归责于他个人的外来原因时,即使债务人个人并无恶意,也对不履行或迟延履行支付损害赔偿。"
❸ 《德国民法典》第286条第4款规定:"因不可归责于债务人之事由未为给付者,债务人不陷入迟延。"
❹ 《瑞士债务法》第97条规定:"债务未履行或履行不当,债务人应赔偿因此产生的损害,但债务人能证明自己无任何过错的,不包括在内。"

归责性。因为不可抗力而导致债务人违约的，违约责任因为可归责性要件缺失而不成立。在这些民法典中，不可抗力没有被单独规定为免责事由，这在很大程度上与违约责任是推定过错原则息息相关，债务人可以通过证明存在不可抗力排除自己的过错，违约责任不成立。但在客观责任中，不可抗力通常被作为独立的免责事由处理。我国立法在违约责任要件中没有规定归责原则，在理论和实践中有不少观点认为，违约责任成立要件不包括可归责性，甚至多数观点认为违约责任的归责原则是无过错原则，即违约责任是客观责任。在此背景下，不可抗力不能在成立要件上排除违约责任。其后果是，不可抗力造成的绝大部分损失落在债务人身上，债权人只是失去履行利益，这有违公平原则。❶ 因此在我国，从《民法通则》到《民法典》都单独规定不可抗力作为减免违约责任的原因。

一、不可抗力概念

（一）概念特征

在《民法典》中，不可抗力被定义为"不能预见、不能避免且不能克服的客观情况"。从实践和理论的发展来看，（相对）主观说认为，即使在客观责任领域，当事人尽最大理性谨慎仍不能避免损失的，责任被排除。❷（绝对）客观说认为，责任排除应当建立的基础是事件本质的不可避免性、事件发生的冲击力和它的完全不可预见性。❸ 折中说提出不可抗力包括以下几个因素：外来性、非正常性、不可预见性、无法避免性。前两个因素是客观因

---

❶ 崔建远主编：《合同法》，法律出版社2010年版，第299页。
❷ Stephan Meder, Höhere Gewalt als Entlastungsgrund, in: JZ 1994, 486.
❸ Erwin Deutsch, Allgemeines Haftungsrecht I, 1996, S. 317.

素，后两个因素则是主观因素。❶ 我国民法对不可抗力从主客观角度作出定义，即折中主义视角。❷

不可抗力是客观情况，该客观情况存在于当事人行为之外，❸当事人仅对行为内的风险承担责任。该要件也被称为客观性。❹ 也要注意，具体情况下行为之外的事件与行为内的风险关联，比如罢工、企业爆炸事故，虽然属于经营风险，但在特定前提条件下仍然可能是不可抗力，❺ 比如罢工原因并非来自企业内部，而是来自政府政策。另一个客观因素是事件的非正常性，即事件本身包含例外的性质。对该要件要作谨慎解释，不能从极少发生的角度认为存在非正常性。不可预见是主观因素，判断的标准是当事人是否可以预见并阻碍事件的发生；不可预见的时间点是合同订立时。不可避免性被认为是不可抗力的核心要素，对此要严格判断。从定义来看，不可避免性是指事件的发生不依赖于人的意思，且不能通过人的行为阻碍其发生。不可避免的时间点是事件发生后，如果当事人可以通过可承受的经济投入阻碍事件发生的，则事件可以避免。

以上因素虽然是不可抗力的特征，但具体事件是否可以认定为不可抗力必须在具体情况中判断，无法准确地抽象定义。

（二）是否有必要区别不可抗力与情事变更

已经失效的《最高人民法院关于适用〈中华人民共和国合同法〉若干问题的解释（二）》（以下简称《合同法解释（二）》）第

---

❶ NJW 1986, 2312.
❷ 崔建远主编：《合同法》，法律出版社2021年版，第225页。
❸ 佟柔主编：《中国民法》，法律出版社1990年版，第575页。
❹ 韩世远：《合同法总论》，法律出版社2011年版，第373页。
❺ Stephan Meder, Höhere Gewalt als Entlastungsgrund, in: JZ 1994, 485–492.

26条，❶将不可抗力与情事变更进行了区分。根据该司法解释，不可抗力排除情事变更制度的适用，因此理论上花费了颇多笔墨区别不可抗力和情事变更。❷法院则尝试从适用条件、目的、性质、适用范围等方面对两者予以区分。该司法解释第26条将不可抗力和情事变更的关系引向歧途，也在法律适用上导致法律漏洞。原因在于，不可抗力是合同无法履行、无法按约定时间履行或者履行困难的原因，在发生履行困难时应当允许适用情事变更制度。❸

一方面，不可抗力和情事变更的本质属性不同。不可抗力是客观事实，情事变更是合同的交易基础的改变，是不可抗力可能的结果。❹不可抗力可以导致合同的交易基础发生改变，但不可抗力不是适用情事变更的唯一原因。❺不可抗力的结果也不仅是情事变更制度的适用，也可能导致履行不能规则的适用，且在适用上履行不能规则优先于情事变更。

另一方面，不可抗力和情事变更旨在解决不同的问题。无论在比较法上，还是在《民法典》中，不可抗力解决的是违约方是否承担违约（损害赔偿）责任问题，是免责原因；而情事变更解决的是合同是否应当遵守的问题，因此是合同变更或者解除的事由。尽管《民法典》第563条沿袭《合同法》第94条第1项，规

---

❶ 《最高人民法院关于适用〈中华人民共和国合同法〉若干问题的解释（二）》（已失效）第26条规定："合同成立以后客观情况发生了当事人在订立合同时无法预见的、非不可抗力造成的不属于商业风险的重大变化，继续履行合同对于一方当事人明显不公平或者不能实现合同目的，当事人请求人民法院变更或者解除合同的，人民法院应当根据公平原则，并结合案件的实际情况确定是否变更或者解除。"

❷ 韩世远：《合同法总论》，法律出版社2011年版，第383－385页。

❸ 崔建远主编：《合同法》，法律出版社2021年版，第96页。

❹ 王轶：《新冠肺炎疫情、不可抗力与情势变更》，载《法学》2020年第3期，第46页。

❺ 王洪亮：《债法总论》，北京大学出版社2016年版，第345页。

定因不可抗力致使合同目的不能实现的,当事人可以解除合同,但本条的核心并非不可抗力,而是合同目的不能实现。因为法定解除权产生的原因是给付障碍,不可抗力不是给付障碍类型,而是给付障碍的原因,❶ 或者称给付障碍事件。❷ 其逻辑关系应当是:不可抗力导致合同履行不能或者迟延履行使合同目的无法实现,债权人基于此取得法定解除权。相同问题还出现在《中华人民共和国旅游法》(以下简称《旅游法》)第 67 条:"因不可抗力……影响旅游行程的,按照下列情形处理:(一)合同不能继续履行的,旅行社和旅游者均可以解除合同。合同不能完全履行的,旅行社经向旅游者作出说明,可以在合理范围内变更合同;旅游者不同意变更的,可以解除合同。……"相较于《民法典》,《旅游法》的表达更完整,即产生合同解除权的是履行不能,而不可抗力是合同履行不能的原因。在此意义上,不可抗力可能是情事变更的原因,即不可抗力导致按原合同履行显失公平,此时当事人要求解除合同的,适用情事变更;一方要求对方当事人承担损害赔偿责任的,对方当事人可以主张不可抗力要求减免责任。

综上所述,鉴于不可抗力和情事变更解决不同的问题,并无必要区分两者。比如 2003 年《最高人民法院关于在防治传染性非典型肺炎期间依法做好人民法院相关审判、执行工作的通知》(已失效)第 3 条第 3 项指出:"由于'非典'疫情原因,按原合同履行对一方当事人的权益有重大影响的合同纠纷案件,可以根据具体情况,适用公平原则处理。因政府及有关部门为防治'非典'

---

❶ 赵文杰:《〈合同法〉第 94 条(法定解除)评注》,载《法学家》2019 年第 4 期,第 181 页。

❷ [德] 英格博格·施文策尔:《国际货物销售合同中的不可抗力和艰难情势》,杨娟译,载《清华法学》2010 年第 3 期,第 168 页。

疫情而采取行政措施直接导致合同不能履行，或者由于'非典'疫情的影响致使合同当事人根本不能履行而引起的纠纷，按照《中华人民共和国合同法》第117条和第118条的规定妥善处理。"该条第一句中处理的是，合同是应当变更还是解除，第二句处理的是否可以减免违约责任。在根本上这是两个不同的问题。再以2020年初"新冠肺炎疫情"时期为例，全国人民代表大会常务委员会法制工作委员会表示，对于不能履行合同的当事人而言，新冠肺炎属于不可抗力，根据不可抗力的影响，部分或全部免除责任。该意见回答的是不能履行合同的当事人是否承担违约责任。在合同当事人要求变更合同或者解除合同的情况下，才需要检视新冠肺炎是否导致情事变更。《浙江省高级人民法院民事审判第二庭关于印发〈关于审理涉新冠肺炎疫情相关商事纠纷的若干问题解答〉的通知》指出："新冠肺炎疫情虽属不可抗力，但并非对所有的商事合同的履行都构成阻碍……疫情对合同履行有重大影响，继续履行合同对一方当事人明显不公平……应当适用公平原则，参照《最高人民法院关于适用〈中华人民共和国合同法〉若干问题的解释（二）》第二十六条……的规定予以处理。"该通知正确地指出，在判断合同应当继续履行还是解除时，适用的是情事变更制度。

（三）意外事件可否作为免责事由

根据《最高人民法院关于适用〈中华人民共和国担保法〉若干问题的解释》（已失效）第122条的规定，不可抗力和意外事件致使主合同无法履行的，不适用定金罚则。

在德国民法理论中，意外事件是一个与不可抗力对立的术语。《法国民法典》没有对不可抗力和意外事件进行区分，这两个概念具有同等法律价值,引起的法律后果相同。❶ 从特征来看,意外事件的特点是不可预见、不能避免。与不可抗力的主要区别是,意外事件存在于当事人行为之内,或者说,不独立于人的行为。❷ 然而,从意外事件不独立于人的行为这一特点并不能得出,意外事件可归责于当事人,不可预见性和不可避免性恰恰说明意外事件不可归责于当事人。❸ 如果债务履行受外界影响,不可归责于任何一方当事人,意外事件也应当是免责事由。❹

二、重要的具体不可抗力事件

(一)自然灾害

自然灾害是最重要的不可抗力,比如洪水、台风、地震、火山喷发、泥石流、旱灾、蝗灾等。随着科技的发展,不少自然灾害可以提前预测。不可抗力的特点之一是不可预见,可以预见的自然灾害还是不是不可抗力呢?该问题要从两方面回答,一是预见主体,二是预见时间。合同订立前预测部门发出自然灾害通报的,可以认为当事人有可预见性;预测部门在合同订立后作出通报,不能推定当事人可以预见,通常判断可预见性的时间点是合同订立时。在"中机通用进出口公司诉天津港第二港埠有限公司港口作业合同纠纷案"中,❺ 天津市高级人民法院认为,虽然国家海洋预报台发出预报,但在目前的科学技术条件下,从发出预报

---

❶ Erich‐Hans Kaden, Zufall und Höhere Gewalt im deutschen, schweizerischen und französischen Recht, in: RabelZ 1967, 621–622.
❷ 王洪亮:《债法总论》,北京大学出版社2016年版,第233页。
❸ Erich‐Hans Kaden, Zufall und Höhere Gewalt im deutschen, schweizerischen und französischen Recht, in: RabelZ 1967, 610–612.
❹ 王洪亮:《债法总论》,北京大学出版社2016年版,第235页。
❺ 《最高人民法院公报》2000年第5期。

至上诉人中机通用进出口公司的货物受损时,被上诉人天津港第二港埠有限公司已经无能力保障应当由自己保管的全部货物的安全。因此中机通用进出口公司的货损,仍然属于由不能避免的不可抗力所造成。

并非任何自然灾害都是不可抗力,只有满足不可抗力的全部要件时,债务人才可以援用不可抗力减免责任。

(二) 社会突发事件

社会异常事件也可能是不可抗力,包括战争、武装冲突、恐怖袭击、军事行动、封锁禁运、罢工、骚乱、传染性疾病❶等。有争议的是,如果罢工发生在当事人内部,是否可以涵摄为不可抗力,因为在此情况下罢工属于当事人行为之内。学界观点认为,应当视罢工原因而定。罢工由当事人内部原因引起的,不存在不可抗力;❷ 罢工由当事人之外的原因引起,比如因政府的政策引起罢工,则是不可抗力。❸

(三) 国家行为

国家行为比如立法、司法、政策、❹ 行政行为等,只要符合外来性、非正常性、不可预见性、无法避免性这些特征的,就是不

---

❶ 比如根据 2003 年《最高人民法院关于在防治传染性非典型肺炎期间依法做好人民法院相关审判、执行工作的通知》第 3 条第 3 项的规定,"非典"是不可抗力;2020 年,全国人民代表大会常务委员会法制工作委员会表示,新冠疫情属于不可抗力,根据不可抗力的影响,部分或全部免除责任。

❷ Klaus Tonner, in: Münchener Kommentar zum BGB, §651j Rn. 8.

❸ 尹田编著:《法国现代合同法》,法律出版社 1995 年版,第 316 页;韩世远:《合同法总论》,法律出版社 2011 年版,第 375 页。

❹ 各个城市颁布的住房限购政策,在违约责任减免方面可以构成不可抗力,比如"李某卿与马某虹房屋买卖合同纠纷案"[(2012) 思民初字第 6818 号民事判决书,(2012) 厦民终字第 3202 号民事判决书]中,法院虽然没有直接表达限购政策是不可抗力,但认为是可归责之事由,因此免除违约责任。

可抗力。对于行政拘留,应当认为是可以预见、可以避免、可以克服的,因此不属于不可抗力。❶《中华人民共和国海商法》第51条明确规定,政府或主管部门的行为、检疫限制或者司法扣押是免责事由。该规定属于特别法中的规定,不能一般性地适用于合同领域。在合同关系中,要根据具体情况确定是否不可抗力。

三、不可抗力与履行障碍之间的必然性

《民法典》第180条第2款将不可抗力定义为不能预见、不能避免且不能克服的客观情况。其中的不能避免和不能克服除了指不可抗力本身的特征,还指向不可抗力与履行障碍的关系。不可抗力导致不能履行或者迟延履行,只有不能履行或者迟延履行无法通过其他途径避免时,才成立免责事由。比如,虽然洪水将公路冲毁,但是债务人如果可以通过其他运输方式履行债务的,不可以援用不可抗力免责。因此作为免责事由,不可抗力应当要求,债务人尽最大努力仍不能阻碍履行障碍发生。

四、法律后果

根据《民法典》第590条第1款的规定,不可抗力成立的,违约当事人可以请求免除部分或全部责任。根据《民法典》第577条的规定,法定具体的违约责任是继续履行、采取补救措施和损害赔偿。不可抗力导致的履行障碍可能是履行不能,也可能是迟延履行。不可抗力具体免除的是哪项违约责任,要视不可抗力导致的履行障碍而定。

---

❶ (2005)海南民三终字第30号民事判决书。

(一) 履行不能

《民法典》第 590 条第 1 款规定："一方因不可抗力不能履行合同的，根据不可抗力的影响，部分或者全部免除责任。"根据《民法典》第 577 条的规定，违约责任包括继续履行、采取补救措施和损害赔偿。从这两条规定来看，不可抗力的免责内容似乎应当包括"继续履行"，甚至从《民法典》第 590 条的表达来看，免责的含义主要指向免除"继续履行"责任，司法实践中也有人支持此观点。[1] 然而，这种解释引发的疑问是，履行不能的原因并非不可抗力的，继续履行责任不免除吗？根据《民法典》第 580 条的规定，发生债务人履行不能的，债权人没有继续履行请求权，这表示履行不能天然的法律后果就是债务人的继续履行责任消灭，不需要附加不可抗力等其他因素。

根据《民法典》第 580 条的规定，履行不能的法律后果是债权人不可以要求继续履行。根据《法国民法典》第 1184 条的规定，债权人选择要求法院裁判继续履行的条件是履行可能。以上法律规范都意味着，在发生履行不能的情况下，给付风险由债权人承担，他要求债务人提供原始给付的请求权不能得到支持。从债务人的视角来看，他不需要承担继续履行的责任，这与是否存在不可抗力无关。换言之，只要发生了履行不能，债务人就不必承担继续履行的责任。反过来看，不可抗力并没有导致履行不能，而仅是导致无法按约定时间履行，那么继续履行责任并不能免除。此时应当适用情事变更规则，变更履行时间。

综上所述，不可抗力作为免责事由，其免除的责任应当是损

---

[1] 丁宇翔：《疫情不可抗力的司法认定及与情势变更的衔接》，载《人民司法·应用》2020 年第 10 期，第 33-34 页。

害赔偿责任。将不可抗力免责的责任范围扩大至继续履行责任,将导致履行障碍法律后果及救济手段体系受到干扰,与民法典体系性和科学性的要求不一致。

(二)迟延履行

不可抗力导致不能按约定时间履行的,如果是定期交易,则存在履行不能,按履行不能规则处理。在非定期交易中,债务人不按约定时间履行,存在一般的迟延履行,债务人可以延期履行,但并不是免除履行责任。债权人因迟延履行有损失的,债务人可以根据《民法典》第590条要求免除部分或全部损害赔偿责任。

(三)免责范围

损失完全由不可抗力引起的,违约方责任全部免除;损失由不可抗力和可归责于违约方的原因共同引起,比如货物包装不当,途中遭遇暴雨,不可抗力只是损失的原因之一,应遵循"原因与责任成比例"原则,❶ 部分免除责任。❷

违约金和定金是约定违约责任,不可抗力免除的违约责任应当包括违约金责任和定金责任。❸

(四)法定例外

法律规定不可抗力不能成为违约时的免责事由的,则违约人不能援用不可抗力要求部分或者全部免除责任。比如根据《中华人民共和国邮政法》第48条第1项的规定,因不可抗力造成的保价的给据邮件的损失,邮政企业不得免责。

---

❶ 韩世远:《合同法总论》,法律出版社2011年版,第377页。
❷ 最高人民法院(2016)最高法民申2953号民事判决书。
❸ 学界也有观点认为不可抗力不影响违约金和定金责任,参见王洪亮:《债法总论》,北京大学出版社2016年版,第232页。

当事人约定不可抗力不得免责的，该约定有效。

五、债务人通知义务和提供证明义务

（一）通知义务

因不可抗力不能履行或者不能按时履行合同的当事人，有告知对方当事人的义务。该通知是需受领的单方意思表示，无形式要求；通知相对人是对方当事人及其代理人；连带债权的，须向全体债权人发出通知，通知应当不耽搁地发出，当事人也可以在合同中约定发出通知的期限。❶ 合同关系中的当事人基于交易的善良应当维护对方利益，因此通知对方当事人因不可抗力无法履行合同属于合同的保护义务范围。通知的主要目的是减少对方的损失。有通知义务方当事人未通知的，违反保护义务，对方当事人因此产生损失的，通知义务方要承担损害赔偿责任，比如赔偿对方当事人为准备接受给付多支付的费用等。

（二）合理期间提供证明

《民法典》第590条第1款要求，因不可抗力不能履行合同的当事人要在合理期限内向对方当事人提供证明。这里的证明指的是发生不可抗力的证明。学界部分观点认为，提供证明是附随义务。❷ 本书认为，提供证明的义务只有在不可抗力不为公众所知悉的情况下才有必要。众所周知之不可抗力，比如"非典"、新冠疫情等，没有必要要求债务人提供不可抗力证明。

---

❶ 比如在（2015）肇中法民四终字第43号民事判决书中，当事人约定，如遇不可抗力，出卖人在发生之日起30日内告知买受人。

❷ 韩世远：《合同法总论》，法律出版社2011年版，第376页。

六、迟延履行排除不可抗力作为免责事由

根据《民法典》第 590 条第 2 款的规定，债务人迟延履行在先，之后发生不可抗力，不可抗力原则上不再是免责事由。该规定建立的基础是，只有按约定期限提供的给付才能将债务人排除出风险范围，随着迟延履行的发生，债务人责任加重。

不可抗力可能引起两个后果：或者使履行继续迟延，或者使履行不能。无论哪种情况，都不得基于不可抗力减免责任。且在发生履行不能时，关键的只是履行不能这一结果，与履行不能和迟延履行之间是否有因果关系无关，但要求履行不能和损失之间有因果关系。

迟延履行排除不可抗力免责并非在任何情况下都适用。其例外情况是，即使债务人按约定时间履行，损失也不能避免。在此情况下，风险没有因为迟延履行而提高，故不可抗力仍然是免责事由。比如在运输合同中，承运人出发迟延，货物在运输途中遭遇泥石流，但即使承运人按约定时间出发，达到债权人后也将在泥石流中灭失。在此情况下，尽管不可抗力发生在迟延履行后，承运人仍然可以因不可抗力免责。❶ 该例外情况适用的条件是，在债权人处的假定灭失能令法院信服。

第二节 债权人的减损义务

减损规则是损失赔偿法中"全有或全无原则"的例外情况之

---

❶ 类似范例参见王洪亮：《债法总论》，北京大学出版社 2016 年版，第 265 页。

一。减损规则的理论基础在大陆法和英美法中有较大差异。英美法中，减损规则的理论基础包括近因和惩罚论、信赖利益优先论和经济效益论。❶ 其中经济效益论比较令人信服，依该理论，减损规则不仅是对债务人之利益的维护，也是对社会整体利益的维护，避免社会财富减少，❷ 鼓励受害方将损失降至最低。也有反对观点认为，减损规则客观上激励违约。

在大陆法中，损失赔偿法规定减损规则基础理念是诚实信用原则。❸ 诚实信用原则要求权利人行使权利的方式具有保护性，即要保护对方当事人的利益。从该视角来看，发生违约行为时，相对人有义务将损失降至最低。债权人可以采取措施避免损失扩大而未采取措施，导致损失扩大的，如果扩大的损失仍然由违约方承担，有违诚实信用原则。

从法律属性来看，减损规则是债务人的抗辩。在满足减损规则的适用前提时，法院不需要当事人主张，应当依职权减轻或免除赔偿数额。❹

一、减损义务作为不真正义务

一方当事人违约时，对方当事人采取措施减少损失，也被称为"减损义务"。要明确的是，这里所指"义务"之法律属性。

法律要求主体特定行为的，该条款或者设立法律义务，或者

---

❶ 韩世远：《减损规则论》，载《法学研究》1997 年第 1 期，第 145 – 146 页。
❷ 王利明、郭明瑞、方流芳编著：《民法新论》（上册），中国政法大学出版社 1988 年版，第 502 页。
❸ 法律出版社法规中心编：《中华人民共和国合同法注释本》，法律出版社 2017 年版，第 93 – 94 页；Claudia Matthaeus, Schadensminderungspflichten im deutschen Haftpflichtrecht, 2008, 94 – 95；Claudia Matthaeus, Schadensminderungspflichten im Haftpflichtrecht Oestereichs, 2008, 119 – 120.
❹ (2014) 仪新民初字第 0424 号民事判决书。

设立不真正义务。法律义务的特点是，它的履行可以通过诉讼实现，即具有可诉性，违法义务的惩罚包括损失赔偿。不真正义务这个概念源自私人保险法，它也包含行为要求。不真正义务产生的条件是，义务人与相对人有法律上的重要关系，但不真正义务不能通过诉讼实现，违反不真正义务也不产生损害赔偿责任。不真正义务的义务人不实施法律要求的行为，将失去有利于他的法律地位，或者失去其他法律上之利益，比如请求权缩减或消灭。不真正义务的行为要求首先是为了义务人之利益，之后才是对方的利益。

根据《民法典》第591条的规定，一方当事人违约后，对方当事人没有采取适当措施致使损失扩大，其法律后果是，债权人不得就扩大损失请求赔偿。由此可见，违约方当事人并没有要求对方当事人采取措施避免损失的请求权，只是非违约方的损失赔偿请求权降低或者消灭。因此，《民法典》第591条意义上的减损义务是对方当事人的不真正义务。❶

还需注意，减损义务要以存在降低损失或者避免损失的可能性和可预见性为前提条件，如果不存在降低或避免损失可能性的，相对人没有减损义务；相对人不能预见损失产生的，减损规则也没有适用空间。

二、避免损失扩大的措施

根据《民法典》第591条第1款的规定，对方当事人应当防止损失扩大。具体而言，包括使损失降低和避免损失发生。对方当事人是否有义务采取措施降低损失或者避免损失，应当在具体

---

❶ 王洪亮：《债法总论》，北京大学出版社2016年版，第420页。

情况中评价。

在损失还没有发生的情况下,当事人应当采取措施避免损失发生。比如,对方当事人知道或者应当知道存在违约损害风险,但违约方对此不知情,对方当事人应当提醒或者警告违约方,没有提醒或警告的,即违反不真正义务。❶ 在损失已经发生的情况下,对方当事人应当采取措施尽量降低损失。避免损失的含义是,对方当事人应当尽力将损失控制在最小范围内,或者在排除违约后果时避免不必要的费用支出。避免损失扩大的"措施"是一个开放的不确定概念,要在具体情况中通过价值衡量确定。有学者尝试从具体的裁判出发,将减损措施类型化,提出减损措施可以分为停止工作、替代交易、替代安排、变更合同、继续履行、中止履行、维修标的物等。❷ 也有学者认为,终止合同和解除合同也是减少损失的措施。❸ 德国民法认为,债权人警告债务人也属于减损措施,❹ 即债权人预见到产生损失,而债务人没有预见到,他有义务警告债务人。甚至相对人采取必要的法律救济,在具体情况中也是减损措施。❺

实践中法院通常需要在个案中具体判断当事人是否应当采取减损措施。比如在"珠海市对外劳动服务公司诉中国银行珠海分行损害赔偿纠纷案"中,最高人民法院认为,"中国银行珠海分行经办人员未仔细鉴别取款印鉴字样的不同,又未按照银行办理储

---

❶ 王洪亮:《债法总论》,北京大学出版社2016年版,第421页。
❷ 韩世远:《合同法总论》,法律出版社2011年版,第646-647页;刘瑛:《CISG减损规则及其在中国的适用》,载《时代法学》2013年第6期,第103-108页。
❸ 虞汪日:《论〈联合国国际货物销售合同公约〉违约损害赔偿减轻损失规则》,载《湖北社会科学》2012年第10期,第172页。
❹ Hartmut Oetker, in: Münchener Kommentar zum BGB, §254 Rn. 75.
❺ Gottfried Schiemann, in: Staudinger Kommentar zum BGB, §254 Rn. 93.

蓄业务的有关规定,对两种印鉴进行折角比对,致珠海市劳动服务公司贸易中心的存款被冒领,中国银行珠海分行对此应按民法通则有关规定承担过错责任,珠海市劳动服务公司贸易中心不按银行要求认真负责地核对余额账单,致使冒领事件未能及时发现,贻误了查处时机,扩大了损失。"❶ 再如,违约方因为履行瑕疵致对方当事人遭受身体损害,此时受损当事人应当采取必要的医疗救治措施。至于损失是否可以因为措施的介入真正降低或者避免发生,并不要求具有绝对确定性,只要求具有极大可能性。在债务人迟延履行或履行有瑕疵时,对方当事人可以通过替代安排减少损失,包括安排替代的人和安排替代的物等。比如在"赤峰市元宝山区联创农机有限公司与尚某水买卖合同纠纷"❷ 中,被告给付的收割机有质量问题,原告尚某水除了主张解除合同,还主张2015 年经济损失59 000 元和2016 年、2017 年的经济损失。法院没有支持2016 年和2017 年经济损失,在裁判理由中,法院援用减损规则,认为尚某水应当安排替代机器,减少损失扩大。

在债权人采取措施的情况下,债务人也可能存在配合义务,比如释明义务、说明义务等。

三、措施的适当性

法律要求,对方当事人要采取"适当"措施。关于"适当"的含义,部分观点提出,应当是指措施具有合理性,且判断的视角是当事人的主观方面,只要对方当事人在采取措施时尽心尽力,

---

❶ 《最高人民法院关于珠海市对外劳动服务公司诉中国银行珠海分行损害赔偿纠纷案的复函》[(1991)民他字第 19 号]。
❷ (2019)内 04 民终 1228 号民事判决书。

即使客观并没有减轻损失,甚至增加了损失,也应当获得全面赔偿。❶ 实践中部分法院坚持客观标准,只要守约方依照一般的交易习惯,已经尽到了合理的勤勉和通常的注意,采取了作为普通的正常交易主体本应做且能做到的行为,即应当认定守约方履行了减损义务。❷ 部分法院坚持主客观相统一原则,既要考虑守约方主观上是否按照诚实信用原则尽自己的努力积极采取一切措施避免损失的扩大,也要在客观上考虑守约方所采取的行为是否达到了避免损失扩大的效果。❸

本书认为,适当性是指措施对受损失方当事人而言具有可承受性或合理性,即根据一般生活经验,一个正常的理性当事人应当采取的措施。要在具体情况中通过利益衡量确定什么措施是可承受的措施。基于减损义务的基础是诚实信用原则,故在判断过程中要衡量对方当事人的利益和违约方利益,特别是对方当事人的基本权利。利益衡量首先是客观视角,即从理性平均人视角判断措施是否能降低或者避免损失,而不考虑对方当事人的具体特殊因素。只有从客观视角确定措施具有适当性之后,才可以进一步从对方当事人的具体法律关系中审查,措施是否具有主观可承受性,不应要求受害人采取会给其带来不适当负担、危险或不利的措施。❹ 英国通过裁判确定了判断措施合理性的规则,也是从客观和主观两方面确定:原告只有义务做一般常理下应做的事情,没有义务去做任何特殊的事情,来减轻被告可能造成的损失;原

---

❶ 韩世远:《合同法总论》,法律出版社2011年版,第646页。
❷ (2014)宿中商终字第0028号判决书。
❸ 王磊:《王红琴诉江苏冠宇机械设备制造有限公司租赁合同纠纷案评析》,载《人民司法·案例》2015年第24期。
❹ 武大喜、杨国军:《该车因登记信息失误担责但不承担营运损失》,《人民司法·案例》2015年第6期。

告没有必要拿自己的钱去冒险、投机来减轻损失;原告没有必要采取危及自身信誉、损害无辜第三人利益或公共利益的行动;甚至原告因为贫穷或财政上的困难,不能采取合理的行动,有时候也被认为是一个合理的理由。❶ 瑞士学者提出分步式审查。❷ 第一步是确定受损法益,并评价其意义。受损害的是身体、精神、工作、生存基础等,其意义较高;受损害的是所有权、占有等财产损失的,其意义较低。受损法益之意义越高,受损方当事人的主观利益被赋予的法律价值越高。第二步是权衡不采取减损措施将引起的潜在损失、采取措施需要支出的费用和在第一步中确定的受损方利益之间的轻重。如果通过权衡认为,不值得采取减损措施,则对方当事人不采取措施不能导致损失赔偿请求权缩减。如果通过权衡,认为值得采取措施,进入第三步。在第三步中审查的是,采取的措施无论从经济视角还是在具体因素中,都是合理的。

措施的适当性还以措施极有可能避免损失或者降低损失为前提条件。换言之,只有措施很有可能降低或者避免损失的情况下,才可以认为措施是适当的。在这里要区别两个问题:对方当事人有减损义务的前提是降低或避免损失是可能的;措施满足适当性的前提是该措施极有可能降低或避免损失。对措施的适当性要求,是诚实信用原则的表达。因此,措施是否适当的,应采取主客观判断标准。结合减损义务的含义,债权人应当采取实际能降低或避免损失的措施,该措施对债权人是可以承受的,且采取措施引起的耗费与避免的损失之间应当符合比例原则。

---

❶ 何宝玉:《英国合同法》,中国政法大学出版社1999年版,第689-690页。
❷ Claudia Matthaeus, Schadensminderungspflichten im Haftpflichtrecht der Schweiz, 2008, 153.

四、法律后果

(一) 损失赔偿请求权缩减

债权人没有采取措施，或者采取措施不恰当，导致损失扩大，或者导致可避免的损失发生，其后果如何？《民法典》第591条第1款有文本表述："不得就扩大的损失请求赔偿。"在此要确定的是，如何确定扩大的损失。理论上有两个途径：一是通过各自对损失的过错程度确定；二是通过因果关系确定。比如在"徐某与杨某等租赁合同纠纷案"❶ 中，杨某自2009年1月10日起即欠付租金，其行为已构成违约。但在长达两年有余的时间内，徐某明知杨某未生产经营且分文未缴，仅数次发函催缴租金，直至2012年提起诉讼，始终未采取解除合同、收回房屋、另行出租等措施。法院认为，对于超出合理期限后未采取减损措施造成的租金损失，徐某无权主张。在该案中，超出合理期限的资金损失，无论从过错方面来看，还是从因果关系方面来看，都只归责于原告。在"王某琴诉江苏冠宇机械设备制造有限公司租赁合同纠纷案"❷ 中，原告主张被告赔偿因被告一直不对房屋进行维修并且未向原告交接房屋，导致原告不能及时将该房屋对外出租造成的4个月（2013年9月9日至2014年1月8日）的房租损失6 000元。法院认为，虽然被告违约造成原告房屋损坏给原告及时将房屋对外出租造成了影响，但原告未能在被告不予修理后的合理期限内先行对房屋损坏进行修复，故原告就因其自身原因扩大的租金损失无权要求赔偿。结合本案的实际情况，法院酌情支持原告

---

❶ （2013）扬民终字第0437号民事判决书。
❷ （2014）仪新民初字第0424号民事判决书。

租金损失3 000元。在该案中，6 000元的租金损失由原告和被告共同造成，无论从因果关系上还是从过错上，原被告各自承担50%是合理的。

（二）合理费用负担

对方当事人为了减少或者降低损失支出合理费用的，该费用由违约方承担。依此，违约方负担的费用范围应当通过两个要素确定：费用目的和是否具有合理性。债权人支付费用的目的是避免或减少损失。支出费用的合理性要从客观视角辅以主观因素判断，即在支付费用的时间点从一个理智的第三人视角来看，支付该费用是必要的，并且支付的费用与避免的损失之间符合比例性。

第三节　债权人与有过错

一、"与有过错"的争议

"与有过错"又被称为"与有过失"或者"过失相抵"。❶ "过失"这一术语并不准确，因为过失单纯是指当事人的主观方面，而引起损失的是行为。根据《民法典》第592条的规定，受损失方当事人与加害方当事人（比如违约人）共同引起损失时，受损失方共同承担损失以他有过错为条件。过错归责原则中既包括过

---

❶ 陈聪富：《过失相抵之法理基础及其适用范围》，载王洪亮、张双根、田士永主编：《中德私法研究》（总第4卷），北京大学出版社2008年版，第3-35页；程啸：《过失相抵与无过错责任》，载《法律科学》2014年第1期，第137-145页；尹志强：《论与有过失的属性及适用范围》，载《政法论坛》2015年第5期，第26-36页。

失,也包括故意。《民法典》第592条第2款在措辞上表达为"有过错",避免了歧义。但是,由于《民法通则》将"与有过错"规定在侵权责任中,而《合同法》没有明确规定"与有过错",因此学界至今对"与有过错"的研究大多限于侵权领域,❶ 对违约领域的"与有过错"多是通过解释减损规则或双方违约来论证。实践中,法院承认"与有过错"在违约责任中也适用。❷

在我国以往民法体系中,减损规则被规定在违约责任中[原《民法通则》第114条、原《合同法》第119条],与有过错规则被规定在侵权责任法中[原《民法通则》第131条、原《中华人民共和国侵权责任法》(以下简称原《侵权责任法》)第26条]。❸ 减损规则和"与有过错"在大陆法中被普遍承认。在比较法上,像这种立法体系并不多见。《德国民法典》在债法总则部分的第254条第1款和第2款分别规定了与有过错规则和减损义务规则,学界观点认为减损规则是与有过错规则的特别情况,第2款关于减损规则的规定仅在于重申减损义务。❹ 无论是与有过错还是减损规则,对违约责任和侵权责任均得适用。瑞士民法承认减损规则,但是没有在立法中予以规定,实践中通常是基于《瑞士债务法》第2条或者第44条适用减损规则。在适用第44条时,减损规则多数在因果关系中讨论,即损失的发生归责于债权人本人。❺《奥地利一般民法典》没有单独规定减损规则,司法裁判从《奥地利一

---

❶ 第186页注释中的几篇学术性论文均是以侵权责任为依托探讨与有过错原则。
❷ 参见北京市第三中级人民法院(2015)三中民终字第11561号民事判决书。
❸ 也有观点认为《合同法》第120条规定的是与有过错(参见朱广新:《合同法总则》,中国人民大学出版社2012年版,第597页)。
❹ Dirk Looschelders, Schuldrecht AT, 2019, §50 Rn. 10.
❺ Claudia Matthaeus, Schadensminderungspflichten im Haftpflichtrecht der Schweiz, 2008, 150.

般民法典》第1304条得出债权人的减损义务,❶ 该条款规定的是与有过错。因此可以认为,在奥地利司法裁判中减损规则是特殊的与有过错。奥地利学者希尔彻(Hiltscher)则主张,债权人可以避免损失时不能对债务人主张损失的原因是,债务人的违约行为和损失之间的因果关系被切断。❷ 在英美法中,减损规则由民法典发展而来,与有过错由侵权责任法发展而来。至今,两个规则在民法典和侵权法中都适用。❸

我国民法关于减损规则和与有过错规则的立法选择,与损失赔偿法的归责原则息息相关。长期以来,违约损失赔偿的归责原则被认为是无过错责任,故与有过错规则很难在民法领域中寻找立足之地。在实践和理论❹中,减损规则和与有过错对违约责任和侵权责任均可适用。也有观点将《合同法》第120条规定的内容解释为与有过错原则,❺《民法典》通过第592条对此予以纠正,即第592条第1款继承《合同法》第120条,第592条第2款则规定了与有过错。与有过错作为损失赔偿的减损规则,是指受损方当事人对损失的产生也有过错,即过错指向的是受损害人自己的损失。"不损害自己"并不是一项法律上之义务,因此与有过错的受损害人并没有违反法律义务,违反的是谨慎要求。❻ 而《民法典》第592条第1款规定的是双方当事人都违反各自义务的情况,核心要素是违反法律义务。从本质上看,对方当事人没有采取适

---

❶ Claudia Matthaeus, Schadengsminderungspflichten im Haftpflichtrecht Oestereichs, 2008, 119 – 120.
❷ Hermann Hiltscher, Rechtfragen beim Schadensersatz nach Verkehrsunfällen, in: ZVR 1967, 169, 172.
❸ 韩世远:《合同法总论》,法律出版社2011年版,第644页。
❹ 韩世远:《合同法总论》,法律出版社2011年版,第646页。
❺ 朱广新:《合同法总则》,中国人民大学出版社2012年版,第598页。
❻ Hartmut Oetker, in: Münchener Kommentar zum BGB, §254 Rn. 3, 29.

当措施减少或者避免损失的,是他对最终损失与有过错。《民法典》第591条和第592条第1款、第2款规定的具体内容出现了体系上的偏差,但不影响各自的适用。

二、理论基础

与有过错的理论基础存在争议,部分观点认为是基于诚实信用原则。❶ 受损害人忽视了自己的利益,却允许他向加害人主张全部损害赔偿,违反诚实信用原则。部分学者对此予以否定,原因是,如果仅以诚实信用为依据,债权人损失赔偿请求权的缩减则单纯以公平为基础。❷ 故该观点认为,"与有过错"的理论基础除了诚实信用、公平公正,还包括自己责任,即任何人都要为自己的行为负责任。❸《民法典》第592条确立的两个基本思想是平等对待原则和按比例分担原则。❹ 平等对待的含义是加害人和受害人都实施引起损失的行为的,要同等对待。按比例分担损失原则表现在法律后果上,即加害人和受损害人按其行为对损失的"贡献"分担损失。按共同法时期的基本原则,受损害人有过错的,导致全部损害赔偿责任丧失。与有过错理论修正了"全有或全无原则"对违约人的不利。

---

❶ 陈聪富:《过失相抵之法理基础及其适用范围》,载王洪亮、张双根、田士永主编:《中德私法研究》(总第4卷),北京大学出版社2008年版,第4页;韩世远:《合同法总论》,法律出版社2011年版,第634页。
❷ 王洪亮:《债法总论》,北京大学出版社2016年版,第418页。
❸ Dirk Looschelders, Schuldrecht AT, 2019, §50 Rn. 4.
❹ 张谷:《作为自己责任的与有过失——从结构对称性角度所作的评论》,载王洪亮、张双根、田士永主编:《中德私法研究》(总第4卷),北京大学出版社2008年版,第41页。

三、成立要件

《民法典》第 592 条第 2 款的文字表达是"对方对损失的发生有过错"。该表示并不准确,因为过错是指债务人的主观方面,引起损失的不是过错,而是受损失人有责任的行为。❶ 虽然学者在解释与有过错时,认为过失是指主观方面,但探讨成立要件时,仍强调受损人的行为。❷ 实践中法院裁判时也会发生这种情况,即在术语上使用"过错",实际指向的是当事人行为。❸ 在违约损失赔偿中,本款不仅对违反合同义务产生的损失赔偿适用,也对缔约过失责任引起的损失责任适用。受损失人与有过错成立要满足以下几个要件。

(1) 债务人的违约行为导致债权人有损失;债权人实施了某行为,或者是债权人不作为,是损失产生的共同原因,即债权人的行为与损失之间有因果关系和可归责性。

(2) 除了债权人的有责行为,还要求他违反不真正义务。❹ 违约人承担违约责任以行为的违法性为条件,在没有正当防卫等排除违法性原因时,违约本身就具有违法性。问题是,要求对方当事人承担损失赔偿时,是否应当基于同等对待原则也要求他实施了违法行为。虽然有肯定的观点,但是法律原则上并不禁止自己侵害行为,不管在违约还是侵权中,受损失人损害自己的行为都不能被评价为具有违法性。

受损失人与有过错实际是"对自己的过错"。我们可以把"与

---

❶ 王洪亮:《债法总论》,北京大学出版社 2016 年版,第 418 页。
❷ 史尚宽:《债法总论》,中国政法大学出版社 2000 年版,第 306—307 页。
❸ 广东省珠海市香洲区人民法院(2007)香民二初字第 635 号民事判决书。
❹ 王洪亮:《债法总论》,北京大学出版社 2016 年版,第 418 页。

有过错"定义为，债权人没有尽到一个理性人应当避免自己损失的谨慎。但是，让受损害人承担一切他自己可以预见并可以避免的损失，显然也不合理。因此，"与有过错"成立的前提条件是，避免损失属于债权人责任领域。在什么情况下避免损失属于债权人的责任范围，可以借助"不真正义务"确定。❶ 债权人应尽到谨慎义务或照顾义务，保护自己的法益或者利益，此即债权人的不真正义务。❷ 因为受损害人没有维护或者疏忽维护自己的权益，引起损失或使损失扩大的，受损害人不得将自己行为的结果转嫁于他人。在此，要审查的是，一个谨慎的理性的交易参与人是否应当预见损失的产生并可以避免损失发生。

有疑问的是，《民法典》第592条第2款的适用是否要求损害人和受损害人主观方面有过错。违约责任的归责原则是过错原则的，从本条的基本思想之一"同等对待原则"视角来看，原则上也应当要求受损害人主观有过错。在归责原则是无过错责任的情况下，比如保证责任，《民法典》第592条第2款也适用，从条文表达看，此时要求受损害人有主观过错。受损害当事人主观有过错，即受损害人基于故意或过失没有尽到谨慎义务。故意只能是主观，而过失则区别为主观过失和客观过失。故意是指受损害人知道损害客观要件的实现，或者对损失发生有意愿。知道并不要求受损害人确定知悉相关重要事实，只要他认为损失可能发生即可。民法领域过失的判断标准是客观过失标准。❸ 判断过失的标准不是以受损害人个人能力为具体依据，而是以相关交易领域平均

---

❶ Dirk Looschelders, Schuldrecht AT, 2019, §50 Rn. 6.
❷ 北京市密云县人民法院（2015）密民（商）初字第07229号民事判决书。
❸ Dirk Looschelders, Schuldrecht AT, 2019, §50（客观过失标准是民法与刑法重要的区别之一）。

理性人的能力为标准。但是并不存在统一的具体的客观评价标准，部分观点提出应当区别交易领域和年龄段，因为在交易中人们对他人行为期待虽然没有统一标准，但对同一个领域中的他人或同一年龄组的人可以有形成相对一致的标准。

受损害人与有过错的另一个条件是责任能力。该要件对限制行为能力人有意义。在侵权责任中，未成年人承担限制责任。违约责任中，限制行为能力人实施法律行为需要法定代理人同意或者追认，因此有责任能力。

受损害人的代理人或者辅助人的与有过错，同样适用《民法典》第592条第2款。

四、法律后果

根据《民法典》第592条第2款的规定，受损害人对损失产生与有过错的，违约方损害赔偿额度减少。至于具体减少多少，要在具体情况中确定。通常的情况是，双方当事人分担损失，在极其例外的情况下，受损害人的过错可能排除损害赔偿责任。

一个违约行为可能引起具体多个损失项，而受损害人并非对所有的损失项都有过错，那么他只分担受其过错影响的损失项，其他损失项要由违约方全部赔偿。比如，违约人迟延履行，同时给付的标的物有瑕疵，受损害方当事人只对迟延履行有过错，在此情况下只有迟延履行的损失赔偿减少，瑕疵履行的损失赔偿不受与有过错影响。

受损害方当事人分担损失的实际原因是他实施了有责的行为，该行为与违约当事人行为共同引起损失。因此在评价减少的损失赔偿额时，既要考虑受损害人的行为在引起损失过程中所占的比例，也要考虑他的过错程度。行为是主要因素，受损害人的行为越可能引起损失，他分担的损失比例越大。至于是哪一方当事人的行为先引起损失，则无关紧要。关键的是，受损害人的行为对损失的产生有因果关系。双方当事人的过错是在利益平衡过程中同时要考虑的因素。

从《民法典》第592条第2款的法律条文来看，与有过错适用的是损害赔偿责任，对履行请求权不适用。除了违约引起的损害赔偿请求权，还包括缔约过失引起的损害赔偿，无因管理引起的损害赔偿。德国学界认为，"与有过错"对不当得利返还请求权不适用，但是通过诚实信用原则可以得出相同结果。❶

五、法律属性

在违约责任中，债权人向违约债务人主张损害赔偿的，法院不需要依债务人主张，只要基于任何一方当事人事实陈述"与有过错"成立，就应当依职权主动援用与有过错原则降低债权人的损害赔偿额度。❷ 就其法律属性而言，存在理论观点的分歧。部分观点认为，与有过错是请求权部分或全部消灭，并非抗辩。❸ 也有观点认为，与有过错规则是抗辩。❹ 与有过错规则有两个特点：第一，法官要依职权主动适用；第二，在法律后果上与有过错导致相应的损害赔偿请求权消灭。这两个特点决定了与有过错规则是抗辩。

---

❶ Gottfried Schiemann, in: Staudinger Kommentar zum BGB, Band Ⅱ, 2. Aufl., §254 Rn. 23.
❷ 史尚宽：《债法总论》，中国政法大学出版社2000年版，第297页。
❸ 史尚宽：《债法总论》，中国政法大学出版社2000年版，第308页。
❹ Hartmut Oetker, in: Münchener Kommentar zum BGB, Band Ⅱ, 6. Aufl., §254 Rn. 143.

第四节　债权人迟延作为债务人减轻责任的原因

由于债务给付内容有所不同,所以有的债务在履行时不需要债权人协助配合,此类债务不会发生债权人受领迟延。但多数债务在履行时需要债权人配合协助,否则无法发生履行结果,比如买卖合同中出卖人履行债务时需要买受人接收标的物;依样品加工的承揽合同,承揽人履行债务时需要定作人提供样品。债权人的这种配合义务被称为受领义务。

关于债权人受领的法律属性,理论上存在"权利说"[1]"法定义务说"[2]"不真正义务说"[3]之争。《民法典》将债权人受领迟延规定在违约责任章,且置于债务人违约责任之后,从体系上看似乎是将"受领"界定为债权人的义务。债权人受领迟延并不是一个与债务人履行迟延完全对立的法律概念。一般情况下债权人有权利接受给付,但这不是他的义务。从规定内容来看,债权人受领迟延的法律属性是"不真正义务"。债务人没有要求债权人受领给付的请求权,违反受领义务主要是为债权人带来损害赔偿责任之外的其他法律上之不利,主要的法律后果是对债务人责任减少。比如,《民法典》第589条第2款规定的不必支付利息,或者根据

---

[1] 王家福主编:《中国民法学·民法债权》,法律出版社1991年版,第232页。该观点认为,受领是债权人的权利,不存在违反义务之说。

[2] 佟柔主编:《民法原理》,法律出版社1990年版,第201页;崔建远:《合同责任研究》,吉林大学出版社1992年版,第106页;王利明:《违约责任论》,中国政法大学出版社2000年版,第191页。该观点认为,受领是债务人的义务,违反受领义务的,承担违约责任。

[3] 韩世远:《合同法总论》,法律出版社2011年版,第436–437页。

《民法典》第 570 条债务人取得提存权。再如,《民法典》第 605 条的措辞为"买受人……违反约定",但法律后果是买受人承担标的物灭失和损毁的风险。据此,受领对买受人而言是不真正义务。《民法典》第 589 条第 1 款规定,债权人要对债务人增加费用赔偿,其目的是使债务人不承担额外负担。

一、受领迟延的前提条件

受领迟延制度适用的前提条件是债权人陷入受领迟延。《民法典》第 589 条第 1 款对债权人受领迟延的表达是:"债务人按照约定履行债务,债权人无正当理由拒绝受领。"因此,首先要求债务人按约定履行。详细而言,债务人提供给付应当满足以下几个要件。

(一)债权人配合的必要性

债权人迟延适用于债务人履行需要债权人配合的债务,比如买卖合同中,买受人负担支付价款义务,该义务需要出卖人或者告知转账账户,或者接收现金、支票等。债务人履行不需要债权人配合的,不会出现受领迟延。比如,债务人负担不作为义务,只要债务人不为特定行为即可;再如,债务人的义务是作出特定意思表示的义务,此情况中也不需要债权人配合。绝对定期交易中,债权人不配合将导致履行不能,此时适用履行不能规则,不发生受领迟延。❶

(二)债务人的给付具有可能性

债权人受领迟延的另一个前提是,在履行的时间点债务人可能提供给付。债务人履行不能,且嗣后也不能履行,从履行不能的时间点开始适用履行不能的规则,因为债务人在此情况下没有

---

❶ 王洪亮:《债法总论》,北京大学出版社 2016 年版,第 328 页。

履行义务，因此不存在受领迟延。履行不能是指债务人无法为给付，包括法律上不能、事实不能和经济上不能。在区别债权人受领迟延和债务人履行不能时要查明的问题是，债务人确实是因为债权人不配合、不受领而暂时没有完成履行，还是因为其他源于债权人的因素无法履行，且不能事后补救履行。前者是受领迟延，后者是履行不能。比如，债权人因为生病不能上私教健身课，此时存在受领迟延，因为可以补课；❶ 但是如果债权人因为生病不能参加旅行团的旅行，则可能是履行不能。❷ 一般而言，绝对定期交易的债权人不配合的，存在履行不能，因为债务人不可以事后补救履行。确定存在履行不能的，不适用《民法典》第589条。

债务人履行能力受阻的，包括事实受阻和法律上受阻，不发生债权人受领迟延。比如，承揽人因为车祸手臂骨折，他的履行能力暂时受阻；再如，债务人的履行依赖于公共部门的同意，他暂时未取得同意，此时存在法律上履行受阻。

二、债务人依约提供给付

（一）一般要求

债务人按合同约定向债权人提供给付，即在约定时间或恰当时间将给付提供到正确的履行地点。债务到期之前债务人履行的，根据《民法典》第530条的规定，债务人提前履行不损害债权人利益的，债权人不可以拒绝受领，因此在债务到期前也可能发生受领迟延。履行需要相关公共管理部门同意的，比如外汇管理部门同意，在同意之前债务人的给付不会引起受领迟延，因为没有

---

❶ Wolfgang Ernst, in: Münchener Kommentar zum BGB, Band Ⅱ, 6. Aufl., §293, Rn. 8.

❷ 王洪亮：《债法总论》，北京大学出版社2016年版，第328页。

管理部门的同意不允许债务人履行。❶

债务人的给付既可以由他本人提供，也可以由代理人提供，第三人对履行有利益的，提供履行人也可以是第三人❷。债务人提供给付的相对人是债权人，或者有受领权的代理人；在利他合同中，债务人应当向约定的第三人提供给付；债权人方面是连带债权人的，债务人可以自己选择向具体债权人提供给付。

（二）实际给付

通常情况下要求债务人实际提供给付，实际给付在法律属性上属于事实行为还是法律上行为，存在争议。多数观点支持实际给付是事实行为。❸ 实际给付要求债务人提供给付的情况达到的标准是，只要债权人受领即完成履行，不需要他为其他行为。根据债务本质，对债务人实际提供给付的要求也不同。在赴偿之债中，债务人要把给付送至履行地点；在寄送之债中，债务人把标的物交给快递不满足提供给付，债务人寄出的标的物到达债权人处才满足提供给付的要求；往取之债中，债务人通过言语提供给付已足。❹ 债务人负担的给付义务是行为的，他必须出现在给付地点，才满足实际给付的要求。

债务人提供的给付必须符合约定，提供替代物不足以达到依约提供给付的要求。债务人提供的给付不得有瑕疵，不得提供他物，债权人拒绝接受瑕疵给付，或者拒绝受领他物的，并不使他

---

❶ Wolfgang Ernst, in: Münchener Kommentar zum BGB, Band Ⅱ, 6. Aufl., §293, Rn. 6.
❷ 《民法典》第 524 条。
❸ Wolfgang Ernst, in: Münchener Kommentar zum BGB, Band Ⅱ, 6. Aufl., §293, Rn. 13；Palandt, Bürgerliches Gesetzbuch, 66. Aufl., 2007, §293, Rn. 2.
❹ 韩世远：《合同法总论》，法律出版社 2011 年版，第 439 页；王洪亮：《债法总论》，北京大学出版社 2016 年版，第 329 页。

陷入受领迟延,即使债权人对此并不知情。比如《民法典》第610条规定,因标的物不符合质量要求,致使不能实现合同目的的,买受人可以拒绝接受标的物或解除合同。在此情况下拒绝受领不导致受领迟延。债务人部分履行的,根据《民法典》第531条的规定,部分履行不损害债权人利益的,债权人不可以拒绝接受部分履行。因此,对债务人提供的部分履行也可能产生受领迟延。实践中法院认为,在此情况下,根据诚实信用原则债权人拒绝接受构成受领迟延。❶ 给付的量如果缺失得极少,则不属于此情况。种类物之债,债务人提供的给付必须符合中等标准,不满足标准的,则种类之债没有被具体化,债权人不会因为拒绝接受而陷入受领迟延。

(三) 言语提供给付

债务人只需要提供言语给付的情况包括以下几种情况:债权人严肃地、明确地对债务人表示他将拒绝受领;❷ 履行需要债权人同时配合;债务的性质决定债务人只能提供言语给付。

债权人既可以直接表示拒绝受领给付,也可以通过非直接的意思表示拒绝,但此时要求债权人拒绝受领的意思明确无疑。比如债权人表示,合同没有成立、被撤销、被解除,可以认为债权人明确拒绝接受履行。❸ 对言语给付而言,要求债务人有给付能力和给付意愿,前者排除履行不能的情况,后者要求债务人的言语给付是严肃认真的。债务人虽然没有标的,但是随时可以在市场上取得,则可以认为债务人具备给付能力和给付意愿。对债务人

---

❶ 参见最高人民法院(2006)民二终字第163号民事判决书。
❷ 王洪亮:《债法总论》,北京大学出版社2016年版,第329页。
❸ Wolfgang Ernst, in: Münchener Kommentar zum BGB, Band Ⅱ, 6. Aufl., §295, Rn. 6.

的给付能力和给付意愿有争议的,由债权人承担证明责任。

债务人的履行需要债权人行为配合的,债务人也只需要作出言语给付。比如,在往取之债中债权人要取走标的物;在选择之债中选择权属于债权人的,债权人要作出选择等。在此类情况中,债务人也只要提供言语给付。

某些债务基于其本质,也只需要债务人提供言语给付。比如,债务给付标的是服务,债务人提供给付的方式是言语。在法律属性上,言语给付是需受领的准法律行为,应当书面或者口头向债权人作出。

(四)无须提供给付的情况

债权人的配合行为是通过日期确定的。比如,在往取之债中双方约定债权人于2月28日取货,债权人没有取货的,不需要债务人言语提供给付,债权人即陷入受领迟延。

三、债权人拒绝受领或拒绝为对待给付

(一)拒绝受领

债权人受领迟延的另一个条件是,债权人不受领给付,且无正当理由。所谓的不受领,是指债权人应当配合债务人给付,但他对此不作为。不受领给付不仅是不接受债务人提供的标的物,还包括不接受债务人提供的服务给付等。不受领行为除了不接受,也包括债权人为给付设置不合法、不合理的条件等。拒绝受领可以明确表示,也可以通过行为默示表示。受领迟延首先要求债务人提供的给付符合约定。如果给付有瑕疵,即使债权人不知道有瑕疵,也不存在受领迟延。❶

---

❶ Wolfgang Ernst, in: Münchener Kommentar zum BGB, Band Ⅱ, 6. Aufl., §294, Rn. 6.

债权人受领迟延与过错无关。比如，债权人因为患病或受伤无法受领给付，仍然构成受领迟延，不可抗力同样不排除受领迟延。❶ 受领迟延之所以与过错无关，原因并不在于我国民法中的违约责任是否采取严格责任，❷ 主要原因是，受领是债权人的不真正义务，受领迟延并不是债权人违约，只是没履行他的不真正义务。❸ 受领迟延不会导致损害赔偿或解除合同，只会使债权人失去法律上的利益。在例外的情况下，应当根据诚实信用原则限制债权人受领迟延的法律后果。❹

合同当事人可以约定，受领是债权人的真正义务，在此情况下，债权人不受领要承担违约责任。法律也可以明确规定，受领是真正义务，比如《德国民法典》第433条第2款和第640条第1款分别规定了买受人和定作人有接受义务，受领义务就是真正义务。《民法典》第780条规定："承揽人完成工作的，应当向定作人交付工作成果……定作人应当验收该工作成果。"部分观点认为，这是对定作人受领工作成果、验收义务的规定。❺ 本书认为，第780条规定只是验收义务，受领义务只能针对验收合格的工作成果。

（二）拒绝为对待给付

在给付和对待给付应当同时履行的情况下，虽然债权人有受领给付的意愿，但拒绝同时提供对待给付，债权人同样陷入受领迟延。在同时履行的债务中，债务人提供符合约定的给付，债权

---

❶ 王洪亮：《债法总论》，北京大学出版社2016年版，第330页。
❷ 本书认为，《民法典》违约责任的归责原则应为过错推定。
❸ Wolfgang Ernst, in: Münchener Kommentar zum BGB, Band Ⅱ, 6. Aufl., §293, Rn. 18.
❹ 王洪亮：《债法总论》，北京大学出版社2016年版，第331页。
❺ （2014）徐商终字第0551号民事判决书中一审法院观点。

人同时也提供符合约定的对待给付是他的必要配合义务，债权人拒绝提供对待给付的，与拒绝受领效果相同。

四、受领迟延终止

受领迟延终止时间对《民法典》第589条第1款的债务人增加的费用计算，以及第2款免除的利息都有重要意义。受领迟延终止的原因主要是债权人接受给付，债务人事后发生履行不能，债务人通过提存或抵销等使债务消灭，债务人解除合同等。债权人拒绝给付的，在他放弃拒绝给付的时刻，受领迟延终止。债权人不实施配合义务的，在他履行配合义务时受领迟延终止。

五、法律后果

《民法典》第589条只规定了受领迟延的部分法律后果：债务人对债权人有赔偿增加费用的请求权，免除债务人在履行迟延期间的利息。其他法律后果应当通过理论或裁判予以补充。

（一）增加费用赔偿请求权

因为受领迟延并非违反合同义务，不产生损失赔偿义务。为了使债务人不负担额外费用，《民法典》第589条第1款规定债务人可以要求债权人赔偿迟延受领期间产生的额外费用。赔偿范围限于实际增加的必要的费用，包括债务人提供无果之给付的费用（比如运输费）、催告费用、提存费用、多支付的仓储费、对不宜保存的标的物的处理费等。❶

（二）不产生迟延利息

债务人负担金钱之债，主要针对借款合同中的借款人，在受

---

❶ 韩世远：《合同法总论》，法律出版社2011年版，第444页。

领迟延期间不支付利息，包括法定利息和约定的有效利息。因为债权人不能通过不受领阻止债务人履行而直接获得利益。❶ 需要注意，在受领迟延中不涉及金钱之债的迟延利息，因为不存在债务人履行迟延问题。然而，情况不同的是，债务人在迟延受领期间利用金钱赚取利息的，这部分利息属于收益，应当返还给债权人。

（三）债务人给付义务不免除

债权人陷入受领迟延，并不免除债务人的给付义务，也不产生合同解除权。受领迟延是债务人提存的事由，在给付标的适宜提存的情况下，适用《民法典》第570条第1款第1项，债务人可以将给付提存，进而消灭债之关系。但提存的另一个条件是标的物适宜提存，不适于提存的标的物比如体积过大的标的物、不易保管的标的物、易腐烂的标的物，或者保存费用过高的标的物等不应当提存。此时债务人应当将标的物拍卖或者变卖，提存价款。标的物是不动产的，在比较法上，债务人可以通过抛弃不动产的占有，但要通知债权人，除非无法通知，否则债务人可能承担标的物损失的赔偿责任。❷ 学界部分观点提出，不应当允许债务人抛弃不动产占有，因为我国允许不动产提存。❸

（四）风险转移

债权人受领迟延的，风险转移具体表现在以下几个方面。

标的物损毁、灭失风险转移给债权人。《最高人民法院关于审理商品房买卖合同纠纷案件适用法律若干问题的解释》第8条规定："买受人接到出卖人的书面交房通知，无正当理由拒绝接收

---

❶ Dirk Looschelders, Schuldrecht AT, 2019, Rn. 765.
❷ 比如《德国民法典》第301条，我国台湾地区所谓"民法"第238条。
❸ 王洪亮：《债法总论》，北京大学出版社2016年版，第333页。

的,房屋毁损、灭失的风险自书面交房通知确定的交付使用之日起由买受人承担。"根据《民法典》第608条的规定,买受人违反约定没有收取标的物的,标的物损毁、灭失的风险自违反约定时起由买受人承担,出卖人不必履行,但买受人仍然需要支付价款。这里的风险转移并不是说债务人完全不承担责任,而是说,迟延履行期间,标的物损毁、灭失的,或者发生部分或者全部履行不能的,债务人仅在他有故意和重大过失的情况下承担继续履行责任或者损害赔偿责任。原因在于,受领迟延并不导致债务人的履行义务消灭,这样,继续持有给付标的债务人的给付风险时间就被延长,这本身就增加了债务人的负担,为了平衡债务人之利益,应当减轻债务人的注意义务。债务人对标的物损毁、灭失只有一般过错或无过错的,他不再负担履行义务,也不负担损害赔偿责任,但仍持有对债权人的对待给付请求权。❶

在种类之债中,债务人已经将供履行的标的物从种类物中挑选出来,换言之,债务人已经完成了种类之债的具体化,否则他无法提供符合约定的给付。债权人陷入受领迟延后,给付风险转让给债权人,标的物非因为债务人故意或重大过失而损毁、灭失的,债务人给付义务消灭,但仍有要求债权人支付对待给付的请求权。

金钱之债有其特殊性。金钱不是种类之债,但也存在风险转移问题。比如,债务人依约定携带金钱去履行地偿还金钱之债,债权人没有受领,债务人返回路上遭遇抢劫。无论债权人因为什么原因没有受领(可能因为忘记,也可能因为其他原因不在约定履行地),在此情况下债务人不需要再提供给付。

---

❶ 王洪亮:《债法总论》,北京大学出版社2016年版,第332-333页。

（五）债务人交出收益的限制

债务人在受领迟延期间，仅向债权人交还他实际收取的标的物之收益。比如，债务人负担金钱之债，迟延受领期间他只是将金钱放置于家里，没有存在银行收取利息，则债务人不需要向债权人交还收益。

（六）不成立法定解除事由

受领迟延并非违约，因此受领迟延本身不是合同解除事由，债务人对债权人仍然有对待给付请求权。然而，可能发生的情况是，债权人受领迟延导致履行不能，比如定期交易，此时适用履行不能规则。因为履行不能是由债权人引起的，即债务人的履行不能归责于债权人，所以在此情况下，虽然债务人基于履行不能不必履行原始给付义务，但是从合同的风险分配规则出发，债权人仍有提供对待给付的义务，❶ 债务人则只对故意或重大过失承担责任。

第五节　第三人原因导致违约

一、基本情况

基于合同成立的法律关系是债之关系，债的重要特性之一是它的相对性，即一般只约束合同的当事人，有约束力的既包括履行，也包括责任。在履行上，《民法典》以明确立法的形式规定，

---

❶ 庄加园：《债权人原因引起的给付不能》，载《法律科学》2018 年第 5 期，第 143 – 153 页。

在特定条件下可以由第三人履行或向第三人履行，比如《民法典》第522条的利益第三人合同，第524条规定的由第三人履行的合同。第524条规定由第三人履行的前提之一是，第三人对履行有合法利益，因此也是为了第三人之利益。然而在责任方面，《民法典》在多个条款中规定应当约束合同当事人。即使在允许向第三人履行的情况下，责任也不约束第三人，比如在《民法典》第522条的利益第三人合同中，债务人不向第三人履行或者履行不符合约定的，违约责任依然发生在债权人和债务人之间；再如，根据《民法典》第523条的规定，当事人约定由第三人履行债务的，第三人不履行或者履行不符合约定，承担违约责任的是债务人。

根据《民法典》第593条的规定，即使违约原因由第三人引起，责任也由合同当事人承担，这也是合同相对性的体现。《民法典》第593条的规定主要是为了防止在审判实践中动辄将第三人拉进来，作为第三人参加诉讼，法院依职权把一些合同以外的当事人拉进案件，最后纠纷双方没有承担责任，判决由别的人承担责任。[1] 实践中很多情况下法院援用《合同法》第121条的目的也是强调合同的相对性。在"上海生物芯片有限公司与青岛新食派营养餐有限公司委托合同纠纷上诉案"中，合同一方当事人向另一方的合作方主张违约责任，法院援用《合同法》第121条以合同的相对性为由驳回诉讼请求。[2]

《民法典》第593条的另一个功能是，排除债务人将第三人原因一般性地作为违约责任的免责事由。[3] 在实践中，违约由第三人

---

[1] 梁慧星：《梁慧星教授谈合同法》，四川省高级人民法院印，川新出内（98）字第174号，第150-151页。
[2] (2010) 青民二商终字第141号民事判决书。
[3] 周江洪：《〈合同法〉第121条的理解与适用》，载《清华法学》2012年第5期，第159页。

原因引起的，债务人会因此主张免除违约责任。法院多援用《合同法》第 121 条否认违约人的免责抗辩。比如，在"北京电力建设公司与北京现代建筑材料有限责任公司买卖合同纠纷上诉案"中，供货方的送货车辆在电力公司施工工地被当地居民围堵，北京市第二中级人民法院否定了电力公司的第三人原因抗辩，法院认为电力公司没有尽到协助运输车辆安全离开现场等合同附随义务。❶ 在"丁某与广东车天车地汽车发展有限公司买卖合同纠纷上诉案"涉及的纠纷中，因审批手续导致债务人迟延履行，广州市中级人民法院援引《合同法》第 121 条否定了债务人的第三人原因抗辩。❷ 在"广州君茗投资有限公司与刘某商品房买卖合同纠纷上诉案"❸ 中，因规划局未出具规划验收合格证导致逾期交房，一审法院援引《合同法》第 121 条认为被告的该项辩解缺乏法律依据。

二、与相关规定的关系

（一）与不可抗力的关系

不可抗力是违约责任减免的原因，不可抗力成就的，违约方可以主张存在不可抗力，要求免除或者减轻民事责任。引起不可抗力的原因包括第三人，比如罢工或颁布新法律或新政策等政府行为。第三人的原因可以涵摄为不可抗力的，《民法典》第 590 条仍适用，违约方可以主张存在不可抗力，要求部分或者全部免责。❹ 在买卖合同中，价金风险则由《民法典》第 606 条至第 609

---

❶ （2009）二中民终字第 08921 号民事判决书。
❷ （2005）穗中法民二终字第 983 号民事判决书。
❸ （2007）穗中法民五终字第 3350 号民事判决书。
❹ 李永军、李伟平：《因第三人原因造成的违约与责任承担——兼论〈合同法〉第 121 条的理论解构》，载《山东大学学报（哲学社会科学版）》2017 年第 5 期，第 26 页。

条规定。

(二) 与《民法典》第 523 条的关系

《民法典》第 593 条和第 523 条的规范目的不同。第 523 条处于合同的履行章，其目的是规范履行当事人；第 593 条属于违约责任章，目的在于规范违约责任当事人。第 523 条也包含违约责任主体，该条适用的前提条件是，合同当事人约定由第三人履行，为了避免重复，应当认为第 523 条是特别规定。即当事人约定由第三人履行的，第 523 条优先适用。

(三) 与其他特别法中的相关规定的关系

如果法律明确规定，在第三人原因引起违约中债权人可以突破合同相对性直接对第三人主张违约责任的，此类特别规定优先。比如，根据《消费者权益保护法》第 40 条第 2 款的规定，因商品缺陷造成消费者人身、财产损害的，消费者也可向作为第三人的生产者请求赔偿。再如，《最高人民法院关于审理旅游纠纷案件适用法律若干问题的规定》第 7 条规定："旅游经营者、旅游辅助服务者未尽到安全保障义务，造成旅游者人身损害、财产损失，旅游者请求旅游经营者、旅游辅助服务者承担责任的，人民法院应予支持。因第三人的行为造成旅游者人身损害、财产损失，由第三人承担责任；……"

(四) 第三人行为构成侵权

《民法典》第 590 条规定的是违约责任。第三人行为同时构成侵权的，不能阻碍合同当事人直接对第三人主张侵权责任。这同样也是债的相对性的体现，侵权行为发生在一方当事人和第三人之间。

三、第三人的范围

《经济合同法》和《民法通则》中没有"第三人"这一表达,分别是"上级领导机关或业务主管机关"和"上级机关"。这与当时市场经济的实际情况有关。合同法中"第三人"显然不限于上级机关或者主管机关。

梁慧星教授认为,应当对第三人范围作限定,并非合同当事人以外的任何其他人都是《民法典》第593条意义上的第三人。第三人通常是一方当事人的雇员、内部职工、当事人一方的原材料供应商、配件供应人、合作伙伴等,也包括上级机关。❶ 另有学者认为,第三人只包括两类:履行辅助人和上级机关,❷ 如果对第三人不作限制,将导致债务人为任何与自己不相干的人的原因引起的违约都承担责任,这无疑加重了债务人的负担。也有观点提出,《民法典》第593条所指第三人是履行辅助人、上级机关以及与债务人有一定法律关系的第三人,如合伙关系、共有关系、代理关系、共同担保等,同时不包括第三人积极侵权的情形。理由是,债务人为没有任何关联的法律主体引起的违约承担责任,没有法律依据,有悖法律的公正和效率。❸ 也有学者认为《民法典》第593条规定的内容应当废除,原因是将给付障碍的风险一律分配给债务人过于极端。第三人的原因可以包括对债务人的人身伤害,对标的物的犯罪行为,甚至包括引起社会动荡、瘟疫、恐怖袭击等。《民法典》第593条的规定是机械地看待当事人合意的结果,

---

❶ 梁慧星:《梁慧星教授谈合同法》,四川省高级人民法院印,川新出内(98)字第174号,第150页。
❷ 韩世远:《他人过错与合同责任》,载《法商研究》1999年第1期,第40页。
❸ 张影:《第三人原因违约及其责任承担》,载《北方论丛》2002年第6期,第47页。

完全不符合合同构成之尽可能尊重当事人对未来风险的分配的思想。❶

　　理解《民法典》第593条意义上的第三人首先要以立法目的为出发点，然后结合该条与其他规定的关系。第593条的主要立法目的是强调合同的相对性，避免在违约责任中将第三人拉进来。理论上虽无必要，但是鉴于当前基层的司法水准情况并无不利。上述认为第593条之规定加重了债务人负担的观点主要错误在于，没有厘清该条和其他相关规定以及和其他法律责任之间的关系。第593条的目的在于限制违约责任主体，并不在于限制其他，不可抗力条款仍然可以适用。第三人原因属于不可抗力，比如因他人企业罢工、政府行为、恐怖袭击等导致违约的，不可抗力仍然可以作为免责事由。《民法典》第593条并没有表达出排除不可抗力免责规范适用的意思。❷ 受《民法典》第593条规范的责任是违约责任，对侵权责任没有影响，第三人对债权人实施侵权的，第三人要承担侵权责任。这一点在司法实践中普遍承认，比如根据《最高人民法院关于审理旅游纠纷案件适用法律若干问题的规定》第7条的规定，旅游经营者、旅游辅助服务者未尽到安全保障义务，造成旅游者人身损害、财产损失，旅游者请求旅游经营者、旅游辅助服务者承担责任的，人民法院应予支持。在此类情况中，旅游经营者、旅游辅助服务者承担的是侵权责任。❸ 如果第三人行为不可评价为情事变更的，债权人也可以要求解除合同或者变更

---

❶ 解亘：《我国合同拘束力理论的重构》，载《法学研究》2011年第2期，第72页。

❷ 周江洪：《〈合同法〉第121条的理解与适用》，载《清华法学》2012年第5期，第155页。

❸ 周江洪：《〈合同法〉第121条的理解与适用》，载《清华法学》2012年第5期，第161页。

合同。

比较法上的相关规定不能为《民法典》第593条提供借鉴。在探讨该问题时经常被提及的是《德国民法典》278条。该条款规定的是"为第三人过错承担责任",第三人限制为履行辅助人。根据《德国民法典》第278条的规定,合同当事人应当为其履行辅助人引起的违约承当责任(虽然文本表达为"过错",实际指有过错的行为),不需要考虑合同当事人在选任履行辅助人时是否尽到谨慎义务,也不考虑是否监督其行为。该条的目的在于排除合同当事人以选人时尽到谨慎义务且进行监督而要求免除负担。设置履行辅助人是社会分工带来的利益,严格归责的原因是,合同当事人在享受这种利益的同时,也要承担伴随的风险,因此承担担保责任。❶ 德国民法理论和司法实践的实际情况不需要特别立法将第三人排除在违约责任之外。

第三人不应当包括履行辅助人。从立法目的出发,即强调合同的相对性,《民法典》第593条的第三人不包括其行为本来就可归属于合同当事人的履行辅助人,比如代理人,这些人的行为是合同当事人自己的行为。❷ 对于此类代理人,应当适用代理的相关规定,如在"浙江伊迪进出口有限公司与武义塔山工具厂买卖合同纠纷上诉案"一审中,原告要求合同当事人的员工承担违约责任。一审法院认为,员工系浙江伊迪进出口有限公司员工,均系职务行为,民事责任应由浙江伊迪进出口有限公司承担。❸ 在该案中,员工行为直接归属于合同当事人,违约责任人是合同当事人,

---

❶ Grundmann, in: Münchener Kommentar zum BGB, Band Ⅱ, 6. Aufl., §278, Rn. 3.

❷ 王立兵:《关系论视阈下第三人违约问题研究——以〈合同法〉第121条为中心》,载《学术交流》2010年第2期,第66页。

❸ (2011)浙金商终字第1236号民事判决书。

不涉及《民法典》第 593 条规定的内容。其他履行辅助人也不是《民法典》意义上的第三人。履行辅助人包括法定履行辅助人（比如法定代理人）和意定履行辅助人，他们是根据债务人意思介入债务履行的人，其履行行为直接归属于债务人。占有辅助人，执行辅助人的情况也如此。❶

基于上述原因，本书认为，第三人不存在范围过大的问题，也不存在加重债务人负担的情况。

四、"原因"的意涵

《民法典》第 593 条表达是第三人"原因"造成违约，在该条的立法史过程中，曾经被表述为第三人"过错"，为了避免与合同法的严格责任相冲突，后改为"原因"。❷ 无论采过错归责原则还是无过错归责原则，用"过错"都不恰当。引起违约的，实际是第三人有责任的行为，但是债权人不需要证明第三人实施了阻碍债务人履行合同的"行为"。根据合同相对性原理，在没有免责事由的情况下，债务人就应为自己未依约履行产生的不利后果负责，不论是自己的原因，还是第三人的原因，甚至说不清来源的原因。❸

五、债权人和债务人之间责任成立依据

《民法典》第 593 条的核心要件是合同当事人违约，即债务人拒绝履行、履行迟延或者瑕疵履行。与《合同法》第 121 条略有

---

❶ 崔建远：第三人的原因造成违约时的责任分配论，载《政法论坛》2023 年第 1 期，第 89 页。
❷ 韩世远：《他人过错与合同责任》，载《法商研究》1999 年第 1 期，第 60 页。
❸ 王立兵：《关系论视阈下第三人违约问题研究——以〈合同法〉第 121 条为中心》，载《学术交流》2010 年第 2 期，第 66 页。

不同的是，《民法典》第 593 条增加了"依法"一词，在于明确指出该条不是债权人主张违约请求权的请求权基础。债权人向违约人主张违约责任的，其依据是《民法典》合同编违约责任章的请求权基础规范。因此债务人违约责任成立应当满足相关请求权基础规定的请求权成立要件。

如果第三人的原因属于不可抗力，债务人可以援用《民法典》第 590 条，要求减轻或者免除责任。同时债务人应当及时将不能履行或者迟延履行的情况通知债权人，以减轻给对方造成的损失。第三人的原因不构成不可抗力的，债务人基于对债权人的保护义务，也应当及时通知债权人无法履行或者迟延履行。

六、第三人和债务人的关系

根据《民法典》第 593 条的规定，债务人和第三人之间的纠纷，依法律规定或者约定处理。该规定在一定程度上也是债权关系的相对性的体现。第三人和债务人之间最常见的是合同关系，比如债务人将从第三人处购买的货物卖给债权人，因为第三人供货迟延导致债务人履行迟延，这时债务人和第三人之间的纠纷根据《民法典》相关规定或者双方约定处理。债务人和第三人之间也可能是侵权关系，比如第三人将债务人准备交付的特定标的物损毁，债务人和第三人之间的纠纷根据侵权法解决。债务人和第三人之间的关系也可能是其他关系，比如债务人是其他组织的，因为政府主管机关的原因导致债务人违约，常见的比如行政审批原因，此时债务人和第三人之间的纠纷根据调整他们之间关系的法律法规处理。第三人的行为也可能构成犯罪或违反治安管理，此时第三人的行为受刑法或行政法调整。

在合同法立法过程中，《中华人民共和国合同法草案（三审稿)》第 122 条规定："第三人明知当事人之间的债权债务关系，采用不正当手段，故意妨碍债务人履行义务，侵害债权人权利的，应当向债权人承担损害赔偿责任。"该规定之后被删除。这一改动引起的问题是，法律上是否存在第三人积极侵害债权这一制度。部分学者通过解释《侵权责任法》第 2 条的"等"字试图说明我国承认第三人积极侵害债权制度。❶ 本书认为，既然《民法典》通过第 593 条确立债权的相对性，在没有其他明确规定的情况下，通过解释的途径突破债的相对性承认第三人积极侵害债权这样一个有争议的问题不具有合理性。

第六节　双方违约

在理论上，对于是否存在"双方违约"，有激烈的观点分歧。否定说认为，双方违约存在理论上的错误，债权人在对方当事人不履行义务时，有履行抗辩权，拒绝履行义务属正当行使抗辩权，不构成违约。❷ 也有观点认为，没有必要从当事人的视角区分单方违约或双方违约，即使双务合同中当事人各自违反了没有牵连性的义务，各自向对方承担违约责任即可。基于此，该观点将《合同法》第 120 条（与《民法典》第 592 条第 1 款一致）解释为与

---

❶ 杨立新、李怡雯：《债权侵权责任认定中的知悉规则与过错要件——（2017）最高法民终 181 号民事判决书释评》，载《法律适用》2018 年第 19 期，第 66 页；周华：《侵权法中债权损害的确立及发展》，载《重庆理工大学学报（社会科学）》2017 年第 8 期，第 93 页。

❷ 梁慧星：《民法学说判例与立法研究》，中国政法大学出版社 1993 年版，第 82 页。

有过错。❶ 肯定说认为，双务合同的当事人有可能互负彼此不牵连的义务，此时当事人违反义务时，不能适用履行抗辩权，双方违约有适用的空间。❷ 无论如何，双方违约并不是指合同双方违反同一个合同义务，而是指双方违反各自的合同义务，❸ 常见的情况是双方履行都不符合合同约定等。❹

立法者在《民法典》第 592 条第 2 款规定了与有过错，说明该条第 1 款规定的内容不是与有过错，而是双方各自违反自己义务的情况。其功能在于明确合同双方当事人违反彼此不牵连的义务时，应当分别处理。理论上这种规范虽然不必要，但至少可以促使合同的权利义务体系明晰。

双方违约不适用的情况包括：一方当事人有先履行义务，但没有先履行，此时对方当事人虽然未履行到期债务，但有先履行抗辩权；双方均未履行到期债务，存在双方当事人应当同时履行的情况，而其中一方当事人没有履行能力或者没有履行意思，此时对方当事人有同时履行抗辩权。

在履行抗辩权之外，双方当事人都违反自己的义务的，要各自承担违约责任。比如债务人陷入履行迟延，但在债权人催告的合理期间内履行，此时债权人仍然有受领义务。债权人不受领的，陷入受领迟延，根据《民法典》第 589 条的规定债权人要承担增加的费用。而债务人要承担履行迟延引起的损失。再如，买卖合同中出卖人提供的给付有瑕疵，他要承担补救履行和（或）损害赔偿责任；买受人支付价款迟延，要承担迟延利息赔偿责任。双

---

❶ 朱广新：《合同法总则》，中国人民大学出版社 2012 年版，第 599 页。
❷ 黄薇主编：《中华人民共和国民法典合同编解读》，中国法制出版社 2021 年版，第 466 页。
❸ 梁慧星：《合同通则讲义》，人民法院出版社 2021 年版，第 408 页。
❹ 王利明：《合同法研究》（第 2 卷），中国人民大学出版社 2015 年版，第 450 页。

方当事人的债务符合抵销的，可以主张抵销。

在不真正的双务合同中也会存在双方违约的情况。比如，无偿委托合同虽然是单务合同，即只有受委托人有主合同义务，委托人不负担等价的对应义务，但不意味着委托人不承担任何义务。委托人对受委托人有保护义务，违反保护义务导致受委托人产生损失的，委托人要承担损害赔偿责任。在此情况下，双方当事人各自承担自己的违约责任。

CHAPTER 06 >> 第六章
履行不能的救济

履行不能是最主要的履行障碍,仅对非金钱债务适用,故发生履行不能时债务人方面负担的不能是金钱之义务❶。大陆法系中的继续履行以履行具有可能性为条件,罗马法时期即有"履行不能不为债"❷ 这一法谚,它表达的含义是,履行不能时债务人的原始给付义务消灭;换言之,债权人的原始给付请求权得不到支持。在《德国债法现代化法》生效之前,根据旧的《德国民法典》第306条的规定,履行不能导致合同自始无效。《德国债法现代化法》将其废止,并在现行《德国民法典》第275条中对履行不能的法律后果作出修正,即传统的履行不能的结果是债权人原始给付请求权被排除,而履行费用与债权人给付利益严重不成比例的法律后果应当

---

❶ 李永军:《合同法》,中国人民大学出版社2021年版,第249页。

❷ Wolfgang Ernst, in: Münchener Kommentar zum BGB, Band Ⅱ, 6. Aufl., §275, Rn. 30.

是，债务人有拒绝提供原始给付的抗辩权。在最终结果上，都是债务人不需要提供原始给付。

根据《民法典》第 580 条第 1 款的规定，履行不能的法律后果是债权人不可以要求继续履行。根据《法国民法典》第 1184 条的规定，债权人选择要求法院裁判继续履行的条件是履行可能。以上法律规范都意味着，在发生履行不能的情况下，给付风险由债权人承担，他要求债务人提供原始给付的请求权不能得到支持。本书在此要厘清的问题是，债务人履行不能时，是否必须解除合同。

第一节 履行不能不可归责于债务人

根据履行不能是否可归责于合同当事人，合同关系所处的法律状况不同。如果履行不能不可归责于任何一方当事人，比如引起债务人履行不能的是不可抗力，其法律后果是合同关系自动解除，不需要行使解除权或者作出解除合同的意思表示。❶ 此时，如果债权人没有提供对待给付，则对待给付义务自动消灭；如果债权人的对待给付已经完成，则债务人要返还受领的对待给付。在美国统一商法典中，履行不能（不可归责于任何一方当事人）的直接后果也是债务人免除给付义务，不存在债务人违约的情况。❷ 在债权人得到债务人的履行不能通知时，他的对待给付义务自动

---

❶ 庄加园：《债权人原因引起的给付不能》，载《法律科学》2018 年第 5 期，第 149 页。

❷ 《美国统一商法典》第 2—615 条规定：……只要所约定的义务因为某一意外事件的发生而发生了履行艰难，那么迟延交付、部分不交付、全部不交付并不构成买卖合同中的违约行为。

消灭,债权人可以自由地安排其他交易。❶ 既然债务人的履行不能不属于违约行为,那么就与当事人的合同解除权无关,债务人履行义务被视为依法自动消灭。

另一种情况是,债务人的履行不能可归责于债权人。在此情况下,债务人的不履行并不构成违约行为,虽然债务人基于履行不能不必履行原始给付义务,但是从合同的风险分配规则出发,债权人仍有提供对待给付的义务。❷

第二节　履行不能可归责于债务人

履行不能归责于债务人的,债务人不需要提供原始给付,同时不得向债权人主张对待给付;从债权人方面来看,因为债务人重大违约,所以债权人取得合同的解除权。需要注意的是,债务人并不是在履行不能时才"违约",他的具体违约行为存在于引起履行不能的因素中,即违反了合同要求的谨慎义务。❸ 债权人不行使解除权的,合同关系仍然存在,双方当事人应当履行各自的义务。现代大陆法系民法典中的"履行"包括两层意思,一是指"自然履行",它是债务人第一性的履行义务;二是指替代自然履行的损害赔偿,这是债务人第二性的履行义务。履行不能影响的只是债务人的原始给付义务,并不影响债务人第二性的履行义务,

---

❶ [美]范斯沃思:《美国合同法》,葛云松、丁春艳译,中国政法大学出版社2006年版,第656页。

❷ 庄加园:《债权人原因引起的给付不能》,载《法律科学》2018年第5期,第143-153页。

❸ Wolfgang Ernst, in: Münchener Kommentar zum BGB, Band Ⅱ, 6. Aufl., §283, Rn. 4.

债权人可以主张"替代给付的损害赔偿"请求权。

替代给付的损害赔偿是重要的损害赔偿类型,《德国民法典》第 283 条规定的替代给付损害赔偿旨在解决履行不能时对债权人的救济问题。对"替代给付的损害赔偿"这一损害赔偿类型的忽视,恰恰是违约方解除权重要误区之一。我国学者在履行不能的救济体系中提出这一损害赔偿类型。❶ 在司法实践中,部分法院承认自然履行不能时,替代给付的损害赔偿是债权人的救济手段之一。比如在"赵甲与赵乙其他所有权纠纷案"❷ 中,一审法院指出,赵甲擅自将系争房产予以变卖致使合同履行不能,应承担替代给付的损害赔偿责任。在其他裁判中,法院也承认了替代给付的损害赔偿作为一个独立的损害赔偿类型。❸

在本书探讨的问题中,需要进一步厘清的是,替代给付的损害赔偿与解除合同的关系。我国部分学者的观点是,债权人要求替代给付损害赔偿的,原给付义务消灭,对待给付义务也消灭。❹ 从这里的"对待给付义务也消灭"的表述看,该观点似乎认为,替代给付的损害赔偿以解除合同为条件。合同被解除的,债权人当然可以主张"替代给付的损害赔偿",然而债权人主张"替代给付的损害赔偿"的条件不限于合同解除。"替代给付的损害赔偿"是由给付最终不发生而导致的损害赔偿,原因包括解除合同,但不限于此。❺ 不解除合同时,债权人同样可以主张替代给付的损害

---

❶ 王洪亮:《债法总论》,北京大学出版社 2016 年版,第 268、311 页。

❷ (2010) 沪二中民一(民)终字第 2454 号案。

❸ (2017) 沪 0112 民初第 33336 号判决书;(2013) 普民二(商)初字第 767 号判决书。

❹ 王洪亮:《债法总论》,北京大学出版社 2016 年版,第 311 页。

❺ [德] 斯特凡·洛伦茨:《损害赔偿类型体系下的替代交易》,贺栩栩译,载王洪亮、田士永、朱庆育等主编:《中德私法研究》(第 12 卷),北京大学出版社 2016 年版,第 159 页。

赔偿，❶ 该请求权只消灭债权人的自然履行请求权。在债务人履行不能时，债权人对债务人的自然履行请求权自动消灭。在结论上，如果债权人不解除合同，而是对债务人主张替代给付的损害赔偿，那么债权人应当向债务人履行他的原始给付义务。❷ 此时替代给付的损害赔偿的要旨在于，债权人不再接受债务人的给付而自己仍履行对待给付义务。❸

法律赋予债权人解除权的目的在于使债权人消灭对待给付义务，进而可以自由地与他人订立合同，并不是使债务人从合同中解脱。若债务人履行不能，则他的原始给付义务依法自动消灭，与是否解除合同无关。解除合同只是债权人的一个选择，他并非必须解除合同。债权人还可以在不解除合同的条件下主张替代给付的损害赔偿，此时债权人的原始给付义务不消灭，他在主张替代自然履行的损害赔偿后，要提供自己的对待给付。实践中常见的交易是买卖，如果债务人的非金钱给付义务履行不能（金钱给付义务不存在给付不能的情况），他只需要承担替代给付的损害赔偿责任，债权人负担的是价款给付义务，这样的话，债权人和债务人之间可以适用抵销规则。在这种情况中，是否解除合同的实践意义比较小。

不同的是狭义的交换合同，双方当事人互负非金钱之给付，违约方履行不能，非违约方不解除合同的，他只主张替代自然履行的损害赔偿，但他自己仍有自然履行义务，其结果是，违约方

---

❶ Wolfgang Ernst, in: Münchener Kommentar zum BGB, Band Ⅱ, 6. Aufl., §325, Rn. 11.

❷ Wolfgang Ernst, in: Münchener Kommentar zum BGB, Band Ⅱ, 6. Aufl., §325, Rn. 7.

❸ 张金海：《论合同解除与违约损害赔偿的关系》，载《华东政法大学学报》2012年第4期，第24页。

向非违约方以金钱的形式进行损害赔偿,非违约方向违约方提供合同约定的交换标的。比如,甲和乙之间订立了以 A 车易 B 车的交换合同,在交付之前甲因为自己的过错将 A 车全部撞毁。甲因为履行不能不需要交付 A 车,乙有解除权,但是他并非一定要解除合同。若乙决定不解除合同,他只能向甲主张替代 A 车价值的损害赔偿,同时基于交换合同将 B 车交付给甲。这可能恰恰是乙的利益所在。在狭义的交换合同中,我们可以很清晰地看到,债务人履行不能时债权人不解除合同的实践意义所在。

第三节 解除合同与不解除合同损害赔偿的差异

解除合同和不解除合同的主要差异,除了表现在交换合同中债权人是否应当提供原始给付方面,还表现在损害赔偿范围方面。解除合同和损害赔偿彼此并不排斥,而是债权人彼此独立的救济权利。❶ 有问题的是,解除合同对损害赔偿的范围是否产生影响。

在理论上,合同是否解除还影响损失的计算方法。债权人解除合同后,双方当事人的给付义务消灭,未履行的不需要继续履行,已经履行的应当各自返还。债权人的损失通过差额法计算,即给付和对待给付之间的差额,还要加上其他违约损害,要求债权人的交换利益应当得到满足。如果债权人决定不解除合同,因为履行不能债务人的自然给付义务消灭,但是承担替代自然给付的损害赔偿义务,债权人仍然有对待给付义务。此时损失不得根据差额法进行计算,而要根据替代法计算。如果债权人是金钱给

---

❶ 朱广新:《合同法总则》,中国人民大学出版社 2012 年版,第 530 页;谢鸿飞:《合同法学的新发展》,中国社会科学出版社 2014 年版,第 381 页。

付义务,则在条件满足时可以与债务人的损害赔偿义务抵销。此时采用差额法还是替代法计算损害赔偿并无实际不同。差额法和替代法计算损失的区别体现在狭义的交换合同的情况,此时债务人因为履行不能不需要提供自然给付,只承担替代自然履行的损害赔偿,而债权人还要提供对待给付。最终债权人取得的是金钱,债务人取得合同约定的交换标的。

还可能发生的情况是,债务人的原始给付发生履行不能,但是他可以基于履行不能的原因对原始给付标的物取得代位物或代位请求权。比如债务人方面的原始给付标的物被他人严重损毁,经双方协商一致损害人赔偿给债务人一个质量相当的替代物。此时若债权人不解除合同,他还可以请求债务人交出该代位物或者代位请求权。❶ 根据《民法典》第 580 条第 1 款的规定,在履行不能的情况下给付风险由债权人承担,属于"债务人友好"型规范。为了平衡债权人和债务人的利益,在债务人恰恰基于引起履行不能的因素取得代位物或者代位请求权时,应当允许债权人选择要求债务人交出代位物或者转让代位请求权。❷ 在债务人基于履行不能的原因对第三人取得代位物或者代位请求权的情况下,债权人若不解除合同,❸ 他的救济手段有两个:一是对债务人主张替代原始给付的损害赔偿请求权;二是主张交出代位物或者对第三人的代位请求权。债权人可以根据实际情况选择对自己有利的救济手段。

---

❶ 王洪亮:《债法总论》,北京大学出版社 2016 年版,第 208 页。
❷ Wolfgang Ernst, in: Münchener Kommentar zum BGB, Band Ⅱ, 6. Aufl., §285, Rn. 1.
❸ Wolfgang Ernst, in: Münchener Kommentar zum BGB, Band Ⅱ, 6. Aufl., §285, Rn. 13.

第四节　金钱之债的债务人丧失支付能力

在我国法院现有的涉及违约方解除权的裁判看，部分法院甚至在金钱之债的债务人没有支付能力时也援用《合同法》第110条（《民法典》第580条的前身），进而允许违约方解除合同。比如在"赛某、王某嘉与青海聚富房地产公司房屋买卖纠纷案"❶中，法院认为买受人失去支付金钱之债的能力属于事实上的不能履行。在"程某红与周某房屋租赁纠纷上诉案"❷中，法院认为承租人程某红没有能力支付租金属于履行不能。此类案件裁判的第一个误区在于，没有正确理解履行障碍意义上的履行不能。履行不能不对金钱之债适用，金钱之债的债务人失去支付能力可以说是一种常见的"现象"，没有偿债能力的债务人是否要履行，应当通过强制执行程序解决，而不是由民事实体法解决。如果承认金钱之债的债务人在有清偿能力时可以适用履行障碍意义上的履行不能，就相当于认为，债务人失去偿债能力，就可以免除支付义务，这是对交易秩序最大的破坏。第二个误区仍然是履行不能的法律后果，如上文所述，即使债务人履行不能，合同也并非必须被解除。

在定期租赁合同中，承租人无力支付租金，守约的出租人也不能通过不解除合同谋取利益最大化。根据违约责任中债权人的"减损义务"，承租人违约的，守约的出租人应当采取措施防止损失扩大。在承租人不支付租金时，出租人应当及时解除合同，将

---

❶ （2017）青01民终1373号民事判决书。
❷ （2014）连民终字第0035号民事判决书。

房屋用作他用,以防止损失扩大。这也得到了部分法院的支持,比如在"徐某与杨某等租赁合同纠纷案"❶中,杨某自2009年1月10日起即欠付租金,但在长达两年有余的期间内,徐某明知杨某未生产经营且分文未缴,仅数次发函催缴租金,直至2012年提起诉讼,始终未采取解除合同、收回房屋、另行出租等措施。扬州市中级人民法院认为,对于超出合理期限后未采取减损措施造成的租金损失,守约方徐某无权主张。

实践中可能发生的另一种情况是,买卖合同双方当事人约定分期支付价款,同时约定买受人支付全部价款后出卖人履行自己的对待给付义务。如果买受人支付部分价款后失去继续支付能力,此时买受人违约,如果出卖人不解除合同,买受人既无法要回已经支付的部分价款,又无法取得买卖标的物,处境极其不利。在此类情况中,我们应当注意双务合同的牵连性和约束性,买受人不完全支付价款固然无法取得买卖合同标的,但是出卖人的处境并不比买受人好。只要买卖合同有效存在,出卖人就不能任意处分标的物,因为只要买受人恢复支付能力,出卖人就应当履行交付标的物之义务。买卖合同的约束性将会促使双方当事人理性地通过协商解决僵局。法律在此情况中不应当成为均贫富的手段,否则合同将失去其本来的约束功能。

第五节 总结

综上可见,在债务人不能履行原始给付义务的情况下,即使债权人不解除合同,合同也不会陷入不能破解的交易僵局。"交易

---

❶ (2013)扬民终字第0437号民事判决书。

僵局"观念产生的根本原因是,忽视了在合同不解除的情况下债权人可以主张"替代给付的损害赔偿"。

以"新宇公司诉冯某梅商铺买卖合同纠纷案❶"为例,如果新宇公司履行买卖合同费用过高成立"履行不能",则新宇公司免除自然履行义务,它没有交付房屋并办理过户手续的义务。冯某梅可以解除合同,也可以不解除合同。如果冯某梅决定不解除合同,面对新宇公司的履行不能,她的实际履行请求权消灭,债务人新宇公司不必实际履行,即不必交付房屋和办理房屋过户手续;冯某梅方面只能主张替代自然履行的损害赔偿,即房屋当时的市场价值。但冯某梅方面有支付买卖价款的义务,在结果上可以适用抵销,冯某梅取得的是给付和对待给付的差额。同时她还可以主张其他违约损害赔偿。如果冯某梅选择解除合同,双方原始给付义务都消灭,违约方仍然要承担履行利益损害赔偿责任。无论如何,最终涉及的金钱损害赔偿,是否解除合同对损害赔偿的数额并不产生影响。

既然履行不能导致的直接法律后果是债务人实际履行义务被排除,那么就不会出现所谓的"交易僵局",因为债务人承担的只是替代原始履行的损害赔偿责任,并不需要创设违约方解除权。❷违约方解除权产生的原因在很大程度上是对履行不能法律后果的不恰当把握。狭义的履行不能是消灭原始给付请求权的抗辩,法官需要依职权考虑。❸ 因履行费用过高引起的履行不能是抗辩权,❹

---

❶ 《最高人民法院公报》2006年第6期。
❷ 蔡睿:《吸收还是摒弃:违约方合同解除权之反思——基于相关裁判案例的实证研究》,载《现代法学》2019年第3期,第159页。
❸ 王洪亮:《债法总论》,北京大学出版社2016年版,第208页。
❹ Wolfgang Ernst, in: Münchener Kommentar zum BGB, Band Ⅱ, 6. Aufl., §275, Rn. 69 ff.

在债务人主张履行不能时债权人的自然履行请求权消灭。如果债权人不解除合同，虽然合同关系仍存在，但债务人只需要承担替代给付的损害赔偿义务，或者交出代位物或让与代位请求权，而合同关系所涉及的自然履行标的就不再受合同约束。

在狭义的交换合同中，如果允许违约方有解除权，其法律后果是，一旦违约方行使解除权，债权人方面就不能提供原始给付。此时债权人的利益实际受到双重侵害。❶ 第一重来自债务人的违约，此时债权人无法取得债务人的原始给付；第二重来自违约的债务人解除合同，此时债权人不能提供对待给付。这显然严重违背了解除权的功能，也违背了法律的价值。

---

❶ Wolfgang Ernst, in：Münchener Kommentar zum BGB, Band Ⅱ, 6. Aufl., §326, Rn. 13.

CHAPTER 07 >> 第七章
情事变更时的救济

民法典将情事变更原则立法化。根据《民法典》第533条第1款的规定，发生情事变更时受不利影响的一方可以请求重新协商；合理期限内协商不成，当事人可以请求法院或者仲裁机构变更合同或者解除合同。借此，立法者将理论中备受争议的重新协商制度立法化。❶ 然而，不十分明确的是，在情事变更中重新协商到底扮演什么角色，重新协商与变更合同及解除合同之间是什么关系。本章力图对此问题作出分析，以期为法律适用提供些许思路。

---

❶ 《民法典》发布前，已经有学者建议应当规定情事变更发生时的重新协商义务，比如王利明教授认为，重新协商义务有利于实现公平交易（参见王利明：《合同法研究》（第2卷），中国人民大学出版社2015年版，第370页）；韩世远教授也提出，可以借助诚实信用原则引入重新协商义务（参见韩世远：《情事变更若干问题研究》，载《中外法学》2014年第3期，第668页）。

第一节　重新协商作为变更或
解除合同的前置机制

一、重新协商的渊源

发生情事变更时当事人的重新协商义务（Neuverhandlungspflicht）是 1981 年德国学者霍恩（Norbert Horn）在《私法实务档案》（Archiv für die civilistische Praxis）上发表的一篇题目为《重新协商义务》（Neuverhandlungspflicht）的学术论文中首次提出。❶ 霍恩的核心观点是，即使在没有约定的重新协商条款和法律特别规定的重新协商义务的情况下，也存在一般性重新协商义务。由此可见，重新协商不限于情事变更，很多长期性合同会包含"重新协商条款"。双方当事人在"重新协商条款"中一般约定，在特定情况下双方有义务为了变更合同而重新谈判。原因在于，影响合同的因素在不断变化，而这些变化在订立合同时很难预见。

合同中重新协商条款通常表述为"协商一致地变更合同"。"重新协商条款"使变更合同具有很大的灵活性。首先，变更合同的前提条件并不限于严格意义上的情事变更，还包括其他对合同履行有重要影响的因素。其次，在交涉内容方面，双方既可以约定重新协商仅仅具有程序性的意义，也可以约定应当通过重新协商变更合同。最后，双方可以约定违反重新协商义务承担损害赔偿责任，或者解除合同等不同的法律后果。然而不能忽视的是，

---

❶ Norbert Horn, Neuverhandlungspflicht, in: AcP 1981, 255－288.

在合同中广泛约定"艰难条款"会带来一个不利后果,即合同的约束性降低,甚至可能对契约严守原则产生冲击。

虽然霍恩被认为是情事变更时重新协商义务理论的缔造者或者发现者,但交易基础理论的奠基人保罗·厄尔特曼(Paul Oertmann)在此之前就已经指出:"通过重新协商调整合同是正确的解决问题的途径",[1] 只是他并没有将重新协商视为合同当事人的义务。而霍恩提出,以变更合同为目的而进行重新协商应该成为交易基础障碍发生时的第一性的法律后果。[2] 甚至在霍恩看来,双方当事人的义务延伸到通过协商最后变更合同。在霍恩之后,重新协商义务引起学界广泛关注,特别是德国学者费希特(Fecht)和内勒(Nelle),均以专著的形式对重新协商义务进行研究。

霍恩的重新协商义务理论也引起了瑞士、美国以及其他国家学者的关注。[3] 各国理论界对重新协商是否应当由法律规定为双方当事人义务的争议一直不绝于耳。比如英格博格·施文策尔教授就极力反对重新协商义务的立法化,他认为,重新谈判与谈判相同,应当取决于当事人的意愿和相互信任,不能通过强制手段敦促当事人重新谈判。施文策尔教授甚至将"重新协商义务"称为一场闹剧。[4] 克里斯托夫·托勒(Christoph Thole)虽然赞同重新协商对合同变更的积极意义,但是认为,将重新协商规定为独立

---

[1] Paul Oertmann, Die Geschäftsgrundlage, 1921, S. 170 f.
[2] Norbert Horn, Neuverhandlungspflicht, in: AcP 1981, 255, 277 f.
[3] 有代表性的以"重新协商义务"为主题的学术研究成果,比如 Gabriele Fecht, Neuverhandlungspflichten zur Vertragsänderung, 1988; Andreas Nelle, Neuverhandlungspflicht, 1993; Reiffa, The Art and Science of Negotation, 1982; Lax/Sebenius, The Manager as Negotiator, 1986.
[4] [德] 英格博格·施文策尔:《国际货物销售合同中的不可抗力和艰难情势》,杨娟译,载《清华法学》2010年第3期,第174页。

的义务既不实际，也无必要。❶ 在日本，也有不少学者提出重新协商义务，并主张将重新协商义务规定为情事变更的第一性的法律后果。❷ 而反对者提出的观点是违反重新协商义务的法律后果难以把握，❸ 或者因为很难判断重新协商义务本身是否能恰当履行。❹

尽管理论上对重新协商的性质有很大争议，但几个重要的立法都规定了情事变更时当事人可以或者应当重新协商。比如《国际商事合同通则》在第6.2.3（1）条中将重新协商直接规定为情事变更的法律后果：在情事改变的情况下，受到不利的合同当事人有权要求进行重新协商。《欧洲合同法原则》的第6：111（2）条规定，合同履行因为情事变更负担过重的，合同双方有义务为了调整合同或者解除合同进行交涉；第6：111（3）条规定，如果当事人拒绝或违反诚实信用原则中断交涉，则产生损害赔偿义务。《欧洲买卖合同法草案》第89（1）条同样规定，出现严重的情事变更时，双方当事人有义务为调整合同进行磋商，违反该义务则应当承担损失赔偿义务。2016年，法国《关于合同法、债法一般规则与证明的改革指令》将"重新协商"写入《法国民法典》第1195条：如果出现了合同成立时所无法预见的情事变更，导致一方当事人的履行所需花费过分巨大，则该当事人有权请求合同相对方就合同重新协商。

---

❶ Christoph Thole, Renaissance der Lehre von der Neuverpflichtungspflicht bei §313 BGB?, in: JZ 2014, 450.
❷ 王洪、张伟：《论比较法研究域下的情势变更规则及其适用》，载《东南学术》2013年第3期，第166页。
❸ 韩世远：《情事变更若干问题研究》，载《中外法学》2014年第3期，第666页。
❹ 李贝：《法国债法改革对我国民法典制定的启示意义》，载《交大法学》2017年第2期，第55页。

二、重新协商的法律属性

从立法表达来看，《民法典》第 533 条的规定与《法国民法典》和《国际商事合同通则》中的规定类似，即受情事变更不利影响的一方可以要求重新协商。法律没有明确重新协商的目的指向，从上下文看，重新协商的目的旨在协议变更合同或者解除合同。在这里需要明确在法律属性上如何界定此处的重新协商。重新协商的法律属性由多个层面的内容构成：它是真正义务，还是不真正义务，抑或是权利；他是行为义务还是结果义务。

（一）真正义务、不真正义务与权利

1. 真正义务

重新协商一经霍恩提出，就与"义务"构成一个合成词，即重新协商义务。很显然，在霍恩看来，重新协商是当事人的真正义务。认为重新协商是真正义务的观点中，部分学者提出，我国的重新协商义务是法定义务。❶ 在德国，因为民法典没有明确规定重新协商，因此部分观点认为，重新协商是合同的从属义务。在支持合同的从属义务的观点中，也有保护义务和从属给付义务的区分。❷ 保护义务的目的在于维持债权人的财产，而从属给付义务在于实现债务关系中约定的目的，从属给付义务直接与主给付义务相关联，没有从属给付义务则主给付义务的履行就失去意义。德国联邦普通法院甚至将重新协商义务定义为"约定配合义务"。❸

---

❶ 王利明：民法典合同编通则中的重大疑难问题研究，载《云南社会科学》，2020 年第 1 期，第 87 页。

❷ Constanze Janda, Störung der Geschäftsgrundlage und Anpassung des Vertrages, in: NJ 1/2013, 7.

❸ BGHZ 191, 139, 148 ff.

将重新协商界定为真正义务的立法包括《欧洲合同法原则》和《欧洲买卖合同法草案》，根据这两个法律，违反重新协商义务承担损害赔偿责任。

2. 不真正义务

部分学者认为，应当将重新协商规定为当事人的法定不真正义务。❶ 国外理论中也有观点支持重新协商是不真正义务，但"义务人"是变更请求相对人。重新协商对提出交涉一方没有独立的意义，其只是为了修正过度的或者不够确定的合同变更内容，因此其只对交涉相对人有实际意义，是变更请求相对人的不真正义务。❷ 在不真正义务中，合同当事人没有重新协商义务的履行请求权，尽管法律条文中的表述是"请求/要求……重新交涉"，但是违反重新协商义务也不会引起损害赔偿责任，只是会带来其他法律上的不利，❸ 比如变更利益方失去通过协商变更合同的机会，或者被要求交涉当事人将会失去修正合同变更内容的机会，抑或者，失去提出其他变更合同建议的机会。

3. 受不利影响的一方当事人的权利

个别学者提出，应当将重新协商界定为受不利影响的一方当事人的权利，并且是形成权。❹ 形成权是通过单方法律行为即可形成具体法律关系的"权力"，在法律效果上解除权的行使将直接设

---

❶ 王利明：《情事变更制度若干问题探讨——兼评〈民法典合同编（草案）〉（二审稿）第 323 条》，载《法商研究》2019 年第 3 期，第 10 页。

❷ Arndt Teichmann, Anmerkung zu BGH – Entscheidung von 30.09.2011, in: JZ 2012, 423.

❸ Micheal Martinek, Die Lehre von den Neuverhandlungspflichten, in: AcP 1998, 379–380.

❹ 张素华、宁园：《论情势变更原则中的再交涉权利》，载《清华法学》2019 年第 3 期。

立、变更或者终止法律关系。虽然按本书观点,重新协商程序开启后双方有义务积极协商,从这个角度看受不利影响的一方主张重新协商为双方当事人设立了义务,属于设立法律关系,然而重新协商是一个过程,受不利影响的一方要求进行重新协商仅仅开启了重新协商程序,"协商权"并没有因为权利人行使权利而消灭,而权利经行使而消灭恰是形成权的特点之一。因此,不能将重新协商界定为形成权。

尽管学界也出现了重新协商请求权这一术语,❶但是它不可能是请求权,因为一方的请求权对应另一方的义务,并且请求权具有可诉性,即权利人有履行请求权。即使德国部分学者的观点认为,重新协商具有可诉性,最终裁判的指向仍然是变更合同,请求权并非重新协商本身,而是变更合同。

4. 权利义务双重属性

个别学者认为,重新协商既是合同当事人的义务,也是当事人的权利。发生情事变更时,合同当事人之间应当协商变更或者解除合同,不得不作为,就此而言,重新协商是当事人的义务。当事人任何一方均有权请求另一方协商,就此而言,重新协商是当事人的权利。❷

5. 本书观点

本书认为,重新协商到底是真正义务还是不真正义务应当区分阶段。受不利影响的一方当事人提出重新协商之前,重新协商是他的不真正义务,因为根据《民法典》第 533 条第 1 款的规定,变更合同权和解除合同权产生的条件是在合理期间内协商不成,

---

❶ Wolfgang Jakob Hau, Vertragsanpassung und Anpassungsvertrag, 2003.
❷ 崔建远:《情事变更原则探微》,载《当代法学》2021 年第 3 期,第 11 页。

若受不利影响的一方不提出重新协商，其法律后果是不产生变更合同和解除合同权，合同继续按原内容有效，受不利影响的一方当事人失去变更合同或者解除合同的可能性，并无其他不利之后果，特别是不会产生损害赔偿请求权。在受不利影响的一方提出重新交涉后，则转化成真正义务，否则重新协商将沦为具文。虽然情事变更在很多情况下对一方当事人有利，对另一方当事人不利，实践中一般是不利一方会主动提出变更合同，但是重新协商义务是双方当事人的义务。❶ 该义务不仅约束获得利益一方当事人，也约束受不利影响的一方当事人，因为协商需要双方的彼此配合。另外，发生情事变更时，当事人重新协商是为了合同能够履行创造条件，清除情事变更引起的履行障碍。当事人进行重新协商是为合同的变更作准备，使合同的变更容易实现，保障变更程序顺利进行。因此重新协商义务是一种与给付相关联的义务，属于从属给付义务范畴。❷

在重新协商转换成双方当事人的真正义务之后，其义务内容至少包括以下内容。首先，受不利影响的一方当事人提出协商后，对方当事人应当积极参与并配合谈判。其次，在协商过程中双方应当对合同变更必要的信息进行交换，要严肃认真对待重新协商，比如对变更的情事作出说明，严守契约的不可承受性的原因等，或者提出变更合同的建议。再次，在重新协商过程中不能有欺骗和胁迫行为，因为全面获得信息是双方协商并就合同变更达成意思一致的基础，是各自作出客观的、符合实际情况的变更建议的基础。最后，要向对方说明对变更后合同内容的预期，以及对对

---

❶ 谢鸿飞：《合同法学的新发展》，中国社会科学出版社 2014 年版，第 350 页。
❷ Hans Christoph Grigoleit, Leistungspflichten und Schutzpflichten, in: Festschrift für Canaris I (2007), 275, 279 ff.

方提出的变更建议进行慎重考虑，并对对方当事人提出的变更意见作出回答。

(二) 行为义务与行为兼结果义务

1. 行为兼结果义务理论

霍恩把重新协商义务定义为，合同订立后双方当事人有义务以改变了的情事为基础协商一致变更合同。❶很明显，根据霍恩的观点，重新协商义务具有双重属性：行为属性和结果属性。换言之，当事人既有义务参与交涉过程，也有义务作出变更合同所必要的意思表示，❷再换言之，双方当事人有通过交涉达成变更合同的合意的义务。❸采取行为兼结果双重导向的理论中，当事人之间有形成变更合同的合意的义务，但是，另一方当事人的义务并不是同意那么简单，因为仅在极少数情况下，合同变更的内容已经确定，在大多数情况下应当如何调整合同中的给付和对待给付存在很大的不确定性，双方当事人需要通过交涉来确定最终变更的目标。

交涉的目的是找到符合双方利益的解决问题的途径，而不是"为了立场而斗争"。重新协商的核心是力图识别交涉当事人立场背后的利益，找到所有参与人都能接受的建设性解决问题的方案，促成双方当事人都能接受的合意。为了实现这一目的，从程序来看，当事人有义务积极参加交涉，为确定合同变更的目标而努力，从结果来看，应当达成变更或者解除合同的合意。

---

❶ Norbert Horn, Neuverhandlungspflicht, in: AcP 1981, 255, 256.
❷ Norbert Horn, Neuverhandlungspflicht, in: AcP 1981, 255, 282 ff.
❸ Micheal Martinek, Die Lehre von den Neuverhandlungspflichten, in: AcP 1998, 338.

2. 行为义务理论

另一种观点承认双方当事人的重新协商义务，但是认为重新协商只具有行为属性，并没有结果方面的要求。❶ 当事人的义务是参与变更合同的谈判，任何一方都没有权利要求达成新的合同或者达到特定的结果，❷ 只要当事人在进行重新协商过程中行为符合诚实信用原则，则可以认为其履行了重新协商义务。双方能否重新订立合同，完全依靠他们的协商和谈判。❸ 在谈判过程中，一方提出建设性的变更合同的建议，另一方有回答的义务，但是没有同意的义务。

将重新协商界定为程序上的参与或配合义务，强调的是通过当事人的自由协商找到使双方都满意的解决问题的办法。该观点认为，如果将重新协商界定为程序和结果兼有义务，那么重新协商义务就变成对某个建议的"同意"义务，这实际上是忽略了另一方当事人的意愿。重新协商义务不要求通过交涉必须预先确定合同变更的内容，亦即，这种配合义务不要求最后达成变更合同的合意，它本身包含交涉失败的风险。❹

虽然重新协商义务作为从给付义务为变更合同请求权铺平道路，但是这种辅助性的配合义务在内容上与合同的变更请求权不

---

❶ 王闯：《当前人民法院审理商事合同案件适用法律若干问题》，载《法律适用》2009年第9期，第5页。

❷ 韩世远：《合同法总论》，法律出版社2011年版，第389页；Andreas Nelle, Neuverhandlungspflicht, 1993, S. 12, 17；[日]五十岚清：《情事变更·合同调整·再交涉义务——情事变更原则效果再考》，刘士国译，载梁慧星主编：《民商法论丛》（第15卷），法律出版社2000年版，第445页。

❸ 曹守晔：《最高人民法院〈关于适用《中华人民共和国合同法》若干问题的解释（二）〉之情势变更问题的理解与适用》，载《法律适用》2009年第8期，第46页。

❹ Horst Eidenmüller, Neuverhandlungspflichten bei Wegfall der Geschäftsgrundlage, in: ZIP 13/95, 1063, 1064.

完全相同，重新协商只是为双方当事人达成合同变更的合意创造条件。一方当事人对另一方当事人提出的变更合同的建议有回答义务，但是这与"同意"义务是不同的。❶

3. 本书观点

根据行为兼结果理论，双方当事人有通过协商达成变更合同的意思一致的义务，重新协商义务实际变成了同意义务，即一方当事人对相对人提出的某个变更建议有同意义务。只要一方当事人坚持变更，且变更合同具有可能性，最终将产生强制缔约的法律后果。订立合同的重要因素发生改变时，当事人在很多情况下可能并不想订立合同，此时应当尊重私人自治。

三、违反重新协商义务的法律后果

受不利影响的一方提出重新协商后，可能出现两种情况：交易相对人根本不积极参与变更合同的谈判；或者积极参加协商，但是没有形成变更合同的合意。无论是没有参与协商，还是没有作出有效让步致使无法形成变更合同的合意，都是违反重新协商义务。"无救济则无权利"，❷ 为了促使双方当事人进行接触，商谈调整合同的可能性，并最终达成变更合同的合意，应当构建相应的配套法律体系，否则将使这一义务沦为纯粹道德规范的宣示。❸ 特别是当一方当事人对调整合同兴趣不大甚至没有兴趣时，如果没有相应的敦促制度，该当事人根本不会进行重新协商。反对将重新协商规定为当事人法定义务的主要理由是，违反重新协商义

---

❶ Andreas Nelle, Neuverhandlungspflicht, 1993, S. 12, 17.
❷ 谢鸿飞：《合同法的新发展》，中国社会科学出版社2014年版，第351页。
❸ 韩世远：《合同法总论》，法律出版社2011年版，第390页。

务的法律后果很难确定。❶ 可以考虑从以下两个方面构建违反重新协商义务的法律后果。

（一）损害赔偿

违反重新协商义务首要的惩罚机制是损害赔偿责任。在很多情况下，情事变更对一方当事人是有利的，他根本不会有兴趣变更合同，而是希望按原合同内容履行，因此会拒绝进行重新协商。如果请求相对人对请求人提出的重新协商建议没有反应，或者拒绝提供变更合同的必要的信息，那么他就违背了协同合作之义务，如若因此产生损失，应当产生损失赔偿请求权。请求相对人忌惮于承担这种不利后果，会对请求人提出的变更合同的建议作出回答，为了变更合同进行谈判。

《欧洲合同法原则》第6：111（3）（c）条规定，一方当事人违反诚实信用和公平交易原则，拒绝谈判或者中途放弃谈判，承担损害赔偿责任。《欧洲买卖合同法草案》第89（1）条同样规定，违反重新协商义务应当承担损失赔偿义务。比利时最高法院在2006年6月19日的判决中根据公允及善良原则裁判违反重新协商义务方承担损害赔偿责任。❷

我国学界的观点是，应当由法官根据公平原则和诚实信用原则自由裁量损害赔偿的标准。❸ 然而，这样的损害赔偿机制导致违反重新协商义务的法律后果至少是确定性不强，因为损害赔偿额度完全依赖于法官的主观因素，由不同的法官裁判，赔偿结果将不同，某些情况下会差异很大。不确定的法律后果恰恰是反对构

---

❶ 韩世远：《情事变更若干问题研究》，载《中外法学》2014年第3期，第666页。
❷ 韩世远：《情事变更若干问题研究》，载《中外法学》2014年第3期，第666－667页。
❸ 韩世远：《情事变更若干问题研究》，载《中外法学》2014年第3期，第657页。

建重新协商义务的观点的理由之一。❶ 违反重新协商义务的损害赔偿应当尽可能具体确定。

违反合同义务时的损害赔偿责任具体区分为债务人迟延履行引起的损害赔偿和替代履行的损害赔偿。损害赔偿以拒绝协商或者不积极配合协商为条件,若积极协商,但是没有达成变更合同的合意,则不能成立损害赔偿。重新协商义务自一方当事人提出为变更合同协商时到期,如果合同的另一方当事人对重新协商置之不理,或者明确拒绝协商,或者拒绝告知变更合同所必需的信息等,❷ 则他在满足其他条件时陷入债务人迟延。尽管最后合同得以变更,但是因为债务人迟延产生了附加费用或者产生了损失,比如诉讼之外的律师费。在这里有一个问题是,合同的主给付义务原则上从达成变更合意或者裁判生效时到期,在这个时间点之后合同的主给付才可能迟延。然而,这样的结果很不公正,因为从情事变更中获利的当事人会以拖延的方式避免主给付陷入迟延。因此,在主给付义务到期时间的判断上,可以采合理期间模式,即在有意变更合同的一方当事人提出重新协商要约之后的合理期间之后,同意变更合同的义务到期,在这个时间点主给付义务到期。

引起替代履行的损害的情况是,因为被请求人的拒绝重新协商或者迟延重新协商导致原本可以变更的合同在法院作出裁判的时间点不可能或者不可承受,其结果必然是合同解除或者继续性合同的终止。如果不能变更合同引起变更利益方当事人的损失,

---

❶ 韩世远:《情事变更若干问题研究》,载《中外法学》2014 年第 3 期,第 666 – 667 页。

❷ Jan D. Lüttringhaus, Verhandlungspflichten bei Störung der Geschäftsgrundlage, in: AcP 2013, 295 – 296.

比较常见的是可得利益损失,❶ 当然也包括其他附加费用等损失,违反交涉义务方在满足其他必要条件时要承担损害赔偿责任。

(二) 产生合同解除权

在传统民法中,合同解除权是在债务人有违约行为时,守约方的救济手段。在情事变更中,虽然尚未进入履行阶段,但是若遵守原合同,受不利影响的一方当事人很可能将违约。受不利影响的一方当事人提出重新协商后,另一方当事人不参与协商,或者不积极配合协商的,是否应当对受不利影响的一方产生解除权,颇具疑问。

德国联邦普通法院在 2011 年的判决中否定提出重新协商的当事人有法定解除权,但同时肯定了约定解除合同。在该判决中,法院认为,应当严格按照《德国民法典》第 313 条第 3 款判断是否可以解除合同,在所涉及的案件中,拒绝参加协商并没有导致变更合同不可能或者对一方当事人不可承受,因此不成立法定解除权。但是,法院随后指出,被告在诉讼中没有对原告主张的清算合同的请求提出抗辩,客观上包含了同意解除合同的意思表示。❷ 德国联邦普通法院的上述观点在法律价值上限制了主动提出变更合同的一方当事人的权利。当被要求协商的合同当事人拒绝参加协商时,主动提出协商的当事人的重新协商义务消灭,不应

---

❶ Jan D. Lüttringhaus, Verhandlungspflichten bei Störung der Geschäftsgrundlage, in: AcP 2013, 296; [日] 五十岚清:《情事变更·合同调整·再交涉义务——情事变更原则效果再考》,刘士国译,载梁慧星主编:《民商法论丛》(第 15 卷),法律出版社 2000 年版,第 445 页;也有观点认为损害赔偿范围是受不利影响一方的实际损失,不包括预期利益损失 (参见戚枝淬:《论情事变更原则适用的法律效果》,载《河南省政法管理干部学院学报》2003 年第 3 期)。

❷ BGH – Entscheidung von 30.09.2011, in: JZ 2012, 420; Arndt Teichmann, Anmerkung zu BGH – Entscheidung von 30.09.2011, in: JZ 2012, 421, 422.

当强迫他通过诉讼主张变更合同，应当赋予他选择解除合同的权利。❶ 这实际也是诚实信用原则的要求，是对违反重新协商义务方的惩罚。

解除合同权同时也是受不利影响的一方当事人的有效武器，可以督促获得利益方当事人配合协商，双方共同为变更合同努力。一般情况下获得利益一方当事人的意图是按原合同履行，因此拒绝协商，或者在协商中不作出有效让步致合同不能变更。这时受到不利影响的一方当事人可以选择解除合同，获得利益一方就要承受全部合同给付落空的风险。迫于这种压力，获得利益一方当事人会积极参加协商。

当然，还存在的情况是，受不利影响的一方主动提出协商，另一方积极参与协商后，提出协商方反而不积极协商，比如怠于交换有效的信息、不肯有效让步等，此时合同解除权应当属于对方当事人。

四、重新协商的合理性

发生情事变更时是否应当引入"重新协商义务"，在我国学界存在观点分歧。多数观点赞同重新协商义务，❷ 其理由各不相同，或者从维持合同关系稳定和平衡当事人利益的视角出发，认为重新协商是情事变更原则的必然法律结果；或者认为通过重新协商变更合同是诚实信用原则的要求；或者从鼓励交易方面肯定重新

---

❶ Norbert Horn, Neuverhandlungspflicht, in: AcP 1981, 286.
❷ 王利明：《合同法研究》（第2卷），中国人民大学出版社2015年版，第370页；崔建远主编：《合同法》，法律出版社2010年版，第131页；王闯：《当前人民法院审理商事合同案件适用法律若干问题》，载《法律适用》2009年第9期，第5页；韩世远：《情事变更若干问题研究》，载《中外法学》2014年第3期，第668页。

协商义务。另一种观点认为，一方提出重新协商时，另一方可以自由决定是否进行协商。❶ 根据该观点，重新协商通常是受不利影响的一方当事人的不真正义务，受不利影响的一方不主动提出重新协商就失去通过私人自治变更合同的机会，但是获得利益一方当事人并不受约束。也有观点对情事变更时的重新协商义务不置可否，认为设置这一义务的意义不大。❷ 还有的观点对重新协商义务不甚明确，比如王洪亮教授在《债法总论》中以"重新协商义务"作为情事变更法律后果的标题之一，但是将具体内容表述为"双方可以进行谈判"，❸ 该表达将重新协商变成双方当事人的一个可为行为。

"重新协商"是否有必要成为合同当事人的"义务"与重新协商的功能息息相关。只有当重新协商是变更合同的有效机制时，才有必要将"重新协商"规定为法定义务。情事变更最后的结果是合同变更或者解除，其中解除合同属于广义的变更合同。

（一）私人自治

私人自治是现代私法的核心，变更已经在合同中约定好的给付和对待给付，原则上也需要双方当事人的意思一致。出现情事变更时当事人之间有重新协商义务的基础恰恰是私人自治原则的体现，❹ 而直接由法院作出的裁判总是带有他治的品质。虽然在术

---

❶ 朱广新：《合同法总则》，中国人民大学出版社 2012 年版，第 398 – 399 页。
❷ 谢鸿飞：《合同法的新发展》，中国社会科学出版社 2014 年版，第 357 页。
❸ 王洪亮：《债法总论》北京大学出版社 2016 年版，第 343 页。
❹ Horst Eidenmüller, Neuverhandlungspflichten bei Wegfall der Geschäftsgrundlage, in: ZIP 13/95, 1071；王利明教授在 2017 年 12 月 18 日的报告中认为，重新协商是对私人自治和合同自由的限制，但是有利于鼓励交易（中国民商法律网 2018 年 3 月 21 日发布，https：//www.civillaw.com.cn/zt/t/? id = 34045），持此观点的还有韩世远教授（韩世远：《合同法总论》，法律出版社 2011 年版，第 389 页）。

语方面，将"重新协商"称为"义务"，实际上它为双方当事人创造了"权利"，即重新协商从反面看也是合同双方的权利，使他们可以通过重新协商得到更符合彼此利益的结果。通常情况下，调整合同内容时会有多个不同的方案，当事人作为合同的主宰者，他们有绝对的信息优势，对合同追求的法律后果的把握程度更准确，更了解双方的利益所在，对变更前和变更后的交易情事的掌握更准确。变更合同是一项特别复杂的事务，因为一般涉及两方当事人多个方面需要保护的利益，要考虑不同的对合同重要的因素，合同变更的目标不可能简单。在大多数合同中，双方当事人是商人，他们之间协商解决的结果要比法官裁判的结果更符合实际情况，因为法官通常没有经济学或者管理学的基础。因此双方当事人自己通过重新协商能够将合同内容调整到更符合双方利益、更公平合理。另外，双方通过私下重新协商解决问题，还可以避免将矛盾公开化，特别是某些涉及商业往来的不宜公开的信息。[1]

实践中的情况通常是，因情事变更获得利益的一方希望继续实施原合同，这里又提出另一个问题，设立重新协商义务是否侵害该方当事人不变更合同的自由。实际情况是，如果不将重新协商确定为当事人的一种义务，获得利益一方通常会拒绝另一方当事人调整合同的请求，而受不利影响的一方会直接诉至法院，法院只能裁判变更合同，这同样会侵害另一方当事人严守合同或者解除合同的自由。法官对合同所涉及的各方利益、各种因素的掌握势必不如当事人本人，裁判变更后的合同内容不一定能将当事人双方利益平衡至最佳。相对于法官直接裁判的变更，从情事变更中获得利益的一方可能更愿意通过重新协商变更合同，通过重

---

[1] Horst Eidenmüller, Neuverhandlungspflichten bei Wegfall der Geschäftsgrundlage, in: ZIP 13/95, 1066.

新协商形成的变更通常也会比法官直接裁判的变更对他更有利,因为情事变更导致原合同形成的给付和对待给付的等值性被破坏,受不利影响一方要想通过重新协商变更合同,势必会作出让步,不会追求在变更后的合同中给付和对待给付完全等值。而法官裁判则是根据诚实信用原则将合同重新调整到给付和对待给付具有等值性的状态。可以说,双方当事人在特定条件下的重新协商义务是变更合同的合适机制,❶也符合双方当事人的利益。

(二) 比例原则

将重新协商义务确定为情事变更时当事人之间的义务,另一个理论基础是比例原则。无论是国内还是国外,比例原则的适用范围已经从公法领域扩展至私法领域,在私法领域比例原则可以影响合同当事人的权利和义务范围。比例原则包括三个下位原则,即适当性原则、必要性原则和均衡性原则,其中均衡性原则要求目的和手段之间要相匹配,不能用"大炮打麻雀"。❷换言之,在所有能达到目的的手段中,要选择最缓和的手段。发生情事变更时,合同的给付和对待给付失去平衡,当事人首先追求的目的是根据改变了的情事调整给付和对待给付,使它们建立新的平衡关系。重新协商在很多情况下可以找到创建性的解决问题的办法,与直接提起变更合同的诉讼比较,重新协商不仅是缓和地解决纠纷的手段,也是更好的手段。❸对此也有学者持反对意见,认为即使直接通过裁判也可以找到"最缓和"的手段,即法官要判断用

---

❶ Horst Eidenmüller, Neuverhandlungspflichten bei Wegfall der Geschäftsgrundlage, in: ZIP 13/95, 1064.
❷ 郑晓剑:《比例原则在民法上的适用及展开》,载《中国法学》2016 年第 2 期,第 145 页。
❸ Horst Eidenmüller, Neuverhandlungspflichten bei Wegfall der Geschäftsgrundlage, in: ZIP 13/95, 1068.

最缓和的"手段"根据变化了的情事来变更合同内容；而重新协商只是对维持合同利益一方当事人而言是最缓和的"手段"。❶ 该观点显然是将"手段"和"结果"相混淆。所谓"手段"，是解决问题的路径或者方式，在本书涉及的问题中，解决当事人纠纷可以选择的方法是当事人之间重新协商或者通过诉讼解决；而法院的判决是结果，在裁判中法官应当选择对维持合同利益当事人最缓和的变更内容。

从比例原则的视角来看，为了建立新的给付与对待给付的平衡关系，当事人应当首先选择缓和的手段变更合同，重新协商变更无疑是比直接请求法院裁判更缓和的手段。

(三) 经济原则

当事人进行重新协商的目的是在诉讼程序之外解决问题，用这种途径解决争端，参与人只有双方当事人，无须司法机构的介入。在一般情况下，人们容易认为，通过重新协商完成合同的调整的耗费要比通过诉讼进行合同调整的耗费少，❷ 比直接通过诉讼程序变更合同更经济、更有效，既可以避免浪费双方当事人的时间、精力和金钱，也可以避免浪费国家的诉讼资源，这也是支持重新协商义务的观点曾经提出的主要理由之一。这种观点实际失之偏颇，重新协商并非不引起交易费用，实际上，诉讼费用和重新协商费用孰高孰低并没有具体研究作出详细调查。❸ 各个程序的费用取决于很多具体因素，很难说到底哪个程序的费用高。很可

---

❶ Micheal Martinek, Die Lehre von den Neuverhandlungspflichten, in: AcP 1998, 379–380.

❷ Gabriele Fecht, Neuverhandlungspflichten zur Vertragsänderung, 1988, S. 12.

❸ Horst Eidenmüller, Neuverhandlungspflichten bei Wegfall der Geschäftsgrundlage, in: ZIP 13/95, 1064, 1065.

能的情况是，进行重新协商可能导致法院裁判的迟延，引起更多的资源耗费。重新协商义务有可能导致双方为了实现交涉中对自己有利情况而作出没有必要的投入，或者可能采取一些措施促使合同解除。因此经济原则不能成为重新协商义务的理论基础。然而，费用的优势不是评价重新协商是否应当是调整合同的有效机制的唯一标准，即使重新协商可能引起更多的耗费，也不能仅仅因此否定它存在的必要性。

（四）中间结论

合同当事人在发生情事变更时应当调整合同内容，其本质源于诚实信用原则，重新协商义务同样源于此。当然，重新协商并不是发生情事变更时唯一的法律后果，重新协商的目的是变更合同，因此它以变更合同具有可能性和可承受性为前提条件。实务界支持重新协商义务的观点较多，王闯法官就曾经指出，应当将重新协商解释为情事变更时的义务。❶ 最高人民法院的官方观点同样支持双方当事人继续协商，《最高人民法院关于当前形势下审理民商事合同纠纷案件若干问题的指导意见》第 4 条规定："在诉讼过程中，人民法院要积极引导当事人重新协商，改订合同；……"德国学者内勒研究了德国法院的判决，发现德国虽然没有明确规定重新协商义务，但是法院在作出裁判时非常关注当事人是否已经尝试为变更合同进行协商，甚至法院判决解除合同还是变更合同与此息息相关。重新协商义务是一个与前合同类似的法律机制，在前合同中，双方当事人有义务为订立合同进行协商。

出现情事变更时引入重新协商义务还有其他的理论基础。比

---

❶ 王闯：《当前人民法院审理商事合同案件适用法律若干问题》，载《法律适用》2009 年第 9 期，第 5 – 6 页。

如有学者提出重新协商义务是合同尊重原则和民法典上的继续性原则的体现,❶ 重新协商的目的是促成合同变更,与我国民法典中的鼓励交易原则相一致,❷ 也有利于最大限度地维护合同关系稳定。❸ 构建重新协商义务,其本质在于将合同成立后履行过程中的争议通过制度的引导回归到当事人之间,由他们共同决定变更的内容,实现双方利益最优。❹ 法律承认了情事变更时当事人可以变更合同或者解除合同,双方当事人应当就此进行协商,这是实现合同双方利益公正的必要程序,也是有效途径。

第二节 不能达成协商一致的法律后果

尽管双方当事人积极协商,但仍然存在不能达成变更合同或者解除合同的协议的情况。根据《民法典》第533条,合理期间内协商无果的,当事人可以请求法院或者仲裁机构变更合同或者解除合同。进而又规定,法院或者仲裁机构应当结合案件的实际情况,根据公平原则变更合同或者解除合同。据此,合理期间协商无果后,应当产生合同变更权和合同解除权。在这里需要明确以下几个问题:①重新协商是否应当是法定解除权和变更权的前提条件;②变更合同与解除合同的关系;③变更合同是形成权还是请求权;④作出选择后是否可以变更选择。

---

❶ 转引自韩世远:《情事变更若干问题研究》,载《中外法学》2014年第3期,第666页。
❷ 韩世远:《情事变更若干问题研究》,载《中外法学》2014年第3期,第668页。
❸ 王利明:《合同法研究》(第2卷),中国人民大学出版社2015年版,第370页。
❹ 王洪、张伟:《论比较法研究域下的情势变更规则及其适用》,载《东南学术》2013年第3期,第166页。

一、重新协商作为合同变更权和解除权产生条件的合理性

大陆法中的解除权可以回溯至中世纪教会法中的"一方不给付或者违反合同义务的,另一方也不必给付"原则,教会法通过该原则强调的是对不遵守契约当事人的惩罚。❶ 虽然在现代民法中它被称为"解除权",但解除合同并不是私法上的权利,而是债权人在债务人违约时的救济手段之一。并非任何违约行为均引起解除权,通常认为,只有当债务人的给付不符合合同约定,并且导致债权人利益受损达到一定严重程度时,债权人才有解除权。德国的卡纳里斯教授将现代民法的合同解除权概括为两种模式,重大违约解约模式和宽限期设置解约模式,前者要求违约达到一定的严重程度,后者要求违约方在补救履行宽限期内仍没有纠正违约行为。发生情事变更时,履行还没有开始,故不存在违约行为,此时解除合同或变更合同是基于诚实信用原则,即继续履行原合同有违诚实信用原则。然而无论是变更合同还是解除合同,都是对契约严守原则的冲击,在解除合同和变更合同之间是选择关系的情况下,权利人一旦选择行使解除权,产生的冲击力更强。因此,发生情事变更不应当立即产生解除权或者变更权,将重新协商无果设置为解除权和变更权产生的前提条件是恰当的,在当事人没有进行重新协商的情况下,原合同得以维持。

二、变更合同与解除合同的关系

根据德国通说,情事变更发生时,契约严守原则要求变更合同优先于解除合同。亦即,情事变更第一性的法律后果是变更合

---

❶ Christof Muthers, Der Rücktritritt vom Vertrag, 2008, S. 25.

同，解除合同是最后手段，只有在变更合同不可能或者不可承受的情况下，才允许解除合同。❶《德国民法典》第313条也作如此规定。对合同当事人而言，只要变更合同具有可能性，则必须变更合同。

根据《民法典》第533条的规定，情事发生改变后，当事人可以请求法院或仲裁机构变更合同或者解除合同。从法律文本表达看，变更合同和解除合同之间是选择关系。德国学界通说、司法裁判和德国民法典的观点是情事变更引起的第一性的法律后果是变更合同，其主要的依据是契约严守原则或者合同尊重原则。然而，变更合同要求双方当事人遵守的是合同的新内容，并不是原来当事人订立的合同。影响合同订立的因素发生变化，则合同的条件发生变化，在新条件下当事人很可能并不想订立合同。解除合同很可能更符合当事人的利益，因为合同解除后当事人既可以与原当事人以新内容重新订立合同，也可以寻找新的交易伙伴。在比较法上，除了德国民法要求变更合同优先，其他国家均无此规定。另外，与变更合同相比，解除合同的形成性较弱，因为其法律后果只是终止合同关系，而合同变更涉及合同内容的形成，发生争议时最终应当由法官确定合同内容，在很多时候变更后合同的内容可能并不符合当事人的利益。鉴于此，变更合同不应当优先于解除合同，两者拥有相同顺位，允许当事人在解除合同和变更合同之间进行选择更符合合同双方的利益。

三、合同变更：形成权还是请求权

变更合同的途径有以下几个：依法变更、当事人行使形成权

---

❶ Finkenauer, in: Münchener Kommentar zum BGB, Band Ⅱ, 6. Aufl., §313, Rn. 100–101.

变更、依形成判决变更、依当事人行使请求权变更。德国早期理论通说和大量的司法裁判认为,当发生交易基础障碍时,合同直接依法变更,有争议时,诉至法院由法官确认变更合同。❶ 该观点进而提出,"希望"双方当事人为变更合同进行重新谈判。但是在本质上,这种"重新协商"只不过是辅助法官裁判。根据依法变更合同观点,有意愿变更合同的一方当事人可以在诉讼中直接起诉另一方当事人按变更后的合同进行给付。双方当事人对变更后合同的内容没有形成自由,变更后的合同内容依法确定,双方当事人对这个依法产生的合同内容有同意义务。

从定义来看,合同的变更是指变更合同要素,包括合同性质、当事人、给付标的、给付条件和期限等。发生情事变更时,之所以要变更合同,是因为情事变更从根本上导致了给付和对待给付的平衡状态被打破。❷ 显而易见,这里的合同变更是指变更给付或对待给付,借此使两者之间重新建立对等关系。《民法典》中不乏关于变更给付的规定,比如《民法典》第582条规定了瑕疵履行时受损害方可以合理要求减少价款或者报酬。减少价款和报酬属于合同给付的变更。在学界,减价权和减少报酬的权利性质存在"请求权说"和"形成权说"之争。若是形成权,权利人基于自己的完整权利通过单方意思表示创造对相对人有效力的法律状态,不需要对方的配合;若是请求权,则需要双方对合同内容达成意思表示的一致。多数观点认为减价权是形成权。

要确定的问题是,对于情事变更时的合同变更,其权利类型到底是形成权还是请求权。形成权实际上是权利人的自力救济手

---

❶ Micheal Martinek, Die Lehre von den Neuverhandlungspflichten, in: AcP 1998, 365.

❷ 朱广新:《合同法总则》,中国人民大学出版社2012年版,第388页。

段,以调整给付或对待给付为内容的形成权的产生的原因一般是因为对方当事人有不当行为,比如履行不符合约定或者不履行合同,可以形成减价权等。然而,发生情事变更时,虽然通常情况下一方获利、另一方受损,但是这种情况与当事人的不当行为无关,因为情事变更不可归责于任何一方当事人。即使受不利影响的一方当事人提出变更合同,他的权力也不应当足以单方引起合同内容改变。如果我们赋予有变更利益一方当事人单方决定变更后果的权利,则是对合同相对方当事人利益的过度侵害,因为变更合同本身就是对变更利益方有利,不能再允许他有单方变更的权利。另外,行使形成权的法律后果必须具有确定性,比如解除合同,但是情事变更的结果是原合同的给付和对待给付失去等值性,影响给付与对待给付的因素通常很复杂,新的平衡的建立并不能通过一方当事人简单地主张形成权建立。鉴于此,基于情事变更的合同变更不是形成权,而应当是请求权。

另一个可以考虑的变更合同的途径是通过形成判决变更。对于情事变更情况中的变更合同,学界也有观点支持通过形成判决变更合同。真正需要通过形成判决才引起的法律行为改变的情况很少。情事变更时变更合同不应当通过形成判决产生的原因还在于,双方当事人对情事变更没有任何过错,让法官直接变更合同内容是对合同变更自由的严重侵害。

综上所述,变更合同既不是依法变更,也不是依形成权或者形成判决变更,因为变更合同是请求权,双方当事人应当对某个具体的合同内容达成意思表示的一致,法院的裁判只是争端解决途径。

四、当事人作出选择后是否可以任意变更

《民法典》第533条第1款将解除权和变更权赋予"当事人",

合同的当事人当然包括双方。作出变更合同或者解除合同的选择后，是否可以任意改变自己的选择。在债权人拥有彼此排除的多个债权或（和）形成权时，德国理论和司法裁判提出了"选择性竞合"这一法律概念。在选择性竞合中，债权人作出选择后是否可以任意变更选择取决于债权人所选择的权利的相关规范。[1] 合同解除权是形成权，一经当事人行使权利，即解除合同的通知到达另一方当事人，即产生形成效果，不存在改变选择的可能性。而变更合同是请求权，在没有最终完成变更合同之前，当事人仍然可以解除合同。

对发生情事变更时，重新协商是否应当成为当事人之间的法定义务，学界向来存在争议。我国司法裁判和法学理论中已经一致承认情事变更原则，对于重新协商义务理论虽然有一定的分歧，但是赞同的观点占多数。尽管反对的观点认为，当事人是否愿意首先尝试通过协商变更合同是他们的自由，但是无论从我国现行实证法的基础来看，还是从重新协商的功能来看，通过重新协商变更合同都应当是情事变更时双方当事人的义务。重新协商首先是私人自治的体现，鼓励当事人通过协商解决问题，为双方当事人提供机会，以新的情事为基础重新确定合同的内容，或者通过合意解除合同。重新协商也是比例原则的要求。与变更利益方当事人直接起诉变更合同相比，当事人之间的重新协商是变更合同的更好的、更缓和的手段。而且，根据我国现行《民法典》中关于变更合同的相关规定，设立重新协商义务并不显得突兀。应当将通过重新协商变更合同解释为双方当事人的真正义务，违反该义务应当承担损害赔偿责任等不利法律后果。

---

[1] Moritz Pöschke, Die elektive Konkurrenz, in: JZ 2010, 349, 352.

第三节　诉讼中的具体问题

一、法院的形成空间限制

根据《民法典》第533条第2款的规定，不能通过协商决定是变更合同还是解除合同的，由法院或者仲裁机构根据诚实信用原则裁判。此表达容易引起误解。民事诉讼法遵循当事人处分原则，该原则是私人自治在民事诉讼法中的具体表达。根据该当事人处分原则，法院原则上要根据当事人提起的诉讼请求裁判。很可能发生的情况是，当事人诉讼请求只是变更合同或者只是解除合同。既然解除合同和变更合同是选择关系，那么原则上法院应当首先根据当事人的诉讼请求作出裁判，而不是完全根据诚实信用原则决定变更合同还是解除合同。

但是，如果当事人的诉讼请求是变更合同，而变更合同不可能或者对一方当事人而言不可承受时，法院应当根据诚实信用原则裁判解除合同。在合同至少对一方当事人而言不可实施或者没有意义的情况下，可以认为变更合同不可能。比如，在德国著名的"狂欢节游行"教学案例中，承租人在狂欢节游行队伍沿线租赁了一个阳台，是为了观看游行，然而几十年不变的游行路线在当年因为修路而改变，无论如何变更合同对当事人都没有任何意义，此时即存在变更合同不可能的情况。变更合同是否不可承受，根据当事人的假定意思判断，亦即，若从当事人的假定意思可以得出解除合同更符合当事人利益，与变更合同相比他宁愿解除合同，则变更合同不可承受。

二、变更合同时当事人的具体诉讼请求

双方当事人没有通过协商达成变更合同的意思一致的情况下，有变更利益的一方当事人可以通过诉讼主张变更合同。无论《民法典》第533条，还是《德国民法典》第313条第1款，文本表述都是"请求……变更合同"，此时需要确定的是，在诉讼中原告起诉的具体内容是什么。

理论上看，请求权的内容是对方当事人作出同意变更合同的意思表示。胜诉后法院的裁判替代另一方当事人变更合同的意思表示。虽然德国司法裁判和学界承认，一方当事人可以直接向另一方当事人主张变更后的给付，❶ 但是这种立刻起诉变更后的给付只是"程序上的简单化"或者"程序上的缩减"，如果将这个过程分解，实际还是首先起诉对方同意变更合同，在此基础上进一步要求对方按变更后的合同进行给付。换言之，原告在直接起诉按变更后的合同给付的诉讼中，包含了起诉被告首先作出同意变更合同的意思表示。实践中法院根据诚实信用原则裁判被告按变更后的合同进行给付，同样包含了裁判对方先作出同意变更合同的意思表示。

三、重新协商与抗辩权

在合同最终得以变更之前，原合同仍然有效，这样的话，原则上原合同的义务继续存在。一般会提出的问题是，重新协商义务是否产生阻碍原合同义务履行的抗辩权。《国际商事合同通则》第6.2.3（2）条规定，重新谈判的要求不能使处于不利地位的当

---

❶ BGHZ 191, 139, 149; Eberhart Wieser, Der Anspruch auf Vertragsanpassung wegen Störung der Geschäftsgrundlage, in: JZ 2004, 655.

事人停止履行。只有在例外的情况下，义务人才可以停止履行，原因是防止滥用救济手段。❶ 采相同规定的还有现行《法国民法典》，其中第1195条第1款第2句规定，协商期间该当事人应当继续履行其债务。这种处理方式并不合理，而且在法律术语上不够精确，抗辩权并不是由重新协商义务产生的，而是由情事变更产生的。重新协商是从属给付义务，它不具有独立存在的意义，可能妨碍履行的并不是重新协商义务，而是情事变更本身。

在德国民法中，早期的观点认为，情事变更是"抗辩"，即诉讼中法院要依职权考虑。晚近观点认为它是延缓性抗辩权，合同变更后抗辩权消灭。❷ 变更利益人主张变更合同的最终目的是降低自己负担的给付，合同变更后他承担的义务必然比按原合同负担的义务少。如果不赋予他一定程度上的抗辩权，其结果是，他给付的要多于合同变更后负担的给付。当然，判决生效后多给付的一方当事人可以主张相对人返还超出部分的给付，这种做法无疑导致解决问题的路径复杂化。因此，重新协商与情事变更相同，属于抗辩权，债务人至少没有义务按照原合同的内容进行给付。❸ 还存在的可能性是，双方通过交涉，合意解除合同。鉴于此，情事变更时的重新协商义务产生阻碍原合同义务履行的效果。

---

❶ 韩世远：《合同法总论》，法律出版社2011年版，第389页。
❷ Finkenauer, in: Münchener Kommentar zum BGB, Band Ⅱ, 6. Aufl., §313, Rn. 125; Eberhart Wieser, Der Anspruch auf Vertragsanpassung wegen Störung der Geschäftsgrundlage, in: JZ 2004, 655.
❸ Constanze Janda, Störung der Geschäftsgrundlage und Anpassung des Vertrages, in: NJ 1/2013, 5.

参考文献

一、中文参考文献

(一) 著作类

1. 崔建远. 合同法 [M]. 北京：法律出版社, 2010.

2. 崔建远. 合同法 [M]. 北京：法律出版社, 2021.

3. 崔建远. 合同法 [M]. 北京：北京大学出版社, 2016.

4. 杜景林, 卢谌. 德国债法改革：《德国民法典》最新进展 [M]. 北京：法律出版社, 2003.

5. 杜景林, 卢谌. 德国新给付障碍法研究 [M]. 北京：对外经济贸易大学出版社, 2006.

6. 杜景林, 卢谌. 债权总则给付障碍法的体系建构 [M]. 北京：法律出版社, 2007.

7. 张玉卿主编. 国际商事合同通则 2010 [M]. 北京：中国商务出版社, 2012.

8. 方乐坤. 精神利益保护与民事责任体系完善研究 [M]. 厦门：厦门大学出版社, 2015.

9. 高圣平. 担保法论 [M]. 北京：法律出版社，2009.

10. 郭明瑞，房绍坤，张平华. 担保法 [M]. 北京：中国人民大学出版社，2008.

11. 韩世远. 履行障碍法的体系 [M]. 北京：法律出版社，2006.

12. 韩世远，下森定. 履行障碍法研究 [M]. 北京：法律出版社，2006.

13. 韩世远. 合同法总论 [M]. 北京：法律出版社，2011.

14. 黄薇主编. 中华人民共和国民法典合同编解读 [M]. 北京：中国法制出版社，2021.

15. 何宝玉. 英国合同法 [M]. 北京：中国政法大学出版社，1999.

16. 黄茂荣. 法学方法与现代民法 [M]. 北京：法律出版社，2007.

17. 李永军. 合同法 [M]. 北京：法律出版社，2004.

18. 李永军. 合同法 [M]. 北京：中国人民大学出版社，2021.

19. 梁慧星. 合同通则讲义 [M]. 北京：人民法院出版社，2021.

20. 梁慧星. 民法学说判例与立法研究 [M]. 北京：中国政法大学出版社，1993.

21. 刘保玉，吕文江. 债权担保制度研究 [M]. 北京：中国民主法制出版社，2000.

22. 陆青. 合同解除效果的意思自治研究——以意大利法为背景的考察 [M]. 北京：法律出版社，2011.

23. 陆青. 合同解除论 [M]. 北京：法律出版社，2022.

24. 马俊驹，余延满. 民法原论 [M]. 北京：法律出版社，2007.

25. 齐晓琨. 德国新、旧债法比较研究：观念的转变和立法技术的提升［M］．北京：法律出版社，2006．

26. 史尚宽．债法总论［M］．北京：中国政法大学出版社，2000．

27. 孙森焱．民法债编总论［M］．北京：法律出版社，2006．

28. 佟柔．中国民法［M］．北京：法律出版社，1990．

29. 王家福．中国民法学．民法债权［M］．北京：法律出版社，1991．

30. 王洪亮．债法总论［M］．北京：北京大学出版社，2016．

31. 王利明．违约责任论［M］．北京：中国政法大学出版社，2000．

32. 王利明．合同法研究：第 2 卷［M］．北京：中国人民大学出版社，2015．

33. 王利明，方流芳，郭明瑞．民法新论：上册［M］．北京：中国政法大学出版社，1988．

34. 王茂祺．给付障碍体系比较研究［M］．北京：法律出版社，2007．

35. 王泽鉴．民法学说与判例研究：第一册［M］．北京：北京大学出版社，2009．

36. 魏振瀛．民法［M］．北京：北京大学出版社，2017．

37. 谢鸿飞．合同法学的新发展［M］．北京：中国社会科学出版社，2014．

38. 尹田．法国现代合同法［M］．北京：法律出版社，1995．

39. 周枏．罗马法原论（下册）［M］．北京：商务印书馆，2009．

40. 朱广新．合同法总则［M］．北京：中国人民大学出版社，2012．

41. 朱广新．民法典总则［M］．北京：中国人民大学出社，2018.

42. 朱广新，谢鸿飞主编．民法典评注 合同编 通则（2），北京：中国法制出版社，2021.

43. 朱庆育．民法总论［M］．北京：北京大学出版社，2016.

44. 朱庆育编．中国民法典评注（2）［M］．北京：中国民主法制出版社，2021.

45. 朱岩．德国新债法：条文及官方解释［M］．北京：法律出版社，2003.

46. 最高人民法院民事审判第二庭．《全国法院民商事审判工作会议纪要》理解与适用［M］．北京：人民法院出版社，2019.

47. 最高人民法院民法典贯彻实施工作领导小组主编．中华人民共和国民法典合同编理解与适用［M］．北京：人民法院出版社，2021.

（二）论文类

1. 蔡立东．论合同解除制度的重构［J］．法制与社会发展，2001（5）.

2. 曹守晔．最高人民法院《关于适用〈中华人民共和国合同法〉若干问题的解释（二）》之情势变更问题的理解与适用［J］．法律适用，2009（8）.

3. 曹险峰，程亦翔．因违约而生精神损害赔偿的救济路径——以《民法典》第996条的功能分析为中心［J］．北方法学，2022（3）.

4. 陈聪富．过失相抵之法理基础及其适用范围［M］//王洪亮，张双根，田士永．中德私法研究：总第4卷．北京：北京大学出版社，2008.

5. 陈耀东，沈明焱．论买卖合同中违约方的解除权及适用范围［J］．中国应用法学，2017（5）．

6. 崔建远．严格责任？过错责任？——中国合同法归责原则的立法论［M］//．民商法论丛：第 4 卷．北京：法律出版社，1999．

7. 崔建远．解除权问题的疑问与释答（上篇）［J］．政治与法律，2005（3）．

8. 崔建远．"担保"辨——基于担保泛化弊端严重的思考［J］，政治与法律，2015（12）．

9. 崔建远．完善合同解除制度的立法建议［J］．武汉大学学报（哲学社会科学版），2018（2）．

10. 崔建远：情事变更原则探微［J］．当代法学，2021（3）．

11. 崔建远．第三人的原因造成违约时的责任分配论［J］．政法论坛，2023（1）．

12. 丁宇翔．疫情不可抗力的司法认定及其与情势变更的衔接［J］．人民司法应用，2020（10）．

13. 杜景林．我国合同法买受人再履行请求权的不足与完善［J］．法律科学，2009（4）．

14. 范在峰，张斌．两大法系违约损害赔偿可预见性规则比较研究［J］．比较法研究，2003（3）．

15. 龚志军．基于功能视角的违约金规则司法拓展研究［J］．湖南社会科学，2022（3）．

16. 韩世远．减损规则论［J］．法学研究，1997（1）．

17. 韩世远．他人过错与合同责任［J］．法商研究，1999（1）．

18. 韩世远．违约金的理论问题——以合同法第 114 条为中心的解释论［J］．法学研究，2003（4）．

19. 韩世远．情事变更若干问题研究［J］．中外法学，2014

(3).

20. 韩世远. 合同法的现代化：为何及如何［J］. 法治研究, 2019 (6).

21. 贺栩栩. 论买卖合同中继续履行规则的完善［J］. 政治与法律, 2016 (12).

22. 焦富民, 陆一. 合同履行障碍制度的路径选择［J］. 江海学刊, 2009 (3).

23. 金晶.《合同法》第 111 条（质量不符合约定之违约责任）评注［J］. 法学家, 2018 (3).

24. 李贝. 法国债法改革对我国民法典制定的启示意义［J］. 交大法学, 2017 (2).

25. 李贝. 定金功能多样性与定金制度的立法选择［J］. 法商研究, 2019 (4).

26. 李付雷. 论美国《统一商法典》中出卖人的补救权［J］. 民商法论丛：第 60 卷. 北京：法律出版社, 2016.

27. 李永军, 李伟平. 因第三人原因造成的违约与责任承担——兼论《合同法》第 121 条的理论解构［J］. 山东大学学报（哲学社会科学版）, 2017 (5).

28. 梁慧星. 从过错责任到严格责任——关于合同法草案征求意见编第 76 条第一款［J］. 民商法论丛：第 8 卷. 北京：法律出版社, 1997.

29. 梁慧星. 论出卖人的瑕疵担保责任［J］. 为了中国民法, 北京：中国社会科学出版社, 2013.

30. 刘承韪. 违约可得利益损失的确定规则［J］. 法学研究, 2013 (2).

31. 刘瑛. CISG 减损规则及其在中国的适用［J］. 时代法学,

2013（6）.

32. 卢谌，杜景林．自始不能责任的学理构建［J］．法学研究，2006（3）.

33. 卢谌，杜景林．论债权总则给付障碍法的体系进路［J］．法律科学，2006（1）.

34. 杜景林，卢谌．给付不能的基本问题及体系建构［J］．现代法学，2005（6）.

35. 陆青．论法定解除事由的规范体系——以一般规范与特别规范的关系为中心［J］．华东政法大学学报，2015（1）.

36. 罗昆．违约金的性质反思与类型重构——一种功能主义的视角［J］．法商研究，2015（5）.

37. 缪宇．论买卖合同中的修理、更换［J］．清华法学，2016（4）.

38. 戚枝淬．论情事变更原则适用的法律效果［J］．河南省政法管理干部学院学报，2003（3）.

39. 王闯．当前人民法院审理商事合同案件适用法律若干问题［J］．法律适用，2009（9）.

40. 王洪，张伟．论比较法研究域下的情势变更规则及其适用［J］．东南学术，2013（3）.

41. 王洪亮．我国给付不能制度体系之考察［J］．法律科学，2007（5）.

42. 王洪亮．试论履行障碍风险分配规则——兼评我国《合同法》上的客观责任体系［J］．中国法学，2007（5）.

43. 王洪亮．物上瑕疵担保责任、履行障碍法与缔约过失责任［J］．法律科学，2005（4）.

44. 王红艳．论违约金与违约定金的并存适用［J］．学术界，

2008（3）.

45. 王磊. 王红琴诉江苏冠宇机械设备制造有限公司租赁合同纠纷案评析［J］. 人民司法·案例，2015（24）.

46. 王立兵. 关系论视阈下第三人违约问题研究——以《合同法》第121条为中心［J］. 学术交流，2010（2）.

47. 王利明. 合同编解除制度的完善［J］. 法学杂志，2018（3）.

48. 王利明. 情事变更制度若干问题探讨——兼评《民法典合同编（草案）》（二审稿）第323条［J］. 法商研究，2019（3）.

49. 王利明. 民法典合同编通则中的重大疑难问题研究［J］. 云南社会科学，2020（1）.

50. 王轶. 新冠肺炎疫情、不可抗力与情势变更［J］. 法学，2020（3）.

51. 武腾. 救济进路下不完全履行的定位和效果［J］. 法律科学，2021（3）.

52. 吴行政. 合同法上可得利益赔偿规则的反思与重构——从《中华人民共和国合同法》第113条适用的实证考察出发［J］. 法商研究，2012（2）.

53. 肖龙，赵彬. 试论定金与预付款［J］. 法学研究，1986（4）.

54. 解亘. 我国合同拘束力理论的重构［J］. 法学研究，2011（2）.

55. 邢怡，杨巍. 解除权成就后又要求对方继续履行的应视为放弃合同解除权［J］. 人民司法·案例，2011（6）.

56. 薛军.《民法典》对精神损害赔偿制度的发展［J］. 厦门大学学报（哲学社会科学版），2021（3）.

57. 熊丙万．中国民法学的效率意识［J］．中国法学，2018（5）．

58. 许素敏．《民法典》违约精神损害赔偿条款的司法适用——基于《民法典》生效后 202 个案例的实证考察［J］．财经法学，2023（1）．

59. 杨立新，李怡雯．债权侵权责任认定中的知悉规则与过错要件——（2017）最高法民终 181 号民事判决书释评［J］．法律适用，2018（19）．

60. 姚明斌．金钱债务迟延违约金的规范互动［J］．华东政法大学学报，2015（4）．

61. 姚明斌．论定金与违约金的适用关系——以《合同法》第 116 条的实务疑点为中心［J］．法学，2015（10）．

62. 姚明斌．《合同法》第 114 条（约定违约金）评注［J］．法学家，2017（5）．

63. 闫仁河，高亚春．美国的违约可得利益证明规则及启示［J］．理论探索，2010（4）．

64. 叶金强．违约损害赔偿中的可预见性规则——英美法的理论与实践［J］．南京大学法律评论，2001（1）．

65. 叶金强．可预见性之判断标准的具体化——《合同法》第 113 条第 1 款但书之解释路径［J］．法律科学，2013（3）．

66. 尹志强．论与有过失的属性及适用范围［J］．政法论坛，2015（5）．

67. 虞汪日．论《联合国国际货物销售合同公约》违约损害赔偿减轻损失规则［J］．湖北社会科学，2012（10）．

68. 张谷．作为自己责任的与有过失——从结构对称性角度所作的评论［J］．中德私法研究：第 4 卷．北京：北京大学出版社,2008.

69. 张金海. 论合同解除与违约损害赔偿的关系 [J]. 华东政法大学学报, 2012(4).

70. 张素华, 宁园: 论情势变更原则中的再交涉权利 [J]. 清华法学, 2019(3).

71. 张影. 第三人原因违约及其责任承担 [J]. 北方论丛, 2002(6).

72. 张忠野. 论私法自治下定金罚则的有限适用 [J]. 政治与法律, 2012(9).

73. 赵文杰. 《合同法》第94条（法定解除）评注 [J]. 法学家, 2019(4).

74. 郑晓剑: 比例原则在民法上的适用及展开 [J]. 中国法学, 2016(2).

75. 周华. 侵权法中债权损害的确立及发展 [J]. 重庆理工大学学报（社会科学）, 2017(8).

76. 周江洪. 《合同法》第121条的理解与适用 [J]. 清华法学, 2012(5).

77. 周友军. 论出卖人的物的瑕疵担保责任 [J]. 法学论坛, 2014(1).

78. 庄加园. 债权人原因引起的给付不能 [J]. 法律科学, 2018(5).

二、外文参考文献

（一）著作类

1. Bardo, Ulrike, Die "abstrakte" Berechnung des Schadensersatzes wegen Nichterfüllung beim Kaufvertrag, Duncker & Hum-

blot, 1989.

2. Below, Karl – Heinz, Die Haftung für lucrum cessans im römischen Recht, C. H. Beck, 1964.

3. Blomeyer, Arwed, Allgemeiner Schuldrecht, Vahlen, 1969.

4. Bork, Reinhard, Allgemeiner Teil des Bürgerlichen Gesetzbuchs, Mohr Siebeck, 2016.

5. Brox, Hans/Walker, Wolf – Dietrich, Allgemeines Schuldrecht, C. H Beck, 2002.

6. Bydlinski, Franz, Privatautonomie und objektive Grundlage des verpflichtenden Rechtsgeschäfts, Springer, 2013.

7. Chironi, Colpa contrattuale, Torino, 1987.

8. Dauner – Lieb, Barbara/Konzen, Horst/Schmidt, Karsten (Hrsg.), Das neue Schuldrecht in der Praxis, Carl Heymanns, 2003.

9. Deutsch, Erwin, Allgemeines Haftungsrecht I, Carl Heymanns, 1995.

10. Emmerich, Volker, Das Recht der Leistungsstörungen, 6. Aufl., C. H. Beck, 2005.

11. Esser, Josef, Schuldrecht Allgemeiner Teil, C. F. Müller, 2000.

12. Faust, Florian, Die Vorhersehbarkeit des Schadens gemäss Art. 74 Satz 2 UN – Kaufrecht (CISG). Mohr Siebeck, 1996.

13. Fecht, Gabriele, Neuverhandlungspflichten zur Vertragsänderung, C. H. Beck, 1988.

14. Finke, Stephanie, Die Minderung der Schadensersatzpflicht im Spanischem Recht, Universitätsverlag Göttingen, 2005.

15. Halfpap, Frank, Der entgangene Gewinn, Peter Lang,

1999.

16. Heilmann, Jan, Mängelgewaehrleistung im UN – Kaufrecht, Duncker & Humblot, 1994.

17. Hofmann, Jeol Philipp, Rechtsmissbrauch und Verwirkung bei Widerspruch gegen den Übergang des Arbeitsverhältnisses nach § 613a BGB, Peter Lang, 2013.

18. Huber, Ulrich, Leistungsstörungen, Mohr Siebeck, 1999,

19. Huber, Peter/Faust, Florian, Schuldrechtsmodernisierung: Einführung in das neue Recht, C. H. Beck, 2002.

20. Jakobs, Heinrich/Schubert, Werner, Die Beratung des Bürgerlichen Gesetzbuchs in Systematischer Zusammenstellung der unveröffentlichten Quellen. Recht des Schuldverhältnisses I, De Gruyter, 1978.

21. Kaser, Max/Knütel, Rolf, Römisches Privatrecht, C. H. Beck, 2003.

22. Kötz, Hein, Europäisches Vertragsrecht, C. H. Beck, 2015.

23. Lax/Sebenius, The Manager as Negotiator, The Free Press, 1986.

24. Leser, Hans G., Der Rücktritt von Vertrag, Mohr Siebeck, 1975.

25. Looschelders, Dirk, Schuldrecht Allgemeiner Teil, Franz Vahlen, 2019.

26. Lorenz, Stephan/ Riehm, Thomas, Lehrbuch zum neuen Schuldrecht, C. H. Beck, 2002.

27. Matthaeus, Claudia, Schadensminderungspflichten im deutschen Haftpflichtrecht, Nomos Verlag, 2008.

28. Medicus, Dieter/ Lorenz, Stephan, Schuldrecht Allgemeiner Teil, C. H. Beck, 2012.

29. Mommsen, Friedrich, Beiträge zum Obligationenrecht (2): Zur Lehre vom Interesse, Scientia, 1855.

30. Muthers, Christof, Der Rücktritritt vom Vertrag, Nomos Verlag, 2002.

31. Nelle, Andreas, Neuverhandlungspflicht, C. H. Beck, 1993.

32. Piltz, Burghard, Internationales Kaufrecht, C. H. Beck, 1993.

33. Porthier, Robert Joseph, Traite des obligations. Dalloz – Sirey, 2011.

34. Reiffa, The Art and Science of Negotation. Harvard University Press, 1982.

35. Reinicke, Dietrich/Tiedtke, Klaus, Kaufrecht. Hermann Luchterhand, 2004.

36. Roujou de Boubee, Marie – Eva, Essai sur la notion de reparation, LGDJ Bib. 1 dr. prive, 1974.

37. Scherner, Karl Otto, Rücktrittsrecht wegen Nichterfüllung, Peter Lang, 1965.

38. Sedgwick, Theodore, A Treatise on the Measure of Damages, Annotated Edition, 1847.

39. Stoll, Heinrich, Die Lehre der Leistungsstörungen, Mohr Siebeck, 1936.

40. Treitel, Guenter H. , Remedies for Breach of Contract, Clarendon Press, 1988.

41. Viney, Genevieve, La Responsabilite: effets, LGDJ, 1988.

(二) 论文类

1. Ackermann, Thomas, Die Nacherfüllungspflicht des Stückverkaeufers, in: JZ 2002.

2. Althammer, Christoph, Ius variandi und Selbstbindung des Leistungsgläubiger, in: NJW 2006.

3. Bassler, Moriz/Buechler, Philipp, Die Reform des Rücktrittsrechts, in: AcP 2014.

4. Bellini, L'oggettodella prevedibilità del danno aifini dell'Art. 1225 c. c, in: Riv. dir. Comm 1954, II.

5. Canaris, Claus–Wilhelm, Die Nacherfüllung durch Lieferung einer mangelfreien Sache beim Stückkauf, in: JZ 2003.

6. Canaris, Claus–Wilhelm, Teleologie und Systematik der Rücktrittsrechte nach dem BGB, in: FS Krohpholler 2008.

7. Dauner–Lieb, Barbara, Zur Reichweite des Vorrangs der (Nach–) Erfüllung beim Kauf, in: Festschrift für Canaris, 2007.

8. Danzig, Richard, Hadley vs. Baxendale: A Study in the Industrialization of the Law, in: J. Legal Stud. 4 (1975).

9. Dubovitskaya, Elena, Fristsetzung im Schuldrecht: Neue Obliegenheit für den säumigen Schuldner?, in: JZ 2012.

10. Eidenmüller, Horst, Neuverhandlungspflichten bei Wegfall der Geschäftsgrundlage, in: ZIP 13/95.

11. Gsell, Beate, Das Verhältnis von Rücktritt und Schadensersatz, in: JZ 2004.

12. Hiltscher, Hermann, Rechtfragen beim Schadensersatz nach Verkehrsunfällen, in: ZVR 1967.

13. Huber, Peter, Der Nacherfüllungsanspruch im neuen Kau-

frecht, in: NJW 2002.

14. Jacobs, Mattbias, Die kaufrechtliche Nacherfüllung, in: Barbara Dauner – Lieb/Horst Konzen/Karsten Schmidt (Hrsg.), Das neue Schuldrecht in der Praxis, 2003.

15. Janda, Constanze, Störung der Geschäftsgrundlage und Anpassung des Vertrages, in: NJ 1/2013.

16. Kaden, Erich – Hans, Zufall und Höhere Gewalt im deutschen, schweizerischen und französischen Recht, in: RabelZ 1967.

17. Kaiser, Dagmar, Die Rechtsfolgen des Rücktirtts in der Schuldrechtsreform, in: JZ 2001.

18. Klein, Winfried, Anmerkung zu BGH, Versäumnisurteil von 12. 08. 2009, in: NJW 2009.

19. Koch, Raphael, Die Fristsetzung zur Leistung oder Nacherfüllung, in: NJW 2010.

20. Lorenz, Stephan, Nacherfüllungsanspruch und Obliegenheiten des Käufers: Zur Reichweite des 'Rechts zur zweiten Andienung', in: NJW 2006.

21. Lorenz, Stephan, Einmal Vertretenmüssen – immer Vertretenmüssen? – Zum Verhältnis von Fristablaufund Vertretenmüssen beim Schadensersatz statt der Leistung, in: Festschrift für Ulrich Huber, 2006.

22. Lüttringhaus, Jan D., Verhandlungspflichten bei Störung der Geschäftsgrundlage, in: AcP 2013.

23. Mankowski, Peter, Wie setzt man eine Nachfrist richtig?, in: ZGS 2003.

24. Martinek, Micheal, Die Lehre von den Neuverhandlungspfli-

chten, in: AcP 1998.

25. Meder, Stephan, Höhere Gewalt als Entlastungsgrund, in: JZ 1994.

26. Pammler, Sebastian, Zum Ersatzlieferungsanspruch beim Stückkauf, in: NJW 2003.

27. Pöschke, Moritz, Die elektive Konkurrenz, in: JZ 2010.

28. Riehm, Thomas, Irrungen und Wirrungen zur Fristsetzung und ihrer Entbehrlichkeit, in: NJW 2014.

29. Rummel, Peter, Schadenersatz, höhere Gewalt und Fortfall der Geschäftsgrundlage, in: Hoyer, Hans/Posch, Willibald (Hrsg.), Das Einheitliche Wiener Kaufrecht – Neues Recht für den internationalen Warenkauf, 1992.

30. Schwab, Martin, Schadenersatzverlangen und Ablehnungsandrohung nach der Schuldrechtsreform, in: JR 2003.

31. Schwenk, Edmund H, Gewährleistung fuer Rechts – und Sachmängel nach dem Uniform Commercial Code und dem Einheitlichen Gesetz über den internationalen Kauf beweglichen Sachen, in: RabelsZ, 1971.

32. Schollmeyer, Mario/Utlu, Alper, Die Nacherfüllung im Kauf, in: Jura 2009.

33. Stoll, Hans, Inhalt und Grenzen der Schadenersatzpflicht sowie die Befreiung von der Haftung im UN – Kaufrecht, in: Schlechtriem, Peter, Einheitliches Kaufrecht und nationales Obligationenrecht, 1987.

34. Tegtmeyer, Werner, Der Geltungsbereich des Verwirkungsgedankens, in: AcP 1936.

35. Teichmann, Arndt, Anmerkung zu BGH – Entscheidung von 30. 09. 2011, in: JZ 2012.

36. Thole, Christoph, Renaissance der Lehre von der Neuverpflichtungspflicht bei §313 BGB?, in: JZ 2014.

37. Wieling, Hans Josef, Venire contra factum propriumin und Verschulden gegen sich selbst, in: AcP 176.

38. Wieser, Eberhart, Der Anspruch auf Vertragsanpassung wegen Störung der Geschäftsgrundlage, in: JZ 2004.

39. Zimmer, Daniel, Das neue Recht derLeistungsstörungen, in: NJW 2002.

（三）评注类

1. Palandt, Bürgerliches Gesetzbuch, 66. Aufl., C. H. Beck, 2015.

2. Roth, Herbert, Staudinger – Kommentar zum BGB, 2. Aufl., De Gruyter, 2005.

3. Säcker, Franz Jürgen/Rixecker, Roland/Oetker, Hartmut/Limperg, Bettina, Münchener Kommentar zum BGB, 6. Aufl., C. H. Beck, 2006.

三、译著、译文类

1. 迪特尔·施瓦布. 民法导论 [M]. 郑冲, 译. 北京: 法律出版社, 2006.

2. 卡尔·拉伦茨. 德国民法通论 [M]. 邵建东, 等, 译. 北京: 法律出版社, 2002.

3. 彼得·格莱施勒. 抗辩和抗辩权的效力形式及援引问题 [J]. 郝丽燕, 译. [M] //梁慧星. 民商法论丛: 第50卷. 北京:法律出版社,2012.

4. 斯特凡·洛伦茨. 损害赔偿类型体系下的替代交易. 贺栩栩,译. [M] //王洪亮,田士永,朱庆育,等. 中德私法研究:第12卷. 北京:北京大学出版社,2016.

5. 罗贝托·菲奥里. 论诈欺抗辩. 曾健龙,阮辉玲,译. [M] //费安玲. 学说汇纂:第2卷. 北京:知识产权出版社,2007.

6. 范斯沃斯. 美国合同法 [M]. 葛云松,丁春艳,译. 北京:中国政法大学出版社,2006.

7. 星野英一. 日本民法概论. IV. 契约 [M]. 姚荣涛,译,刘玉中,校. 台北:五南图书出版公司,1998.

8. 五十岚清. 情事变更·合同调整·再交涉义务——情事变更原则效果再考. 刘士国,译. [M] //梁慧星. 民商法论丛:第15卷. 北京:法律出版社,2000.

9. 成升铉. 联合国国际货物销售合同公约解除制度模式的比较法史研究 [J]. 崔吉子,译. 清华法学,2011 (5).